高等职业教育学前教育专业"理实一体化"立体教材

学前儿童科学教育

主　编　赵红霞
副主编　陈红霞　张小丫
参　编　贾艳红　刘　莉

南京大学出版社

前　言

"学前儿童科学教育"是高等职业院校学前教育专业的必修课程。本书的定位是高等职业师范院校学前教育专业的教材和幼儿园教师继续教育用书。

本书的编写力求全面遵循《幼儿园教育指导纲要（试行）》（以下简称《纲要》）的精神，吸收当前国内外学前儿童科学教育的最新研究成果。其目的是帮助学前教育专业的学生和幼儿园教师全面地了解学前儿童科学教育的目标、内容、具体方法与活动指导；能根据学前儿童的特点和科学教育的要求设计和实施活动方案；学会利用各种科学教育资源指导幼儿在日常生活中和幼儿园的科学教育活动中学习科学。

本书的主要内容是学前儿童科学教育的目标和内容，具体阐述集体科学教育活动的设计与指导，还介绍了学前儿童科学教育的其他途径。全书共七个单元，单元一是学前儿童科学教育概述，帮助读者认识科学的本质，理解学前儿童学习科学的特点；单元二至单元四，结合新《纲要》阐述了学前儿童科学教育的目标、内容和方法；单元五至单元六分别阐述了集体活动中的科学教育、区域活动中的科学教育以及日常生活、家庭与社区中的科学教育；单元七介绍了学前儿童科学教育评价的内容和方法。本教材旨在培养学前教育专业学生和幼儿园教师的科学教育教学能力，成长为高素质、应用型的幼儿园教师。

本书由赵红霞担任主编，负责制订编写大纲和全书的修改统稿工作。编写者共同讨论编写的细节，分工合作。具体分工：赵红霞编写单元一和单元二，陈红霞编写单元四，赵红霞、贾艳红、刘莉编写单元五，赵红霞、张小丫编写单元三、单元六，张小丫编写单元七。

本书在编写过程中，参考和引用了国内外专家、学者的观点和资料，引用了幼儿园一线教师的案例和经验，在此向相关的作者表示衷心的感谢！同时感谢南京大学出版社的大力支持和编辑的辛勤工作！

由于编写时间仓促，加上编写水平有限，教材中难免有不足及缺漏之处，敬请广大读者批评指正。

编　者

目 录

单元一　学前儿童科学教育概述 …………………………………………………… 001

　　第一节　科学与科学教育 ………………………………………………………… 001

　　第二节　学前儿童与科学教育 …………………………………………………… 004

　　第三节　学前儿童科学教育的内涵、特点和价值 ……………………………… 011

单元二　学前儿童科学教育的目标与原则 ………………………………………… 020

　　第一节　学前儿童科学教育的目标 ……………………………………………… 020

　　第二节　学前儿童科学教育的原则 ……………………………………………… 030

单元三　学前儿童科学教育的内容 ………………………………………………… 040

　　第一节　学前儿童科学教育的内容 ……………………………………………… 040

　　第二节　学前儿童科学教育内容选择的要求 …………………………………… 048

单元四　学前儿童科学教育的方法 ………………………………………………… 055

　　第一节　学前儿童学科学的基本方法 …………………………………………… 055

　　第二节　多样化的学前儿童科学教育方法 ……………………………………… 058

单元五　集体科学教育活动的设计 ………………………………………………… 071

　　第一节　集体科学教育活动概述 ………………………………………………… 071

　　第二节　集体科学教育活动的设计与指导 ……………………………………… 074

单元六　学前儿童科学教育的其他途径 ······ 112

第一节　区域活动中的科学教育 ······ 112

第二节　生活中的科学教育 ······ 144

第三节　家庭与社区中的科学教育 ······ 147

单元七　学前儿童科学教育的评价 ······ 158

第一节　学前儿童科学教育评价概述 ······ 158

第二节　学前儿童科学教育评价的内容 ······ 162

第三节　学前儿童科学教育评价的方法 ······ 167

参考文献 ······ 172

微信扫描二维码

✓ 慕课教学
✓ 真题解析
✓ 拓展阅读

单元一

学前儿童科学教育概述

1. 了解科学的含义及科学教育的意义。
2. 理解学前儿童学习科学的特点及学前儿童科学教育的价值。
3. 掌握学前儿童学习科学的年龄特点及学前儿童科学教育的内涵、特点。

科学是什么？儿童是否能学科学，能否理解真正的科学？儿童是否应该像成人一样理解科学，应该获得和成人一样的科学？儿童的科学是什么样子呢？什么是学前儿童科学教育？学前儿童科学教育的特点是什么？对学前儿童发展有什么价值？本单元将围绕这些问题展开阐述。

第一节 科学与科学教育

随着 21 世纪的到来，人类社会由工业经济迈向知识经济的步伐不断加快，科技和教育在经济和社会发展中的影响作用不断增强。百年大计，教育为本。国家要想强大就要大力发展教育。学前教育是学校教育和终身教育的奠基阶段，学前儿童科学教育是学前教育的重要组成部分，因此，掌握学前儿童科学教育的理论基础及实践方法是十分重要的，也是非常必要的。

一、科学的含义

提及科学，一般人首先想到的是物理、化学、生物、天文、地理等学科知识，或者是在头脑中浮现出科学家们进行实验研究的情景。科学的内涵难以界定，科学有若干种解释，每一种解释都反映出科学的某一方面的本质特征。随着科学的发展，人们对于科学的认识不断完善和深化。关于科学的内涵，可以从以下三个层面来理解。

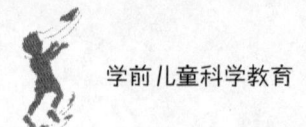

(一) 科学是反映客观事实和规律的知识体系

1999年版《辞海》中,把科学定义为"运用范畴、定理、定律等思维形式反映现实世界各种现象的本质和规律的知识体系"。这反映了对科学的理解——"科学即知识"。科学是知识,但并不意味着任何一种知识都是科学,只有反映事实和规律的知识才是科学。掌握科学这个含义的实质,就是要加深对"事实"和"规律"的认识。

科学作为知识,有广义和狭义之分。广义的科学分为三类,即自然科学知识、社会科学知识和思维科学知识。自然科学知识是研究自然界的物质形态、结构、规律的知识体系;社会科学知识是研究人类社会变化及发展规律的知识体系;思维科学知识是研究人类思维产生、变化及发展规律的知识体系。狭义的科学是揭示自然的本质和规律的知识体系,即自然科学。在学前教育阶段的科学教育所指的科学是指狭义的科学,即自然科学。

作为一种知识体系,科学知识有不同于其他知识的特点。

1. 科学知识具有真理性

科学知识的真理性是指科学知识必须符合客观事实,它是对客观世界的真实反映,任何不能正确反映客观世界的知识,或与客观事实不符的理论、解释,都应排除在科学知识之外。不过,我们不能把科学知识的真理性误解为科学就是对世界的固定不变的"正确"解释。人们对于科学的认识并不是一成不变的,而是不断发展变化的。过去认为是正确的科学知识完全有可能被新的知识推翻或否定。例如,哥白尼提出的"太阳中心说"推翻了原来的"地心说",是科学史上的一大进步。科学的真理性,不在于它对世界的解释是永远正确的,而在于它是一个开放性的知识体系,在于它有一个不断修正自我的过程。

2. 科学知识具有可重复性

科学知识具有可重复性是指科学知识是经得起实践检验的,是可以验证的、规律性的知识。无论何时何人何地重复某一实验,都能得到同样的结果,就说明这一结论是经得起验证的,是真正的科学。例如,人们在观察月相及月食现象的基础上,总结出月食发生的规律。如果这一规律能够为事实所验证,人们就认可这是科学知识。科学知识需要在不断接受检验的过程中丰富发展起来。

(二) 科学是探索世界、获取知识的过程

从静态的角度去分析,科学是反映客观事实和规律的知识体系;从动态的角度去分析,任何科学知识的获得都要经历人们的科学探究过程,科学是一种动态的活动。从人类科学的发展过程来看,科学就是人类的一种探索过程。具体的科学知识的获得,离不开科学的探索过程。如瓦特在烧水时观察到水烧开后壶盖不断被顶起的现象,从而得出蒸汽可以作为一种动力,并发明了蒸汽机。很多科学家通过亲身经历探求客观世界,获得客观事物的科学知识,进而理解这个世界。

（三）科学是看待世界的态度

对科学的认识有更广义的理解，就是将科学看作一种对世界的基本看法和态度，即科学精神与科学态度。科学精神包括严肃认真、客观公正、敢于创新、尊重事实、坚持真理等。科学态度包括实事求是、不主观臆断、不弄虚作假；严谨勤奋、精益求精；谦虚谨慎、乐于合作；有高度的责任感，有坚强的意志品质等。

科学活动起源于人类的生产实践和生活实际，而从根本上说，科学活动源于人类对周围世界的好奇心和求知欲。科学家进行科学探究的最大动机就是好奇心，这种好奇心使其产生探究的欲望。例如，英国科学家达尔文创立生物进化论，就源于他对大自然的好奇，他经常到野外采集标本并对生物产生了极大的兴趣。

综上所述，可以从三个方面来理解科学的内涵：科学是反映客观事实和规律的知识体系；科学也是人们探索世界、获取知识的过程；科学还是一种看待世界的态度。科学的本质在于探索，科学过程的核心在于探究，科学态度的核心也在于探究精神。

对幼儿园教师来说，全面理解科学的内涵是非常重要的，因为这关系到其教育行为。如果教师对科学的理解仅仅局限于科学知识的话，那么在教学中可能只是强调科学知识的传授。相反，一个全面理解科学内涵的教师，则会将学前儿童科学知识的获取和科学探究过程结合起来，并且在教学中有意识地引导学前儿童形成科学态度，培养其科学精神。

二、科学教育

通常认为，科学教育就是相对于人文科学、社会科学教育，以系统传授数学、自然科学知识，提高人的科学素养的教育活动。具体来说，科学教育是一种通过现代科技知识及其社会价值的教学，让学生掌握科学概念，学会科学方法，培养科学态度，且懂得如何面对现实中的科学与社会有关问题时做出明智抉择，以培养科技专门人才，提高全民科学素养为目的的教育活动。我们所说的科学教育就是指在各级各类学校中所进行的数学和自然科学教育活动，以培养科学技术人才和提高全体国民科学素养为目的的教育。

随着科学技术的发展，人们已进入信息时代，新知识、新技术、新成果、新产品不断涌现，大量的科技产品进入了人们的现实生活，儿童从小就接触新的科技产品。作为一名社会成员，身处科技时代，必须具备基本的科学知识，才能适应社会的发展。因此有必要对儿童进行科学教育，让他们熟悉这些科技产品，并且对科学产生兴趣。随着社会的发展，人们对科学教育的认识越来越深入，现代科学教育与以往的科学教育相比呈现以下特征：在教育目标上由知识技能为中心转向以科学素养为中心；在教育内容上强调现代科技与日常生活相结合；在教学过程上强调让学生动手动脑等实践活动。

科学技术飞速发展，科学知识更新的周期不断缩短，终身教育已成为大家的共识。学前阶段是生命的最初几年，对于一个人一生的发展是非常重要的。学前儿童阶段的科学教育，虽然不可能直接培养出儿童科学家，但往往会有某种潜在的影响和作用。许多科学家的成长历程足以说明，一些有趣的自然现象、科学活动，从童年时代就激发了他们对科学的向往之情,使他们从小就热爱科学、学习科学,从而走上了科学研究的道路。例如,我国东汉时期杰出的科学家张衡,从小就爱想问题,常常在夜里起来看星星,对天文有极大的兴趣。后来他发现北斗星的变化规律,成年后发明了"浑天仪"。爱迪生是世界闻名的发明大王,他小时候就热爱科学,凡事都爱寻根问底、尝试体验,六岁时看到母鸡孵小鸡非常好奇,于是蹲在鸡窝里模仿母鸡孵小鸡。浓厚的兴趣以及超人的耐心,是爱迪生事业成功的重要因素。

由此可见,对学前儿童从小进行科学启蒙教育,是为未来的中国培养具有科学素养的新一代人才,使学前儿童将来既有科学的态度,又有实事求是的科学精神,使他们在观察、提问、设想、动手操作、表达、交流等探究活动中,体验科学探究的过程,建构基础性的科学知识,获得初步的科学探究能力,培养科学态度、科学精神和科学思维的方法,并形成科学世界观,为促进儿童的全面发展,成长为具有良好科学素养的未来公民打下必要的基础。

第二节 学前儿童与科学教育

作为幼儿园教师,正确理解"儿童的科学"至关重要,是实施有效的科学教育的必要前提。如何理解"儿童的科学"呢?

一、学前儿童的科学

"儿童的科学"是儿童用他们独特的理解方式创造出的一片独特的天空,它既体现出科学的探究精神,又充满着孩童的稚气,完全不同于成人所理解的科学。那么,"儿童的科学"是什么样的呢?通过以下几个例子可以帮助我们理解"儿童的科学"。

【案例 1-1】

指南针

某中班幼儿在科学发现室探索一个简易的"指南针"装置(实际上就是一枚可以自由转动的被磁化的缝被针),在其底座的四个方向,教师分别用四个小动物图案表示,以吸引幼儿并便于识别。幼儿开始玩起来,当他第一次轻轻转动这根针时,发现针尖指向小猫,他对自己说:"我抓到小猫咪了。"可是,当他一次次重复转,发现针尖总是指向小猫,便自言自语道:"怎么又是小猫?"他试图让针尖指向别的小动物,便用手按住针尖让它停住,可是,当他放开手后,针尖仍然转向小猫。于是他开始尝试各种不同的方法,一会儿轻轻转,一会儿重重转,一会儿将针取下在桌子上刮,一会儿又翻开底座看看,但都没有找到答案。教师问他有什么发现,他说:"指南针只能转到小猫,它喜欢小猫。"

显然,这名幼儿经历了一次有趣的科学探究活动,但并没有解决他心中的疑问,他得出的结论是"指南针喜欢小猫"。幼儿对事物表现出好奇、发现问题、进行探究、寻求答案——这就是"儿童的科学",尽管他最后并没有得出在成年人看来"正确的"结论。

风是哪来的?

一名3岁幼儿和爸爸在海边散步的时候,海上开始起风了。阵阵海风将沿岸渔船上的旗帜刮得呼呼作响,幼儿大声地说:"好大的风!"爸爸见幼儿已经注意到这一自然现象,就趁势问道:"这么大的风是从哪里来的呢?"幼儿回答道:"是红旗扇的。"爸爸说:"红旗怎么会扇出这么大的风呢?"幼儿不知如何回答爸爸的问题,但却强调:"就是红旗扇的!"边说还边用小手模仿红旗扇动的动作。

这个案例中,并没有幼儿明显的探究过程,幼儿只是根据他平时对风的生活经验,很自信地回答问题。从他的答案来看,他至少认识到红旗的飘动和风这两个现象是有关联的,只是颠倒了它们的因果关系。幼儿对自然界中观察到的现象进行思考并试图解释现象——这也是"儿童的科学",他根据有限的生活经验和当前观察到的事实,对自然现象做出了自己的判断,尽管是错误的判断。

星星眨眼睛

一名5岁女孩有一天突然对妈妈说:"我知道天上的星星为什么眨眼睛了。"妈妈很奇怪,因为从来没有人教过她,而幼儿的解释则更令她奇怪:"因为每颗星星上都有一个人,拿手电筒对着我们一会儿开、一会儿关。我们在地球上看,就好像是星星在眨眼睛。"这位妈妈不知道怎样对待孩子的解释,只得对她说:"你想得真好!不过,事实上并不是这样的。真正的原因等你长大以后就知道了。"

这名幼儿的行为似乎离科学更远了,与其说这是科学,还不如说是幻想。然而,科学和幻想并没有绝对的界限。幼儿对自然界的现象表现出好奇,并且充满着幻想——这仍然是"儿童的科学",由于认知发展水平的局限,儿童的科学带有主观性的色彩,往往以主观想象解释一些现象,尽管这个解释与事实不符。

从以上的案例中我们不难看出,儿童的世界有属于自己的科学。学前阶段的儿童对周围的事物充满了好奇,以儿童独特的方式探究周围世界。儿童表现出来的好奇、探索等探究行为正是最初的科学活动。"儿童的科学"是指,儿童出于对周围事物和现象的好奇,并进行尝试和探究活动。但由于儿童的认知发展水平有限,其思维还限于具体形象思维,不能进行抽象的逻辑思维,儿童的科学与成人的科学有很大的差别。可以这样理解:"儿童的科学"是一种不完善的认识,也是一种独特的认识。

总之,儿童的科学是经验层次的科学知识。

二、儿童的科学的特点

只有正确理解"儿童的科学"的独特性,才能使学前儿童科学教育真正符合幼儿的年龄特点,并发挥其独特的价值。儿童的科学不同于成人的科学,表现在以下几个方面。

(一)儿童的科学是一种经验层次的科学知识

儿童可以通过观察获得有关事物和现象的具体、个别的经验,却不容易从中进行抽象与概括,更不可能通过概念来进行间接的学习。在上面的案例1-1中,幼儿通过自己的探究,能够发现指南针运动的现象,但是他并不能从中进行概括,得出"指南针指向南方"这一抽象的结论。即使老师告诉他:"这就是指南针!它指的方向就是南方。"幼儿也无法真正理解。这时的幼儿还没有形成一个抽象的"指南针"概念,更不能理解抽象的方位概念了。他们只能通过具体的经验感受和体验其中的现象,并不理解这些抽象的知识。所以说,"儿童的科学"是经验层次的科学知识。它是直接的、具体的,而不是间接的、抽象的;是描述性的,而不是解释性的。

由此可见,幼儿所能理解的科学知识,并不是成人意义上所指的抽象的、概念化的科学知识,而是具体的科学经验,是经验层次的知识。

(二)"儿童的科学"是一个不断发展的过程

"儿童的科学"不是一成不变的,要经历一个不断改变、不断完善的过程。一方面,随着生活经验的丰富,儿童对周围事物的认识也在不断地改变。当这些直接的、间接的经验,与儿童已有的认识不相一致时,新旧经验之间的冲突、同化、整合就导致了幼儿认识的改变。

另一方面,幼儿认知能力的发展,也能促使其对周围世界的认识不断发展,他们对世界的认识会越来越接近于成人的科学认识。因此,与其说"儿童的科学"是一种肤浅的、不完善的认识,还不如说它是一个建构知识的过程。我们应该用一种发展性的观点来理解"儿童的科学",把它看成是一种处在不断发展、变化和完善过程中的科学认识。

(三)"儿童的科学"是对世界的独特理解

虽然"儿童的科学"是一种不完善的认识、一种发展中的认识,但它也是一种独特的认识。认知水平的局限使儿童不能客观地解释自然事物和现象,而往往从主观的意愿出发,使"儿童的科学"带有主观性色彩,这既是它的不成熟之处,也是其独特之处。

科学发展至今,成人更注重科学的客观性,这使我们理性地、甚至冷漠地研究科学,理性和逻辑遏制了我们的想象力。在儿童的科学中,儿童在假想的游戏中探索自然;以投入的情感与自然对话;用诗意的想象解释自然。在某种意义上,"儿童的科学"恰恰弥补了现代唯理性科学之不足。

三、学前儿童学习科学的特点

在面对自然界的各种事物时，儿童不仅有着与生俱来的好奇心和探究热情，有着问不完的问题，而且，儿童敢于去探索。幼儿园教师要了解幼儿学习科学的特点，更好地促进幼儿的探究。

（一）儿童是天生的科学家

儿童有着与生俱来的好奇心和探究欲望，这一特点与科学家一样，所以我们可以说幼儿都是天生的科学家。他们好奇、好问、好探索，他们精力充沛，不知疲倦地探索周围的世界。正如杜威所说，儿童有调查和探究的本能，探索是儿童的本能冲动，好奇、好问、好探究是儿童与生俱来的特点。正因为儿童有着强烈的好奇心和探究欲望，他们总想对周围的事物探探究竟或试试自己的想法，如果地面上积了一些雨水，孩子就急切地想踩到水里，感受一下踩水的乐趣，这种好奇心和探究热情绝不亚于科学家。

好奇、好问是儿童的特点，尤其是从3岁左右开始，幼儿会向家长或老师问个不停，幼儿最初关心的都是基本的科学问题，都和自然环境有关，这些都是基本的科学问题。

例如，幼儿经常会问这些问题：

天空为什么会是蓝的？

小草为什么会是绿色？

鱼儿为什么在水中游？

为什么冬天冷，夏天热？

为什么月亮会住在天上？

太阳为什么不会掉下来？

鸟儿为什么在天上飞？

（二）儿童通过直接经验来认识事物

儿童的年龄特点决定了他们对物质世界的认识还是感性的、具体形象的，思维还常常需要具体的动作和表象，他们需要通过直接经验来认识事物，运用感官亲自感知、通过直接操作摆弄材料、活动中亲身感受和体验，去了解和认识事物。对物质世界的认识还必须以具体的事物和材料为中介，很大程度上借助于对物体的直接操作，通过各种动作作用于物体而获得经验。孩子自出生之时起，从把各种东西放入嘴里就开始了运用各种感觉器官与肢体对周围环境的探索。

（三）儿童的探究方法具有试误性

由于经验水平和思维特点所限，儿童探究解决问题的过程与方法具有很大的试误性。幼儿很难在短时间内发现解决问题的方法，而需要多次尝试和较长时间的探索才能接近答案，去发现事物的特点和事物之间的关系。

【案例 1-4】

找合适的锅盖

一个小班的幼儿在娃娃家的厨房里正忙着做汤。没有锅盖,他想找一个合适的锅盖。他随手拿起了一个盖上,没有想到盖子掉进了锅里!他又拿了一个大点的,又掉进锅里!孩子怔了一会儿,找了一个更大的,盖上了,只是不合适,盖子稍微大了一点。他又换了一个小一点的,终于合适了。孩子很得意,还把小盖子拿起来在锅上转了一圈。

案例中的幼儿要找合适的锅盖,经历了多次的尝试,从锅盖比锅小很多,到小一点,再到比锅大一点,最后到合适的锅盖并满意地把锅盖转了一圈,这一过程具有试误性。

【案例 1-5】

让橡皮泥浮起来

幼儿在尝试着让手里的一块橡皮泥浮起来。他把橡皮泥团成球放进水里,沉下去了;他把橡皮泥压成薄薄的饼状,又沉下去了;他把橡皮泥搓成细长条,还是沉下去了。他停下来开始思考……这次,他把橡皮泥扯成一粒一粒的,结果还是沉下去了。他开始环顾四周,看见了浮在水面上的小船。他把橡皮泥做成中空的船,橡皮泥终于浮在了水面上。

幼儿通过对橡皮泥进行多次变形,尝试让橡皮泥浮起来,结果多次都失败,最后将橡皮泥做成中空的船,终于成功地将橡皮泥浮起来了。幼儿经历了多次尝试和探究,才达到了目的。

(四) 儿童所获得的知识经验具有"前科学性"

根据皮亚杰的认知发展理论,学前阶段的儿童处于"前运算阶段",受其认知发展的局限性,他们无法获得对自然界的完全客观的认识。幼儿对周围事物的认识和解释以及所获得的知识经验受其原有经验和思维水平的直接影响,从而形成幼儿期所独有的"天真幼稚的理论"和"前科学性"的知识经验。

1. 用原有经验解释事物

幼儿对事物的认识直接受到其原有经验的影响,在碰到新的问题时,总是根据以往的认知经验来解释。例如,有个小朋友,妈妈告诉他喝开水对身体有好处,于是他认为菊花要长大也要喝温开水,就每天给菊花浇温开水,结果菊花没多久就死了。再如,小朋友已经知道种子泡在水里能够发芽、长大,他认为小花瓣泡在水里也能长大,就把花瓣泡在水里养,结果没过几天花瓣就泡坏了,实际上并不是像他想的那样。

2. 表面性和片面性

幼儿对事物的认识不能抓住本质特征,对事物及其关系的认识和解释只是根据具体接触到的表面现象来进行。幼儿的科学仅限于对现象的描述,而难以对现象背后的规律做出正确的判断和推理。他们所能理解的科学知识,具有表面性和片面性的特点。

3. 主观性和泛灵论

思维发展水平的局限使"幼儿的科学"带有主观性的色彩,幼儿总是用"独特的眼光"来看待事物及其关系,幼儿的科学是对客观世界的独特认识。幼儿对事物及其关系的解释具有"万物有灵论"的色彩,这个时期的孩子相信自然界的事物像他一样,是有生命、意识、意图和情感的,赋予万物以灵性。幼儿用天真幼稚的理论解释他们所看到的事物,解释周围世界。幼儿在假想的游戏中探索自然;以投入的情感与自然对话;用诗意的想象解释自然……虽然幼儿经验性的科学认识掺杂幻想的成分,甚至远离科学事实,但从另一角度来说,幼儿的认识充满着诗意和想象。

【案例1-6】

幼儿对自然现象的认识

教师:"太阳会不会掉下来?"

幼儿:"太阳不会掉下来,因为如果掉下来,我们就会死了。"

教师:"为什么有白天和黑夜?"

幼儿:"白天得起来上幼儿园,晚上得睡觉。""因为只有一个太阳,一个月亮。它不能光照一个地方,还得去照别的地方。"

从上述教师和幼儿的对话中,可以看出幼儿对自然现象的理解带有自己独特的见解,带有主观性的色彩,甚至将周围事物和现象赋予了生命的色彩。

四、幼儿学习科学的年龄特点

学前阶段的孩子在探究科学方面具有共同的特点,但不同的年龄阶段,幼儿学习科学的特点有所不同。

(一) 3~4岁幼儿学习科学的特点

3~4岁幼儿已经从成人那里或日常生活中获得一些关于周围事物及现象的经验,他们的思维正处于由直觉行动性思维向具体形象性思维的过渡阶段,他们在学习科学的过程中表现出以下一些特点。

1. 认识处于不分化的混沌状态

小班幼儿对周围的事物处于不分化的混沌状态,他们对一些物体的现象分辨不清,常常"指鹿为马"。例如,有的幼儿把绿草、绿叶叫作"绿花";有的幼儿认识柳树以后,把其他的树也叫作"柳树";还有的把树干叫作"木头"。

2. 认识带有模仿性,缺乏有意性

3~4岁的幼儿还不善于根据自己的所见所闻来表达自己的认识,而是爱模仿别人

的言行。别人说小灰兔是小白兔,他也说是小白兔;别人摇小树苗,他也跟着去摇小树苗。

3. 认识带有明显的拟人化倾向

由于3~4岁幼儿的感知受自我中心的影响,常常根据自己的认识理解周围的事物,以自己的生活体验去解释科学现象,对有生命的东西和无生命的东西辨别不清,认识带有明显的拟人化现象。例如,看到皮球从积木上滚下来就说:"它(皮球)不乖。"指着四条腿的动物说:"它有两只手,两只脚。"

4. 认识带有表面性和片面性

3~4岁幼儿的认识易受情绪的影响,其注意力往往比较容易集中在具有鲜艳色彩、会发出悦耳声音,能动的、感兴趣的事物上。因此,3~4岁幼儿一般对动态东西的兴趣胜于对静态东西的兴趣,对他不感兴趣的事物及其事物特征似乎视而不见,这就使其认识必然带有表面性和片面性,影响对事物的主要方面和主要特征的认识。

(二)4~5岁幼儿学习科学的特点

4~5岁幼儿对科学的探究兴趣明显加强,以具体形象性思维为主,他们在学习科学的过程中表现出以下一些特点。

1. 好奇好问

4~5岁幼儿比3~4岁幼儿更加活泼好动,好奇好问,对大自然产生浓厚的兴趣,对周围的事物有探究的热情。在向成人的提问中,不但喜欢问"是什么"而且还爱问"为什么"。例如,"为什么鸟会飞?""为什么洗衣机会转动?"

2. 初步理解科学现象中表面的和简单的因果关系

4~5岁幼儿一般已能从直接感知到的自然现象中理解一些表面的和简单的因果关系。例如,知道了"种了花,不浇水花就要死","因为鸟类有翅膀,所以能飞",但是他们还难以理解科学现象中内在的和隐蔽的因果关系。例如,认为"树摇了,所以刮风了","火车会动、会叫,所以它是活的东西"。

3. 开始根据事物的表面属性、功用进行概括分类

4~5岁幼儿在已有感性经验的基础上,开始能对具体事物进行概括分类,但概括的水平还很低。其分类的根据主要是具体事物的表面属性(如颜色、形状)、功用或情境。例如,在利用图片进行分类时,把苹果、梨和桃归为一类,认为"能吃,吃起来水多";把太阳、卷心菜归为一类,认为都是"圆的";把玉米、香蕉、小麦归为一类,认为都是"黄色的"。可见,4~5岁幼儿对事物的概括分类,具有明显的形象性和情绪性的特点,不能根据本质的属性进行抽象概括。

(三)5~6岁幼儿学习科学的特点

5~6岁幼儿抽象思维开始萌芽,对周围事物有着强烈的探究欲望。他们在学习科学的过程中表现出以下一些特点。

1. 有积极的求知欲望

5~6岁幼儿对周围世界有着积极的求知探索态度,他们不但爱问"是什么""为什么",而且还想知道"怎么来的""什么做的"。往往可以听到幼儿提出这样一类问题,如"为什么月亮会跟着我走?""鱼儿为什么能在水游?""电视机里的人怎么会走路、说话的?"等。有的幼儿在做科学小实验时,能够想出不同的方法去探求实验的结果。有的喜欢把玩具拆开,想看看其中的奥秘,对自然现象的起源和机械运动的原理等开始感兴趣,渴望得到科学的答案。

2. 初步理解科学现象中比较内在的、隐蔽的因果关系

5~6岁幼儿已经开始能够从内在的、隐蔽的原因来理解科学现象的产生。例如,在解释乒乓球从倾斜的积木上滚落时说:"乒乓球是圆的,积木是斜的,球放上去就会滚。"说明他们已能从客体的形状与客体的位置之间的关系,那"圆"和"斜"的关系中寻找乒乓球滚落的原因,但由于科学现象中的因果关系比较复杂,幼儿对日常生活中所不熟悉的复杂的因果关系也还很难理解。

3. 能初步根据事物的本质属性进行概括分类

随着抽象逻辑思维的发展,5~6岁幼儿开始能够根据事物的本质属性,按照客观事物的分类标准进行初步的概括分类。例如,把具有坚硬的嘴,身上长有羽毛、翅膀和两条腿的鸡、鸭、鹅归为家禽类;把身上有皮毛、四条腿的猫、狗归为家畜类。这一阶段的幼儿,由于受知识、语言、抽象概括水平的制约,对类概念的掌握还是比较初级和简单的。5~6岁的幼儿仍不可避免地会出现一些概念外延上的错误。例如,有的孩子只能把家畜、家禽概括为动物,而把昆虫排斥在动物之外,认为昆虫是虫子,不是动物。

作为幼儿园教师,应充分了解不同年龄阶段幼儿学习科学的特点,才能更好地开展科学教育活动。

第三节 学前儿童科学教育的内涵、特点和价值

一、学前儿童科学教育的内涵

自20世纪80年代以来,学前儿童科学教育经历了一个发展和变化的过程。1981年10月,教育部颁发了《幼儿园教育纲要(试行草案)》,详细规定了幼儿园各年龄段常识教育的任务内容和要求。具体任务如下:丰富幼儿关于自然和社会方面粗浅的知识,扩大他们的眼界,培养他们对认识社会和自然的兴趣和求知欲望,逐步形成对待人们和周围事物的正确态度,发展幼儿的注意力、观察力、记忆力、想象力、思维力和语言表达的能力。20世纪80年代后期到90年代初期,随着教育改革的深入,幼儿园科学教育引进早期儿童教育理论,借鉴了国外现代儿童科学教育的经验。"科学教育"取代了原

有的常识教育,对幼儿科学教育进行了较深入的改革。不仅明确了幼儿科学教育的目标和任务,扩展和更新了科学教育的内容,还对科学教育方法和手段也进行了改革。2001年10月,教育部颁布的《幼儿园教育指导纲要(试行)》(以下简称《纲要》)中指出:"幼儿园的教育内容是全面的、启蒙性的,可以相对划分为健康、语言、社会、科学、艺术等五个领域。"其中,"科学"领域作为五大领域之一,正式列入幼儿园教育内容,并将幼儿园数学教育纳入科学领域。《纲要》明确将"自主探究"和"回归生活"作为幼儿科学教育的主旨,指引了今后幼儿园科学教育的发展方向。

对于幼儿科学教育的内涵,学者专家有着不同的理解和看法,比较有代表性的有以下几种。第一种认为,幼儿科学教育是指幼儿在教师的指导下(包括直接指导、间接指导),通过自身的活动,对周围物质世界进行感知观察、操作、发现问题、寻求答案的探索过程;是幼儿获取广泛的科学、技术经验和具体事实,主动建立表象水平上的初级科学概念,学习科学方法和技能,发展智力的过程;是发展幼儿好奇心,使幼儿感受到自己的能力,得到愉悦的情绪体验,产生学习科学技术的兴趣,积极对自然界和人工自然关注和爱护的过程(王志明,1997)。第二种认为,幼儿科学教育应成为引发、支持和引导幼儿主动探究、经历探究和发现过程,获得有关周围物质世界及其关系的经验的过程,使幼儿获得乐学、会学这种有利于幼儿终身发展的长远教育价值(刘占兰,2000)。第三种认为,学前儿童科学教育是指学前儿童在教师的指导下,通过自身的活动,对周围的自然界进行感知、观察、操作、发现,以及提出问题、寻找答案的探索过程(施燕,2006)。第四种认为,学前儿童科学教育的内涵应包含以下几个重要方面:幼儿科学教育是引导幼儿主动学习、主动探索的过程;幼儿科学教育是支持幼儿亲身经历探究、体验科学精神和探究解决问题策略的过程;幼儿科学教育是使幼儿获得有关周围物质世界及其关系的感性认识和经验的过程(刘占兰,2008)。

虽然这些概念在表述上不尽相同,但其核心内涵基本一致,由此可见,学前儿童科学教育指的就是教师引发、支持和引导幼儿与周围环境和物质材料相互作用,亲身经历探究过程,以帮助幼儿形成喜欢探究、尊重科学事实的科学情感和态度,学会探究的方法,获得有关周围物质世界及其关系的科学经验的活动。学前儿童科学教育是整个科学教育体系的起始阶段、基础环节,其实质是培养幼儿初步的科学素养。

二、学前儿童科学教育的特点

(一)目标的长远性

幼儿科学教育更强调幼儿在科学活动中科学情感与态度的形成和科学方法的获得。即幼儿乐于探究,对周围世界具有持久的好奇心与探究兴趣,学会一些初步的探究方法,体验大胆探究、尊重事实的科学态度;有关心周围环境、珍惜自然资源和初步的环境保护意识;学会与同伴交流自己的发现,尊重同伴,与同伴友好相处并能相互合作;发展如专注、坚持、不怕困难、虚心、细心、喜欢创新等基本的科学学习品质。总之,在科学教育活动中幼儿能否获得可持续发展,是我们衡量科学教育活动成败与否的关键,科学教育活动中,知识经验是幼儿探究活动的必然结果,但它不应成为教师追求的唯一目标。作为教师,不能以牺牲幼儿的主体性来实现知识的传递,不能以牺牲幼儿的探究兴趣来实现知识的获得。

(二)内容的生活化和生成性

1. **内容来源于生活**

《纲要》中明确指出:"科学教育应密切联系幼儿的实际生活进行,利用身边的事物与现象作为科学探索的对象。"科学教育生活化已经成为现代科学教育的要求。只有贴近幼儿生活的教育,才能使幼儿的学习变成有意义的学习。幼儿科学教育也应该寻求更符合幼儿年龄特点的教育,倡导科学教育内容回归幼儿的生活,科学教育内容来源于幼儿的生活,更能引发幼儿的兴趣,更有助于幼儿主动积极地探究。

2. **在生活中随机生成内容**

幼儿科学教育内容的生活化,还意味着在幼儿生活中随机"生成"科学教育内容。教师在预设活动前要充分考虑内容的生成性。教师可从幼儿生活中感兴趣的内容和提出的问题入手,生成一定的科学活动,引导幼儿利用已有的生活经验,在解决生活某些具体问题中学习科学、探究科学。将科学知识的学习和运用融会于幼儿的生活之中,让幼儿在真实的科学问题情境中不断地思考,不断地探究、发现,获取科学经验。

(三)过程的探究性

当前的幼儿园科学教育在很大程度上解放了孩子的手脚,孩子运用各种感官感知和动手操作的机会多了,但幼儿的自主探究并未真正体现,往往是在教师的高度控制下进行,幼儿只需按照教师的指令,依照程序操作,这种"只见教师主导教,不见幼儿主动学"的状况,必须彻底改变。科学探究是幼儿科学教育的核心,幼儿科学教育应是引导幼儿主动探索的过程,教师应改变重结果、轻过程的做法,要给幼儿足够的时间,并有足够的耐心等待幼儿自己去发现,而不是急于告诉幼儿结果。真正的主动探究应是幼儿积极主动地与客观事物相互作用,来调整幼儿对客观事物原有认识的过程,建构新的经验。科学教育的过程应成为幼儿的探索性过程,成为幼儿主动猜想、尝试发现的过程。

【案例 1-7】

5 岁幼儿找欢乐球爆炸的原因

宏宏听说芦柑皮的水喷到欢乐球上会使球爆炸,就拿出芦柑和欢乐球尝试,果然爆炸了。(实验,观察)于是,他想配出使欢乐球爆炸的"魔水"。(提出问题)他想到芦柑皮有酸味,拿来醋滴在欢乐球上,欢乐球毫无反应。(第一次推论与假设)想到芦柑皮有甜味,又拿来糖制成糖水,滴在欢乐球上,球以极慢的,不易被觉察的速度缩小了些。(第二次推论与假设)将醋和糖水混在一起,结果与糖水类似。(第三次推论与假设)又想到喷的速度要快,于是,拿来浇花用的小喷壶。(第四次推论与假设)把醋和糖水倒入壶中,对着欢乐球喷,结果与糖水类似。又使劲闻了闻芦柑皮,觉得有点酒味,又拿来红葡萄酒,结果球没有爆炸。(第五次推论与假设)实验进行了两个多小时,快到十二点啦,在老师的劝说下,去吃饭了。快午睡时,老师问:"实验成功了吗?"孩子回答说:"不能算成功,也不能算失败。我发现欢乐球爆炸的原因肯定与糖有关系。"(初步的结论)

幼儿先发现问题(芦柑皮水可以使欢乐球爆炸),然后进行猜想、推测(用什么东西调出来的水可以使欢乐球爆炸),然后再实验和观测(经历了五次推论与假设并验证),最后得出初步结论。整个过程都是幼儿主动探究。

(四)组织方式的多样性

1. 集体、小组和个别探究相结合

长期以来,集体科学探究活动一直是幼儿园科学教育的主要形式,然而,集体科学探究活动因其内容的统一性、人数多,常常只能通过教师预先设计好的程序和步骤进行,无法使每一个幼儿积极主动地参与到科学探究活动中去。所以,除了集体科学探究活动外,教师应支持和引导幼儿自发地参与个别探究活动和小组探究活动,集体探究活动也应在此基础上扩展和生成。

2. 在幼儿日常生活中渗透科学教育

对于幼儿来说,科学就是他们每天所做的事,幼儿对周围世界的好奇和疑问无时无刻不在发生,这也决定了幼儿科学行为出现的随机性,教师要具备解读幼儿语言和行为的能力,幼儿不经意的言行都有可能被挖掘而生成一个有趣的科学探究活动。

因此,幼儿园科学教育除了专门组织的集体科学活动外,更多的应是在幼儿一日生活中随时随地进行,围绕生活中的科学现象引导幼儿进行观察与探究,让科学活动回归生活,感受生活中的科学乐趣。同时,幼儿科学活动的地点也是灵活多样的,既可在幼儿园内,如班级活动室、玩沙玩水区、科学发现室,又可拓展到社区、大自然等,要引导幼儿到大自然、大社会等更广泛的空间中去发现问题、解决问题。科学真正的源泉不是书本,而是大自然本身。教师要把科学教育渗透到一日生活中,随时支持个别幼儿或小组发起的探究活动,挖掘每个幼儿探究活动的独特价值,使每个幼儿在每一次探究活动中都有所发现,有成功的体验。

【案例1-8】

花盆为什么裂开了

春天的早晨,孩子们陆续来到幼儿园。早来的孩子们和值日生一起在给自然角里的各种植物浇水,突然发现一个花盆裂了一道大约两厘米宽的缝,孩子们觉得很奇怪,"花盆为什么裂开了?""花盆里面有什么?"教师通过提出问题,引导孩子们进行探究。

孩子们把花盆撬开进行观察,最后发现是花盆里逐渐长大的小土豆把花盆撑破了。"土豆那么小,哪有那么大的劲?"有些孩子又产生了疑问,教师又利用饭后散步的时间带孩子到操场上观察大树的根。孩子们终于领悟到:根真有劲。

幼儿生活即教育。生活中的随机教育让幼儿真实地体验科学就在身边,领悟科学的实际意义。

(五)结果的经验性

幼儿科学教育的结果并不追求幼儿说出非常准确的或科学的概念,而是强调让幼儿亲身经历探究和发现的过程,获得广泛的科学经验。幼儿在探究过程中,真正体验科学的探究精神、科学的探究方法和探究过程。

三、学前儿童科学教育的价值

学前儿童科学教育能够满足幼儿的探究欲望,学会科学探究的方法和技能,获取科学经验。学前儿童科学教育不仅影响到幼儿的早期发展,而且对学前儿童的一生发展产生深远的影响。

(一)科学教育促进学前儿童的全面发展

学前儿童科学教育是幼儿园课程的重要组成部分,对促进幼儿的全面发展起到重要作用。丰富多彩的大千世界能够激发幼儿的好奇心和探究兴趣,在探究活动中幼儿感受到探究的乐趣。科学教育给幼儿直接接触和探究周围世界的机会,通过动手动脑、观察比较、交流表达,学会探究的方法和技能,同时丰富了科学知识和经验。在活动中,学会与同伴合作,幼儿的主动性、积极性、独立性、创造性、自信心等良好个性品质得以发展。因此,幼儿科学教育能够促进幼儿身体、认知、情感、社会性等方面的全面发展。

(二)科学教育培养学前儿童初步的科学素养

随着社会、经济的快速发展,对教育提出了新的要求。时代发展需要具有创新意识、创新能力、求知欲望和科学态度的人才,培养具有主动性和创造性的人才是社会对教育提出的必然要求,科学教育要适应新的挑战和需求。学前儿童科学教育就是对幼儿进行启蒙教育,引导幼儿爱科学,学科学,从小培养幼儿的基本科学素养。

学前儿童科学教育的宗旨是培养幼儿初步的科学素养,这种科学素养应当包含科学态度、科学方法和技能,以及科学行为和习惯等诸多方面,而不仅仅局限于科学知识。其中,科学态度是科学素养的核心内容。对幼儿来讲,就是要有好奇心,勇于探究,勤于思考,敢于质疑,愿意听取不同的意见,热爱科学与大自然等。科学方法和技能是科学素养的基础,幼儿科学教育引导幼儿学会一些基本的科学技能,能够尝试运用科学方法解决问题,并具有一定的表达与交流能力,科学行为和习惯是科学素养的外在标志,幼儿科学教育应使幼儿养成良好的学习习惯,形成幼儿的自主意识,能主动积极地探究,学会与他人合作。

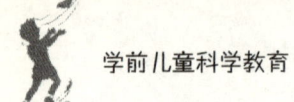

（三）科学教育对学前儿童的一生产生重要影响

学前儿童的教育是人生的起始教育阶段，早期的科学启蒙教育为学前儿童的成长打下良好的基础。儿童在早期科学教育阶段获取的科学经验为儿童今后了解抽象的科学知识提供了具体的表象支持，从而帮助儿童更好地学习科学。同时，童年的科学经历，会给儿童留下深刻的记忆，对儿童一生的发展产生深远的影响。如爱因斯坦在他晚年的《自述》中曾提到，他年幼时看到父亲给他的一只罗盘针总是指定一个方向，感到巨大的惊奇。这种惊奇保持了一生："……我现在还记得，至少相信我还记得，这种经验给我一个深刻而持久的印象。我想一定有什么东西深深地隐藏在事情后面……"童年的科学探索经历，使得很多儿童最终走上了探索科学的道路。

儿童的早期科学启蒙教育能够使儿童从小在心理埋下"科学的种子"，这颗种子在适宜条件下会生根发芽，不断长大，结出丰硕的果实。早期的科学经历会让儿童感受到童年的乐趣，感受世界的奇妙，为今后进一步探究科学奠定良好的基础。

实训内容

1. 去幼儿园观看小、中、大班科学教育活动，观察幼儿是怎样探究科学的，结合幼儿的表现分析幼儿学科学的特点。

2. 去幼儿园观看1~2个科学教育活动，分析在科学活动中幼儿哪些方面得到发展。

拓展延伸

在"活教育"思想引领下有效开展幼儿科学活动

陈鹤琴先生是我国现代幼儿教育的开创者。他提出的"活教育"思想对我国的幼儿教育实践影响深远。其教学论的基本原则是：做中教、做中学、做中求进步，强调教师在教学中要注重儿童直接经验的获得，积极鼓励儿童进行实践。近年来，在"活教育"思想的引领下，我园开展了关于幼儿科学活动的研究，我们注重引导幼儿观察、提问、设想、操作、表达、交流，亲历科学探究的过程，从中获得经验，并体验到科学探究的乐趣。

一、把握幼儿的原有经验

陈鹤琴先生指出："凡教材须以儿童的经验为根据。"只有来自幼儿生活经验的材料才容易让幼儿领会，才容易引起幼儿的探究兴趣。教师在设计科学活动前一定要认真分析幼儿的原有经验，依据幼儿的年龄特点和兴趣来确定需要建立的新经验。

例如，时值秋天，正是收获的季节，中班教师在设计"种子"的探究活动前，组织了一次谈话活动。"你知道秋天大自然会有什么变化吗？"幼儿纷纷调动已有经验，说出果实会成熟,叶子会变黄,树叶会掉下来,秋风有点冷,等等。此时,教师告诉幼儿,在秋天里,果实都成熟了,为来年准备了很多种子。接着,教师问幼儿:"你们都知道哪些种子呢?"有幼儿说水果有种子,教师就追问"水果的种子在哪里",有的说长在树上,有的说在花里,也有"博学"的幼儿能说出果肉里的果核就是种子。但是当教师提示幼儿常见的蚕豆、玉米等是不是种子时,不少幼儿说:"这些都是可以吃的东西,是果实,不是种子。"这次谈话活动让教师了解到了幼儿有关种子的原有经验,认识到幼儿对于种子的概念还比较模糊,他们不知道很多自己熟悉的、可以吃的果实就是种子。因此,教师就将需要幼儿获得的新经验定位在感知种子的多样性,丰富幼儿对生活中常见种子的认知等。在接下来的活动中,教师充分利用家长资源收集各种各样植物的种子,组织幼儿在幼儿园及周边环境中寻找种子,提供实物如豆角、南瓜、丝瓜、玉米及各种水果等,引导幼儿感知种子多种多样的存在方式,等等。因为准确了解了幼儿的原有经验,所以之后开展的有关"种子"的教学活动可以说是有的放矢的,活动内容符合幼儿的兴趣和需要,教学落在了幼儿的最近发展区,在幼儿原有经验和新经验之间搭建起一座桥梁,实现了幼儿的主动学习。

二、尊重幼儿的游戏天性

陈鹤琴先生"活教育"思想中有一条重要的教学原则,那就是"教学游戏化"。儿童具有一种发展本能,且这种发展本能会引导儿童前进的方向,这种发展本能在童年期的主要表现形式就是游戏本能。幼儿由于年龄小,自控能力差,坚持性不强,心理具有不稳定性,对任何事物都易产生兴趣但也易产生厌倦情绪,正因为如此,幼儿园的活动应具有游戏性,以激发和保持幼儿的学习兴趣。陈先生说过:"教师把教学游戏化,把枯燥无味的认字造句化为兴致勃勃的游戏活动,就可以在做的过程中培养学生兴趣,提高学习效率了。"教师在组织科学活动时,也应尊重幼儿的游戏天性,注意创设游戏化的情景,以激发幼儿的兴趣和好奇心,让幼儿产生"我要学"的愿望,积极地投入探究活动中去。

例如,中班幼儿在探究各种纸的吸水性问题时,教师最初的设计是提供三种不同材质的纸,引导幼儿观察纸的吸水情况,但在活动中,教师发现幼儿的兴趣不浓,很多幼儿对玩水更感兴趣。后来,教师设计了一个"哪只小船先沉下去"的活动,引导幼儿用这三种纸分别做三只小船放入水中,观察哪只小船最先沉下去,再引导幼儿讨论为什么这只小船先沉下去了。结果,幼儿对此非常感兴趣,都很专注地操作摆弄和观察分析,很快发现了吸水性强的小船先沉下去了,吸水性弱的小船沉得慢。又如,在小班科学活动"有趣的传声筒"中,教师设计了"大灰狼吃小白兔"的情境:"小兔"要将"大灰狼要来了"的消息通过传声筒传递给伙伴们,让他们都躲起来。游戏分两次进行,第一次,教师提供的传声筒是空心的,幼儿小声地对着传声筒说话。"小兔"们得到消息都跑到了安全的地方。第二次,教师在传声筒里塞了纸团,结果传话变得很费劲。有的"小兔"由于没有收到正确的消息而被"大灰狼"抓到了。教师通过这个小游戏让幼儿体验到用空心传声筒传话能听清楚,而用塞满杂物的传声筒传话很难听清楚,从而感受到声音的传递有

一定的特点。儿童的认识活动是在兴趣和需要的直接影响下产生的,他们通常会以极大的热情,积极主动地探究感兴趣、感到好奇或有需求的事物。因此,若能将幼儿的探究活动与游戏恰当地结合起来,既能满足幼儿的游戏需要,又能保持幼儿的探究兴趣。

三、遵循幼儿的学习特点

陈鹤琴先生的"活教育"思想还有两条重要的教学原则:"凡是儿童自己能够做的,应当让他自己做。""凡是儿童自己能够想的,应当让他自己想。"陈先生指出:"儿童自己动手,就得到肌肉运动的快感。自己动手即是做,做了就与事物发生直接的接触,就得到直接的经验,就知道做事的困难,就认识事物的本质。""直接经验、自己思想,是学习中唯一的门径。"幼儿好奇心强,喜欢动手尝试,而动手操作是科学活动的重要方式,它能促使幼儿在做的过程中获得深刻的体验。因此在科学活动中教师应遵循幼儿的学习特点,充分发挥幼儿的主体性,鼓励幼儿大胆积极地动手动脑,以丰富幼儿的体验,帮助幼儿建构经验。

当问题呈现在幼儿面前时,幼儿会根据自己的经验进行思考,这种思考有时是混乱的、片面的、缺乏逻辑性的,需要教师加以引导和梳理。如,有一天小班教师发现自然角里有一条小蝌蚪死了,便及时引导幼儿对小蝌蚪的死因展开讨论。幼儿纷纷猜想:小蝌蚪可能是饿死的,可能是被某个小朋友弄死的,可能是因为水太脏闷死的……幼儿还自发地讨论起"如何帮小蝌蚪换水"的问题。在兴趣的驱使下,他们纷纷提出了自己的办法。有幼儿想到可以把装有小蝌蚪的水缸直接放到水龙头下去冲,教师没有马上否定这名幼儿的想法,而是鼓励他去试一试。结果这名幼儿马上发现小蝌蚪被水一冲看上去很难受,而且有被冲出水缸之外的危险。有幼儿马上想到,要先把小蝌蚪捞出来再换水,教师也请他尝试一下。结果幼儿发现很难捉住滑溜溜的小蝌蚪,而且如果太用力就有可能捏死它,可见这个办法也不行。有幼儿接着提议直接把脏水泼掉,一尝试就发现,如果泼得不小心,小蝌蚪就会随着脏水跑出来,而且水也换不干净。这时,教师提示幼儿:"我们是不是可以找个什么工具来帮帮忙呢?这个工具要能把小蝌蚪兜住,让我们能倒掉水,但不会倒掉小蝌蚪。"有了这个提示,有幼儿马上想到可以去找"有洞洞的篓子"。于是大家找来了一个小竹篓,并小心翼翼地用篓子兜起了小蝌蚪,成功地帮小蝌蚪换了水。这时,大家都高兴地跳了起来。接着,教师又让幼儿两两结对,轮流定期帮小蝌蚪换水,照顾小蝌蚪。这个案例让我们深刻认识到,幼儿发现问题、解决问题的过程就是主动学习的过程。在这一过程中,他们会调动已有经验,主动探索,不断尝试、验证、发现新问题。当然,在科学活动中,教师的引导也是必要的,但必须适时适度,必须建立在幼儿已有思考的基础之上。教师要尊重幼儿,善于捕捉幼儿思想中的闪光点,引导幼儿逐渐掌握科学的思维方式,培养幼儿的科学精神。

(资料来源:http://www.youjiao.com/e/20180914/5b9b24110e218.shtml)

单元一 学前儿童科学教育概述

真题训练

1.（2018年下半年）大量细小的水滴随气流漂浮,从天空慢慢降落地面。生活中,人们常常把这种自然现象称作(　　)。
　　A. 雾　　　　B. 霾　　　　C. 小雨　　　　D. 毛毛雨

2.（2018年下半年）作为斗量单位,"光年"和"甲子"分别是(　　)。
　　A. 时间单位、时间单位　　　　B. 长度单位、长度单位
　　C. 时间单位、长度单位　　　　D. 长度单位、时间单位

3.（2018年下半年）如果太阳不发光,那么地球上的人们仍然能够用眼直接看到天体的是(　　)。
　　A. 彗星　　　B. 金星　　　C. 流星　　　D. 月亮

4.（2018年下半年）大气围绕地球气圈,对地球有重要作用,下列选项中,不属于大气作用的是(　　)。
　　A. 防止过量太阳之外显辐射　　B. 帮助保持地球温度
　　C. 锁住地球生物所需水分　　　D. 产生厄尔尼诺现象

5.（2019年上半年）小行星带是太阳系内的一个小行星密集区域,聚集了大约50万颗以上的小行星,它所在的位置是(　　)。
　　A. 金星轨道和地球轨道之间　　B. 地球轨道和火星轨道之间
　　C. 火星轨道和木星轨道之间　　D. 木星轨道和土星轨道之间

6.（2019年上半年）下列科学家中,提出并阐明了燃烧作用的氧化学的是(　　)。
　　A. 拉瓦锡　　B. 玻意耳　　C. 普特斯特利　　D. 阿伏伽德罗

7.（2019年上半年）下列选项中,首先提出行星的运行轨道是椭圆形的天文学家是(　　)。
　　A. 开普勒　　B. 哥白尼　　C. 第谷　　　D. 牛顿

8.（2017年上半年）午餐时餐盘不小心掉到地上,看到这一幕的亮亮对老师说:"盘子受伤了,它难过地哭了。"这说明亮亮的思维特点是(　　)。
　　A. 自我中心　B. 泛灵论　　C. 不可逆　　D. 不守恒

单元二
学前儿童科学教育的目标与原则

1. 了解学前儿童科学教育目标的结构和四个层次的目标。
2. 掌握学前儿童科学教育各年龄阶段的目标。
3. 理解学前儿童科学教育的原则。

当孩子在探究风的过程中,理解风是由于空气的流动而产生的,并对风车产生了极大的兴趣。在幼儿探究科学现象时,并不是一定要学会一些有关的科学知识,比获得科学知识更重要的是儿童在经历探究观察中形成对科学现象的兴趣和探究热情,并养成尊重事实,通过猜想验证获得发现的科学态度,这是幼儿园科学教育强调的目标。本单元帮助你了解学前儿童科学教育目标的结构和四个层次的目标及各年龄阶段的目标,并且明确学前儿童科学教育的原则。

第一节　学前儿童科学教育的目标

目标是教育活动的核心,是教师选择教育内容,创设适宜环境和采用恰当的教育方法、手段及组织形式的重要依据。学前儿童科学教育目标是幼儿园教师开展科学教育的方向,也是评价幼儿科学教育质量的依据。因此适宜的科学教育目标可以促进幼儿身心和谐发展。

学前儿童科学教育目标是依据幼儿教育总目标,结合幼儿身心发展的规律和特点、科学教育的内涵以及自然科学的学科特点而制定的,是幼儿教育总目标和社会发展对人才的要求在幼儿科学教育中的具体体现。学前儿童科学教育的目标既反映了社会对儿童的期望,又反映了对学前儿童科学教育的一般要求;既关系到学前儿童科学素质的早期培养,又关系到学前儿童个性的全面发展。

学前儿童科学教育的目标体系是一个复杂的体系,具有一定的层次结构。从纵向角度来看,学前儿童科学教育目标具有一定的层次;从横向角度来看,学前儿童科学教育目标具有不同的结构要求。学前儿童科学教育目标既是学前教育总目标的有机组成部分,又是学前教育阶段科学教育的特殊要求。从课程设计和实施的过程来看,学前儿童科学教育目标可以分为四个层次,即总目标、各年龄阶段目标、单元目标、教育活动目标。

一、学前儿童科学教育总目标

学前儿童科学教育总目标也可以称为科学教育的领域目标,是根据教育目的和幼儿教育总目标制定的,是幼儿教育总目标的有机组成部分。学前儿童科学教育总目标是学前儿童科学教育目标体系中概括层次最高的目标,学前儿童科学教育总目标指出了科学教育的范围和方向,是学前儿童科学教育总的任务要求。

(一)学前儿童科学教育总目标分析

《纲要》对幼儿科学教育的总目标有明确规定:
(1)对周围的事物、现象感兴趣,有好奇心和求知欲;
(2)能运用各种感官,动手动脑,探究问题;
(3)能运用适当的方式表达、交流探索的过程和结果;
(4)能从生活和游戏中感受事物的数量关系并体验到数学的重要和有趣;
(5)爱护动植物,关心周围环境,亲近大自然,珍惜自然资源,有初步的环保意识。

《纲要》中的科学领域目标,第一点和第五点是关于情感态度方面的,由此可见情感态度方面的目标在幼儿园科学教育中的重要性,这是因为过去的幼儿园科学教育唯科学知识至上,在制定活动目标时考虑更多的是知识方面的目标,在活动过程关注的也是幼儿是否掌握了教师认可的科学知识,这种科学知识为本位的观念致使科学情感态度弱化。《纲要》给我们指明了幼儿科学教育应着眼于终身发展的价值取向,引导幼儿对科学学习有兴趣,具有获取知识、解决问题的能力,这是幼儿将来发展需要的基础准备,所以情感态度的发展更为重要,具有正确的科学态度和价值观比知识本身更有利于促进幼儿将来的可持续发展。同时,我们也要明确科学知识在幼儿科学活动中的作用,过去将知识作为主要目标贯穿在整个活动过程之中,现在我们提倡把科学知识作为活动开展的问题切入点,让幼儿带着问题去亲历探究活动的全过程,然后在教师的指导下交流分享自己的探索发现,在幼儿已有经验基础上总结形成科学知识。

《纲要》中科学领域目标的第二点和第三点是关于科学方法和科学过程方面的目标,突出了科学方法的重要性。作为幼儿园教师,需要储备多少科学知识来解答幼儿的疑问?事实上,无论多少科学知识都是不够的。当今社会处于信息爆炸时代,知识更新增长的速度任何人都无法跟上。同时,科学知识并不是固定不变的真理,有些科学知识会被新的代替或修正。基于这样的认识,幼儿探究科学的方法,提出问题、解决问题的能力比单纯获得知识更有价值。也就是教师能给予幼儿的知识是有限的,而幼儿掌握了获取知识的方法,拥有对知识思考的自主权,才有助于将来的学习。幼儿要掌握科学的方法,就必须学会如何动手做科学,对于目标中提出的"能运用适当的方式表达、交流探索的过程和结果",可以理解为幼儿能用准确清楚的语言描述自己在探究活动中的想法、方法及发现,并能与同伴交流分享;除了语言表达之外,还可运用其他的适当方式,如动作、表情、图表、绘画等来展现自己在科学活动中的探索结果。

综上所述,我们可以明确幼儿科学教育目标的构成要素:一是科学情感态度,即有好奇心、求知欲和探究热情,有关爱环境的积极情感和态度;二是科学方法与技能,即具有观察和实验操作的技能与方法,学会思考与表达;三是科学知识经验,即获得关于周围环境事物及其关系的感性经验。

(二)学前儿童科学教育的目标构成

根据上述对学前儿童科学教育总目标的分析,我们知道学前儿童科学教育目标的构成包含三个方面,即情感态度、方法技能和知识经验。

1. 科学情感态度

动态的科学观认为幼儿科学是一种积极的探究,是对科学现象的一种创造性思考。《纲要》中科学领域的目标第一条是"对周围的事物、现象感兴趣,有好奇心和求知欲",明确将激发幼儿对科学的求知欲,发展幼儿探索科学现象的兴趣放在首位。在《3~6岁儿童学习与发展指南》科学部分中的科学探究内容目标第一条就是"亲近自然,喜欢探究",这也充分说明兴趣是幼儿探究的原动力,幼儿在好奇心的驱使下喜欢探究、喜欢提问,通过探究使幼儿对科学现象外在的表面的兴趣,发展成为稳定的求真求实的科学态度。在《纲要》中,科学情感态度方面的目标主要指向两个方面:一是儿童有探究事物的好奇心、兴趣和求知欲;二是儿童形成关爱环境的积极情感和态度。

科学需要好奇心和探究欲望。好奇心和探究欲望是人类认识活动必不可少的主观前提。它不仅能提高认识活动的积极性和效果,还能使认识活动成为快乐的事情,正如爱因斯坦所说:"我没有特殊的天赋,我只有强烈的好奇心。"可以说,没有好奇心,就没有发现;没有人类的好奇心,就没有科学的进步。好奇心是学前儿童探索和学习的内驱力,对学前儿童形成积极的学习态度起着重要的作用。但是,儿童的好奇心好似星星火花,还需要成人的支持才能燃烧出智慧的火焰。如果成人能够理解儿童的好奇心,并且加以鼓励和引导,就能把儿童学科学导入科学探索的道路,激发他们的求知欲。否则,如果成人对儿童的问题敷衍了事,甚至不耐烦的话,儿童的好奇心就会慢慢地被磨灭,他们对周围事物的态度会变得不再主动积极。

我们可以认为幼儿是小小科学家,幼儿像科学家一样具有与生俱来的好奇心和探究热情,对周围事物现象有着浓厚的探究兴趣。好奇心是学前儿童探索和学习的内驱力,对学前儿童形成积极的学习态度起着重要的作用。儿童的好奇心需要成人的支持和引导才能形成他们的探究兴趣。因此,幼儿科学教育应着眼于幼儿的一生学习与可持续性发展,让幼儿乐学、会学,注重培养幼儿内在的学习兴趣和积极情感,这是科学教育目标的核心内容。

《纲要》中科学领域的目标第五条提出："爱护动植物，关心周围环境，亲近大自然，珍惜自然资源，有初步的环保意识。"这一目标的核心是建立人和自然的和谐关系，在世界环境问题日益严重的形势下，提出这一目标有深远的意义。科学教育不仅要引导幼儿形成对自然界的探究兴趣，还要萌发幼儿对于自然的责任感，让幼儿从小就关爱生命，尊重自然，关心周围环境，有初步的环保意识。

科学情感、态度方面的目标，是指幼儿对科学活动兴趣爱好的培养，特别强调尊重事实、乐于合作、乐于分享、富有责任心、尊重和接纳他人想法、充满自信、积极主动和喜欢创造思考的态度的培养，科学情感、态度目标具体包括以下内容：

（1）乐于参加科学活动，喜爱动植物，具有对身边事物和现象的特点、变化规律进行探究的好奇心和兴趣。

（2）对周围世界有浓厚的兴趣，愿意动手动脑进行探索活动，喜欢观察、提出问题、寻求有关信息和答案。

（3）关心爱护周围环境，爱护动植物，亲近大自然，有初步的环境保护意识。

（4）感受科学技术对生活的影响，产生对科学的兴趣，对科学家有崇敬之情。

（5）分享科学活动中的快乐，初步具有交流、合作的意识。

（6）大胆地提出问题，敢于发表不同意见，接纳和尊重别人的观点。

2. 科学方法技能

科学方法和技能方面的目标，是指学习探索周围世界和学科学的方法。如观察、分类、测量、思考、提出问题、分析与解释、表达交流等方法，以及儿童的观察力、思维能力、创造力、动手能力和初步解决问题的能力。《纲要》提出："要尽量创造条件让幼儿实际参加探究活动，使他们感受科学探究的过程与方法，体验发现的乐趣"，这就强调了幼儿学习科学是以探究体验、发现为核心的学习方式，意味着幼儿是在"做"的过程中学科学的，强调让幼儿亲身经历以探究为主的科学活动，在探究中亲历科学、体验科学，进而理解科学、运用科学。在科学探索的过程中强调"运用各种感官，动手、动脑，探究问题"，这是幼儿获取知识的必由之路；"能用适当的方式表达、交流探索的过程和结果"，说明幼儿需要通过与同伴交流分享，表达自己的见解来共同建构知识。科学方法和技能目标具体包括以下内容：

（1）有初步的感知能力，能运用各种感官感知事物，能够观察自然物和自然现象的明显特征和基本变化。

（2）学会从一组物体中根据某些特征进行分类，学习用词或简单的句子描述事物的特征和自己的发现。

（3）会运用简单的非正式测量工具（如绳子、棍子等）和正式测量工具（如尺子、温度计等）进行测量，并学会正确的测量方法和简单的记录方法。

（4）能动手操作材料进行实验探究，能使用工具材料进行科技小制作。

（5）能用语言与成人或同伴交流自己的发现、探索过程和方法，表达存在的问题和

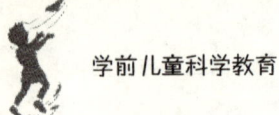

自己的愿望。

（6）能提出问题，发表不同的意见和想法。

3. 科学知识经验

《纲要》中没有专门列出具体的科学知识目标，其实科学知识目标已经蕴含在《纲要》的科学领域目标之中。因为知识目标是作为科学探索过程的结果，如《纲要》明确提出了"求知欲"的目标，即激发幼儿获取科学知识的原动力，在科学探索的过程中能"运用各种感官、动手、动脑，探究问题"，从而获取科学知识，并"能用适当的方式表达、交流探索的过程和结果"，这实际上也是指明幼儿相互之间通过交流与分享获得知识经验。过去一直将知识的获取放在目标的首位，教育目标基本以知识目标为主，在实践中出现了将科学教育等同于科学知识教育，幼儿在教师过度的指导下失去了好奇、好问的天性，为了转变科学教育目标的价值取向，《纲要》中科学领域目标表述体现了使幼儿获得乐学、会学、会用等这些有益于幼儿终身学习和发展的价值。

对于学前儿童来说，他们的科学知识有两种层次，即科学经验和初级科学概念。学前儿童独特的年龄特征和认知特点决定了他们只适于获得经验性的知识。科学经验是学前儿童在科学探索过程中，通过亲自动手操作，以自身的感觉器官直接接触周围世界所获取的具体事实和第一手经验，包括对事物特征的认识、对科学现象的理解。

概念是对事物或现象的内在、共同、本质特征的概括，是认识事物的高级形式，一般用词语来表示。在学前儿童科学教育中，儿童获得的概念还不是真正严格意义上的科学概念，而只能称为"初级科学概念"，是学前儿童在感知和经验的表象的基础上，对同类事物的外在的、明显的共同特征的概括，是一种概括化的表象，它既区别于具体的经验，也区别于真正的抽象概念。随着儿童的经验的增长，这些初级科学概念也经过不断修正，演变成真正的科学概念。我们强调经验性的知识和初级科学概念是学前儿童能够获得的最有价值的知识，主要原因有两个：一是学前儿童对事物及其关系的认识不是靠记忆，而是靠他们在和物体不断相互作用的过程中，经过反复操作而体验、感知到的，经过思考而建构的；二是学前儿童通过亲身经历获得的经验性知识是学前儿童今后学习的基础。

科学教育中知识经验目标的具体要求：

（1）幼儿获取周围环境中的具体事物的多样性经验，并在经验的基础上形成初级科学概念。

（2）幼儿获取周围环境中发生的自然现象的经验。

（3）幼儿获取周围环境中事物之间、现象之间的关系的简单经验。

（4）幼儿在操作活动中获取简单的技术经验。

作为科学探究结果的科学知识经验，贯穿科学探究过程的科学方法，以及以科学情感为主要内涵的科学精神，它们之间不是孤立的，而是相互依存的关系，是一个相互紧密联系的整体，要从探究的活动内容出发，分析其中需要的能力与方法以及可以培养的情感，着眼于帮助幼儿理解科学，也就是说让幼儿通过一个探究活动，在发现现象或者问题并尝试去解决的基础上来理解科学事实,而科学过程和方法、情感态度包含在对科学的理解之中。现在的科学教育不把知识放在第一位,并不是说科学知识不重要了,也不是说科学探究活动中没有科学事实或科学概念,幼儿科学教育目标定位是让幼儿通过一系列的探究活动在经验、概念、观念、态度等方面为将来的科学学习和生活打下基础。

二、学前儿童科学教育的年龄阶段目标

学前儿童科学教育的年龄阶段目标是指根据学前儿童科学教育总目标确立的,按学前儿童年龄阶段划分的中短期学前儿童发展目标,对学前儿童科学教育总目标进行分解,从而形成目标体系框架。它一般分为小班、中班、大班的科学教育目标。由于不同年龄阶段的儿童,其身心发展的特点、需求、兴趣也各有不同,因此,学前儿童科学教育的年龄阶段目标,反映了不同年龄阶段儿童教育目标的差异性,是学前儿童发展的年龄特征在科学教育目标中的体现。同时,为了体现学前儿童发展的连续过程,学前儿童科学教育的年龄阶段目标之间是具有连续性的,正是这样一步一步连续地发展,最终才能达到科学教育的总目标。

各年龄班幼儿科学教育的目标如下:

(一)小班

1. 情感态度方面

(1)对周围事物有好奇心,乐意感知和摆弄接触到的事物。

(2)喜爱动植物和周围环境,有探索自然现象的兴趣。

(3)在成人的感染下表现出关心、爱护周围事物的情感。

2. 方法技能方面

(1)学会使用各种感官观察、感知事物。

(2)用词语或简单的句子描述事物的特征或自己的发现,与同伴、教师交流。

(3)学习使用日常生活中常用科技产品的简单方法。

3. 知识经验方面

(1)观察周围常见的动植物和无生命物质,初步了解它们与人们生活、与周围环境的关系。

(2)了解周围自然现象的明显特征,获取粗浅的科学经验,并感受它们和幼儿生活的关系。

(3)了解日常生活中常见的科技产品,知道其特征和用途。

(二)中班

1. 情感态度方面

(1)愿意参加科学探索活动,感受科学活动的乐趣。

(2) 喜欢探究周围的事物和自然现象。

(3) 关心、爱护动植物和周围环境。

2. 方法技能方面

(1) 学会运用多种感官感知事物特征。

(2) 学会按照指定标准，对物体进行简单分类。

(3) 学会运用简单的工具进行测量。

(4) 用自己的语言、符号、图画等方式表达自己的发现，并与同伴、成人交流。

(5) 学习使用常见科技产品的方法，运用简单材料进行制作。

3. 知识经验方面

(1) 获取有关自然环境中动植物及沙石水等无生命物质及其与人类关系的经验，了解不同环境中动植物的形态特征和生活习性。

(2) 了解四季的特征及其与人们生活的关系。

(3) 了解周围生活中常见科技产品及其在生活中的运用。

(三) 大班

1. 情感态度方面

(1) 好奇好问，喜欢并能主动参与科学探索活动。

(2) 主动探索周围事物和自然现象，善于提出问题、寻求答案。

(3) 主动关心、爱护周围环境。

2. 方法技能方面

(1) 能运用多种感官观察事物，学会观察的方法。

(2) 能按照不同标准对物体进行分类，学会正确的测量方法。

(3) 能用语言、符号、图画等方式与同伴、教师交流自己的探索过程和结果。

(4) 学会使用常见科技产品的方法，运用简单工具和多种材料进行制作活动，能发现材料的多种功用。

3. 知识经验方面

(1) 初步了解不同环境中的动植物及其与环境的相互关系。

(2) 初步了解有关季节、人类、动物、植物与环境的关系，知道一年四季不同的特征。

(3) 了解周围生活中常见的物理现象，获取有关的科学经验。

(4) 了解周围生活中的科技产品及其对人们生活的影响。

三、学前儿童科学教育的单元目标

单元目标是对单元学习结果所做的规定。由于每个单元的学习内容和重点不同，各个单元的学习目标应各有侧重，每个学习单元的目标不一定都是多方面的。但是很多的学习单元最终使总目标能够达成。

学前儿童科学教育单元目标一般有两种。第一种是"时间单元目标",即在一段时间内所要达到的目标,如"月活动目标""周活动目标"等;第二种是"主题活动目标",指一组相关联的科学教育活动应达到的目标,如"美丽的春天"主题活动目标、"热闹的马路"主题活动目标。在当前的学前儿童科学教育活动中,由于主题单元活动比较多见,所以主题单元活动目标成为学前儿童科学教育单元目标的主要类型。

在确定科学教育单元目标时我们应注意:所确定的单元目标与年龄阶段目标和总体目标应一致;所确定的单元目标与该单元的学习内容和学习重点应一致。

【案例 2-1】

幼儿园小班 10 月份科学教育目标

(1) 愿意接触大自然;
(2) 有好奇心,喜欢模仿、摆弄;
(3) 认识动物"兔子",了解其主要外形特征及生活习性;
(4) 认识常见的植物,如"一串红",了解其主要外形特征;
(5) 了解自己身体的主要部位"脸",学习如何保护它;
(6) 观察秋天的景色,初步体验大自然的美;
(7) 初步学习运用感官认识物体。

【案例 2-2】

幼儿园中班 9 月份科学教育目标

(1) 乐意探究大自然;
(2) 喜欢观察、操作和提出问题;
(3) 对社会生活中人们的各种活动和成果感兴趣;
(4) 认识几种比较常见的动物,了解它们的生活特性及其与人们生活的关系;
(5) 了解常见的自然现象及其与人们生活的关系;
(6) 知道常见物品与人们生活的关系,了解几种常见物品的正确使用方法。

【案例 2-3】

幼儿园大班 4 月份科学教育目标

(1) 产生热爱大自然的积极情感;
(2) 有初步的环境保护意识;

(3) 了解人的生存与环境的关系,了解保护身体健康的方法;
(4) 了解人类的科学技术是不断发展的;
(5) 能根据事物的不同特征,按不同的标准分类。

【案例 2-4】

幼儿园小班主题活动"有趣的气味"的单元科学教育目标

(1) 学会用鼻子闻物体的气味,尝试感知不同的气味;
(2) 关心周围事物,对感知活动感兴趣;
(3) 用语言表达所得到的信息;
(4) 懂得爱护自己的鼻子。

【案例 2-5】

幼儿园中班主题活动"水"的单元科学教育目标

(1) 感受探究水的乐趣;
(2) 运用自己的感官,感知水的特性;
(3) 了解生物的生长、人类的生活都离不开水;
(4) 学会观察操作中产生的有趣现象,并探究原因。

【案例 2-6】

幼儿园大班主题活动"昆虫"的单元科学教育目标

(1) 对探究昆虫感兴趣;
(2) 能较细致地观察几种昆虫的求生本领及生长过程;
(3) 学会对各种昆虫进行有序地观察,比较其异同;
(4) 学习区分常见昆虫中的益虫和害虫。

四、科学教育活动目标

学前儿童科学教育活动目标是目标结构中最低层次的目标,也是最具体的目标,指的是某一次科学教育活动中要达到的教育效果。它是根据幼儿科学教育总目标、年龄阶段目标和单元目标,并结合教育活动的内容和幼儿的特点提出的具体的、可操作的目标。由于教育活动的内容是不断变化的,教师在掌握科学教育总目标和年龄阶段目标的基础上,应该重点对某一次活动的具体内容做较深入的研究,才能确定比较合适的活动目标。不同的活动内容应制定出不同的目标,相同的活动内容在不同的年龄班开展可制定不同的目标,相同的活动内容在同一年龄班开展,可以根据各班的实际情况确定活动目标。

总之,科学教育活动目标应成为教师开展科学教育活动的依据,应强调达到以下要求:

1. 活动目标的实现应是可以观察到或测量到的

教育活动目标通常用"行为目标"的方式来表述,即活动目标的表述应具体、可操作,主要表现外部行为的目标,如物体的沉和浮、磁铁能吸铁的东西,等等。对于一些难以表现为外部行为的目标内容,如兴趣、情感、态度等,应尽量表述得明确、具体。

2. 活动目标应与总目标和年龄阶段目标保持一致

科学教育的总目标和年龄阶段目标要通过一个个具体的科学活动目标来实现。每一个具体的教育活动目标的内容和要求,应与科学教育总目标和年龄阶段目标保持一致,要为阶段目标和总目标服务,要根据学前儿童的年龄特征和发展水平制定,体现各层次教育目标的一致性。

3. 活动目标要全面,注重幼儿的终身发展

一个教育活动的目标,应涵盖情感态度、方法技能、知识经验三个方面,从这三个维度来设计目标,尽量全面完整。某一个教育活动目标必须围绕该活动内容制定,遵循年龄特点,将总目标的要求转化为活动目标。

4. 活动目标的表述要具体明确,从幼儿发展的角度表述

科学教育活动的目标要具有可操作性,表述要具体明确,清楚明了,有利于幼儿园教师的把握。在表述目标时,应从幼儿发展的角度来表述目标,指出幼儿的具体表现。

【案例 2-7】

幼儿园小班"夹心冰块"科学教育活动目标

(1) 喜欢玩冰,体验探索的乐趣;
(2) 能用语言表达观察到的现象;
(3) 了解冰的特性。

【案例 2-8】

幼儿园中班"有趣的磁铁"科学教育活动目标

(1) 主动积极参与探索活动;
(2) 发现生活中有磁性的物品;
(3) 认识磁铁的磁力现象。

第二节 学前儿童科学教育的原则

幼儿科学教育应符合幼儿的学习特点,满足幼儿的发展需要,同时又能对幼儿施以积极的影响,从而促进幼儿的全面发展。学前儿童科学教育的原则就是为更好地促进幼儿学习科学,指导教师开展科学教育活动而总结的系列有效的做法。在幼儿园的科学教育实践中,我们应遵循以下原则。

一、主动探究原则

主动探究原则是指在幼儿园科学教育中,要发挥幼儿的主动性,让幼儿通过自己动手操作和动脑思考,在探究活动中学习科学,使科学活动的过程成为幼儿主动探索的过程。幼儿天生具有主动探究的愿望,要尊重幼儿的主动性,让幼儿主动地探究科学而不是被动地接受科学,应充分发挥幼儿的主体能动性,让他们在探究中动脑、动手、动口,成为学习的主人。在幼儿的主动探究中,尤其要注重引导幼儿动手操作和动脑思考。幼儿只有通过动手、动脑才能完成主动探究。要体现主动探究原则,在幼儿科学教育中教师要做到以下几点。

(1) 尊重幼儿提出的问题,让幼儿有机会探究他们自己想知道的问题。在日常生活中,幼儿会提出很多的问题。教师对幼儿提出的问题不要忽略或者敷衍了事,应持鼓励的态度,引导幼儿去探索,让幼儿在探索的过程中找到答案。如果他们有机会亲自去探究这些问题,他们就会觉得自己的问题是有价值的,同时也会更主动地投入探究问题的过程中。幼儿会感到自己的问题得到了重视,因而也会更加主动地去关注周围世界。

(2) 以兴趣为切入点,激发幼儿主动探究的愿望。兴趣是最好的老师,是孩子们进行探究性学习的动力。孩子的探究活动受到兴趣的直接影响,他们会以极大的热情积极主动地探索和认识他们感兴趣、感到好奇的事物。要使孩子主动探索,孩子的兴趣必须得到足够的满足。教师要以兴趣为切入点,激发幼儿主动探究的愿望。例如,幼儿对"小蝌蚪如何变成青蛙"感到很好奇,教师便可在自然角放置小蝌蚪,引导幼儿每天观察并进行记录。

(3) 尊重幼儿的想法,鼓励幼儿大胆尝试。尽管幼儿对周围世界有很多错误的认识,但是这些认识都是他们自己主动思考的结果,因而具有一定的合理性。教师可以通过挑战性的问题刺激幼儿主动的思考,而不是简单地予以否定,或者视而不见。例如,幼儿通常认为重的东西会沉在水里,而轻的物体会浮在水面上。这种理解虽然是不准确的,但却是幼儿基于自己的经验和思考对沉浮现象的认识,教师不能直接予以否定。教师应鼓励幼儿按照自己的想法去尝试探究,即使通过探究并未找到正确的答案,但当幼儿有了自己的发现时,教师则应该给予赞扬和鼓励。

(4) 允许幼儿犯错误,通过探究纠正错误。要允许幼儿犯错误,而不是直接地告诉

他应该怎样做。通过自己的错误进行学习对于幼儿来说非常重要,幼儿的错误代表着幼儿当前的认识水平,幼儿经过自己探索操作验证,找到答案,感受到动手、动脑之后的成功和快乐。如中班科学活动"有趣的磁铁",教师提供了回形针、木棒、毛线、牛皮筋、花环、纽扣、铁钉、钥匙、发夹等材料。让幼儿猜想哪些东西能被磁铁吸住,哪些不能被磁铁吸住,能吸住就打"√",不能吸住就打"×"。结果很多幼儿都认为钥匙会被磁铁吸住,猜想之后,幼儿动手验证,令他们想不到的是:怎么磁铁吸不住钥匙呢?教师趁机组织幼儿探索、寻找吸不住的原因,得出结论:"钥匙不是铁的,所以吸不住,磁铁只能吸住铁做的东西。"幼儿对其他东西也产生怀疑,像纽扣之类的东西是铁做的吗?幼儿再次投入操作、验证活动,通过探究来纠正之前的错误。

二、动手操作原则

动手操作原则是指在幼儿科学教育中,幼儿通过自己动手操作的活动来学习科学,而不只是通过语言的讲解或观看别人的操作。在科学教育中,材料是幼儿操作的对象,也是学习科学的载体。通过对材料的操作,幼儿可以感知事物的特性,认识事物之间的联系,还可以发现问题、提出问题、解决问题。所以,幼儿是在动手做的过程中学科学的。因此,教师不仅要提供幼儿动手操作的机会,也要引导幼儿在操作经验的基础上积极地动脑思考,帮助幼儿理解材料所蕴含的科学。

根据动手操作原则,教师应该做到以下几点。

(1) 为幼儿提供丰富的物质材料。教师为幼儿提供的材料应该是多样化的,以便幼儿获取多样化的经验。例如,教师为幼儿提供各种各样不同的石头,以满足幼儿充分的操作和探索的需要。幼儿通过观察、操作,摆弄这些石头,感受石头的丰富多样,体验石头的好玩有趣,同时也获取有关石头的经验。

(2) 为幼儿提供有结构性的材料。材料的结构性是指材料能反映所探究问题的现象特征,材料蕴含着丰富的可探索性和可利用性。幼儿通过操作材料,能感受现象间的个性以及不同材料间的关系。教师对材料的结构认识越丰富,越有利于幼儿探索、发现和创造,获得相关经验。如大班幼儿"玩磁铁"的活动,重点不再是发现磁铁的特性,而是通过操作发现磁铁不同部位磁性强度不一样的现象。但由于教师提供的磁铁不是条形的,使幼儿不容易发现磁铁的这一特性,不能有效地进行探究。

(3) 为幼儿提供不同层次的材料。由于每个幼儿的理解水平、动手能力不尽相同,因此在组织幼儿科学活动时,要考虑幼儿的个体差异。教师应提供不同层次的操作材料,满足幼儿探索的兴趣,使每个幼儿在原有基础上都有提高。如在玩"手拉手,灯泡亮"的游戏时,教师为幼儿准备了两套材料,能力稍差的幼儿只提供三种不同的操作材料:塑料片、铜片、木头片;能力强的幼儿除了以上三种材料外,还有毛线、纸片、钥匙等材料。由于操作材料有层次,能力稍差的幼儿通过探索材料,知道了铜片能让灯泡亮起来,且电路要连接完整的道理;能力强的幼儿在探索、操作后,总结出只要金属与线连接完整,灯泡就会发光。不同的幼儿经过探索后都体验了成功。

(4)给幼儿充分的时间和空间进行操作。对幼儿来说,探索的过程不是在短时间内能完成的,需要有充足的时间,教师应给幼儿提供足够操作、探索的时间。例如,在中班"玩磁铁"的科学教育活动中,教师给每位幼儿发放了两块磁铁,在第一轮操作中请幼儿尝试将两块磁铁吸起来,在第二轮操作中请幼儿探究磁铁的新玩法。在每轮操作结束后,教师都引导幼儿交流新发现并进行总结。整个科学活动都是幼儿自主操作的,教师根据幼儿的操作引导幼儿分享交流,并根据幼儿的思考和想法不断引导幼儿继续进行探究。

(5)让幼儿带着问题进行操作。如果没有明确的目的,幼儿的操作活动将变成没有意义的"瞎摆弄"。教师的角色是将幼儿从盲目的"摆弄"引导到有目的的探究活动中。教师提出适当的问题可以使幼儿带着问题去操作,从而将操作活动变成探究问题和解决问题的过程。例如,大班"玩磁铁"活动中,教师出示一块有红标记和白标记的条形磁铁,提出探究的问题:"条形磁铁红色这头、白色这头和中间黑线这里,哪个地方吸的东西多?"然后幼儿带着问题去探究磁铁不同部位磁性强度有所不同的现象,从而使幼儿在操作活动中有着明确的目的。

三、提供支架原则

在科学探究过程中,教师要为幼儿提供有效的支持和指导,即为幼儿提供强有力的支架。在幼儿园科学教育中,幼儿主动探究不能离开教师的指导,只有教师提供了支持与指导,幼儿的探究才能顺利有效地进行。

(1)物质材料的支持。教师应充分发挥物质材料的支持作用,结合活动内容,有目的地投放一些材料,让材料成为激发幼儿探究兴趣和发现问题的催化剂,使幼儿能够借助材料获得解决问题的方法。教师在活动前,要明确对幼儿提供"哪些支持"以及"怎样支持",然后创设和提供有针对性的环境和材料。例如,探究磁铁奥秘的区域活动中,教师投放了铁制品和其他材料制成的物品,先让幼儿操作发现磁铁能吸铁制品的特性,然后再提供材料,启发幼儿观察思考,有的东西(如布片、纸片)磁铁吸不起来,但是如果在布片下放一块铁,那么布片会被吸起来吗?让幼儿通过尝试,了解了磁铁的传导性。

(2)探究方法的支持。科学探究的方法是多样化的,教师应选择适宜幼儿需要的方法给予幼儿有意义的支持。教师应在活动中观察幼儿的行为表现情况,根据幼儿的能力水平提供针对性的支持和指导。例如,小班科学活动"会动的玩具",教师提出问题:"你的玩具是怎么动的?"一些动手能力强的幼儿马上摆弄自己的玩具,并展示给教师和同伴看。"你们看呀,我的火车会拐弯。""我的玩具会翻跟头。"对于那些动手能力强但语言表达能力稍差的幼儿,教师采用语言提示法,引导幼儿用语言描述自己的发现。如提出问题:"你的玩具是怎么动的?它动起来像什么?"幼儿在教师的提示下,说出了自己的发现,如:"我的小风车会转,变成彩色的了。"而对于观察能力、语言发展较强的幼儿,教师采用追问法,给他们提出更高的要求,如:"你们的玩具都会动,它们有什么不同呢?"幼儿观察后就说:"有的是要装电池的,有的是要手帮忙。"教师对于那些

看起来积极性不高的幼儿,则采用示范、共同操作、引导发现法,教师与他们一起玩玩具,在操作中引导幼儿观察,大胆说出自己的发现。因此,教师应尽量为幼儿设置适宜的问题情境,鼓励幼儿大胆操作,并积极与同伴交流,利用原有经验解决问题,获得新的科学经验。

(3) 心理环境的支持。幼儿的科学探究活动需要适宜的心理支持,心理环境是幼儿进行科学探究的前提,教师应以自身对科学的兴趣来感染幼儿,使幼儿在教师的带动下产生探究欲望。教师还应主动参与幼儿的探究活动,让幼儿有亲切感,得到教师的关注或重视,幼儿在心理上有安全感,才能全身心投入探究活动,才会充满热情和好奇心对待探究的事物或现象。因此教师应为幼儿营造一种安全、适宜的心理氛围,成为幼儿的支持者。心理支持主要体现在:教师利用口头语言或肢体语言,给幼儿以鼓励、肯定和接纳等积极的情感支持,以提高幼儿的信心;教师运用情感支持为幼儿提供帮助时,先向幼儿表示认同或理解,认同幼儿的积极探索行为,并为幼儿的发现而惊讶,使师幼关系处于开放的状态,让幼儿敢说、敢想、敢做。在这样的氛围中,幼儿敢于犯错误,敢于自由地表达自己的想法,也乐于向教师提出问题,乐于和同伴进行讨论和交流,乐于吸取别人的意见,从而不断丰富自己的认识。

四、联系生活原则

联系生活原则是指幼儿园科学教育要和幼儿的生活紧密结合。对幼儿来说,科学不是抽象的概念和理论,科学就在他们的身边。日常生活中的很多事物,都蕴含着科学教育的因素。让幼儿通过探究日常生活中熟悉的事物来学习科学,既能激发他们探究科学的兴趣,又能使抽象的科学变得具体生动,而且有助于幼儿体验到科学与生活的密切联系。

根据联系生活原则,教师应该做到以下几点。

(1) 从日常生活中寻找科学教育的内容。科学教育的内容要贴近幼儿的生活经验。例如,秋天到了,教师可以引导幼儿观察树叶的变化,通过这样的探究活动,既可以培养幼儿对大自然的关注,又使幼儿体验到植物和环境变化的关系。相反,那些幼儿在生活中看不见的、难以理解的内容,如叶的光合作用,则并不适合幼儿学习。

(2) 将科学教育融入日常生活之中。教师引导幼儿在集体科学活动探究的内容,如果能延伸到幼儿的生活中去,则可以给幼儿提供运用知识、迁移知识的机会。而且,很多科学探究需要长期的观察、深入的探究,如动植物的生长变化等。教师如果将这些内容融于日常生活之中,在生活中引导幼儿进行长期系统的观察和探究,则能给幼儿留下深刻的印象。

(3) 利用生活中的机会进行随机教育。例如,教师可以结合天气的变化,有意识地引导幼儿观察相应的天气。小朋友饲养的小动物死了,教师也可以利用这个机会,和幼儿讨论如何看待生命的问题。

(4) 关注、鼓励和支持幼儿在日常生活中的科学探究。幼儿在生活中会有很多偶

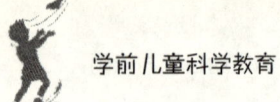

发性的科学活动,例如,他们发现一群蚂蚁聚集在一起,就饶有兴味地观察蚂蚁搬家。教师对这些自发性的探究活动应有足够的敏感并给予热情的关注,引导幼儿关注生活中的科学。

五、个别差异原则

个别差异原则是指幼儿园科学教育要尊重幼儿的个别差异,因材施教。幼儿发展过程中的个别差异是客观存在的,这表现在他们的思维水平的发展速度、学习方式及个性的倾向性等方面。在科学学习中,幼儿的科学兴趣、知识经验、探究能力及探究的主动性都会有很大的差异。教师应该了解幼儿的这些差异,并使自己的教育适应幼儿的个别差异性。

具体地说,教师应做到以下几点。

(1) 发现幼儿的不同兴趣,鼓励幼儿发展自己的兴趣。例如,有的幼儿对恐龙特别感兴趣,教师可以鼓励他了解这方面的知识,同时也创造机会让他向同伴介绍。对于喜欢观察动物的幼儿,教师则可以鼓励他们每天把自己的发现记录下来。

(2) 通过评估了解幼儿的个别差异。教师可以通过一些非正式的手段了解幼儿在发展水平上的差异。例如,在开展动物主题的科学活动之前,教师可以先了解本班幼儿对于动物有哪些了解,哪些幼儿是比较"博学"的,哪些幼儿缺少相关的经验;哪些幼儿很喜欢动物,哪些幼儿很少接触或害怕动物。这样,在科学活动开展过程中,教师就可以针对幼儿的个别差异调整教学内容及方式,并有针对性地进行一些个别教育。

(3) 制定灵活的学习目标,以适合不同幼儿的差别。事实上,教师对不同的幼儿应该有不同的期望,只要能让幼儿在自己的原有经验或水平基础上得到发展,就是好的教育。教师不必用同一个标准去衡量所有幼儿,而应该区别对待。例如,在观察事物时,虽然幼儿都能够认识到事物之间的联系,但是有的幼儿只能够认识事物外在的联系,而有的幼儿已能够认识到事物内部的联系了。

(4) 允许幼儿用自己的方式,在自己的水平上进行探究。既然幼儿的探究兴趣、探究能力等存在差异,教师就应该尊重这些差异。教学活动的环节可以更为灵活,幼儿的活动方式可以更加多元化,同时幼儿对问题的理解也可以多元化。例如,幼儿在探究解决怎样让玻璃弹珠由沉变浮的问题时就表现了多元的解决方式,有的幼儿把弹珠放在泡沫板上,有的幼儿把弹珠装在塑料瓶里,还有的幼儿用橡皮泥把弹珠粘在木板上。教师对这些解决方法都给予了鼓励和肯定。

六、整合性原则

幼儿的生活是综合的、整体的,幼儿的经验是不应该被人为割裂的。因此,幼儿园科学教育也应该是整合性的。整合性原则要求幼儿园科学教育应依据幼儿的已有经验和学习的兴趣与特点,灵活、综合地组织和安排各方面的教育内容,合理安排教育活动的组织形式,因时、因地、因内容灵活运用集体、小组、个别等活动形式,同时保证幼儿的自主活动，通过与家庭、社区密切合作，综合利用各种教育资源，使幼儿获得相对完整的经验。

根据整合性原则，教师在教育活动中应做到以下几点。

（1）用整合渗透的观念充分挖掘各种活动中蕴含的科学教育价值。一方面，教师要注重将科学教育活动与其他领域的活动相互渗透和整合。如在语言活动、音乐活动中渗透科学教育。另一方面，教师要善于将科学教育内容有机地整合渗透在主题活动、日常游戏和区角活动中，引导幼儿通过探索操作材料，促进幼儿获得科学经验。

（2）整合幼儿的生活经验，改进科学教育。即使是对同一年龄阶段内的幼儿，由于生活经验的不同，科学教育的内容也是不同的。教师在开展科学教育活动时应该注重整合幼儿已有的生活经验，以此来开展形式多样的活动。例如，同样是认识海洋生物的主题，生活在沿海地区的幼儿，对大海和各种海产品比较熟悉，可以开展参观海产品市场、调查海产品种类等活动。内陆地区的幼儿，则可以根据地区的资源，开展参观海洋馆、进行科学讨论等活动。

（3）综合采取多种活动形式，以适应幼儿的发展需要。除了常见的集体教学活动外，教师还可以采取小组活动、个别活动等形式。幼儿日常学习和生活中经历的事件或遇到的事物和现象都可能会激发幼儿的探究兴趣。如果教师能够把握幼儿的兴趣点，以合适的方式引导幼儿开展探究，那么幼儿的好奇心将得到很好的满足。例如，几个幼儿在花园里发现了蜗牛，他们对蜗牛产生了极大的兴趣。教师便可根据幼儿的兴趣，将原本的科学教育活动进行调整，一起去探究蜗牛的秘密。

（4）充分利用家庭资源和社区资源。家庭和社区是幼儿接受科学教育的重要环境，也是科学教育的主要资源，幼儿园科学教育与家庭和社区有着密切的联系。因此，要充分发挥家庭资源和社区资源的作用。家庭中的科学教育是幼儿园无法替代的，由于幼儿园受到时间等因素的限制，有些活动无法在幼儿园开展，如观察月亮的圆缺、星星的闪烁、昼夜的变化、家庭生活中的现象等。应在家庭生活环境中，为幼儿的观察、探索提供条件和可能。社区中有很多适合幼儿开展科学教育活动的社会设施和场所，如植物园、动物园、科技馆等场所和电视、电影、图书等资源。这些不仅为幼儿提供了丰富的学习内容，也为幼儿提供了宽松的学习环境。在幼儿园科学教育中也要注重与家庭和社区的合作，共同促进幼儿的全面发展。

实训内容

1. 通过见习，搜集幼儿园的单元活动目标和具体的教育活动目标，分析二者有什么联系和不同。
2. 观看1~2个科学活动视频，分析该科学活动所体现的目标具体包括哪些方面。
3. 观看1~2个科学活动视频，分析该科学活动体现的具体原则。

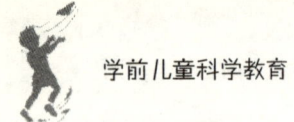

> **拓展延伸**

科学教育活动有效提升幼儿科学探究能力的策略

科学教育活动作为幼儿园五大领域活动之一，其本身所蕴含的自然科学属性使其相比于其他领域活动而言，更加强调培养儿童自主探究和创新的意识与能力。科学的本质不在于已经认识的真理而在于探索真理的过程，其实质就是鼓励和支持探究。这使得"探究"既是科学领域学习的重要方法之一，也是科学领域学习的重要目标之一，是个体未来创新能力发展的基石。幼儿园科学教育活动的首要目标应是培养儿童的科学素养，发展其科学探究能力。

一、什么是幼儿的科学探究能力

美国《国家科学教育标准》指出，"探究"是一种复杂的学习活动，涉及观察现象；提出问题；查阅书刊及其他信息资源以便了解已有的知识；设计调查和研究方案；根据实验证据来核查已有的结论；运用各种手段来搜集、分析和解释数据；得出答案、进行解释并做出预测；把结果告知他人。据此，"科学探究能力"就是对客观事物和现象进行探索、质疑和研究的方法和技能，具体包括：对特定环境中的物体、生物和事件进行提问；制定简单的调查计划并付诸实施；采用简单的设备和工具收集数据、延伸感官；利用数据做出合理解释；就调查结果和解释进行交流。这些能力又可以分为两大类：第一类是外部动作方式，即操作能力，如观察、测量与统计、实验、调查、资料收集能力等；第二类是内部动作方式，即心智技能、思维能力，如归纳与概括、比较与分类、分析与综合能力等。

幼儿的科学探究能力主要是一种萌芽式的探究能力，主要包括：针对周围物体和事件提出疑问；通过实际的行动与观察发生的变化，对物体、材料和事件进行探究；运用各种感官对物体、生命体和事件进行仔细观察；根据可观察到的特征及特性进行描述、比较、分类和排序；运用多种简单工具（如透镜、测量器具、天平等）来扩展自己的观察；进行简单的调查，经历预测、收集和解释数据、识别简单规律、得出结论等过程；通过多种呈现方式（包括图画、简单图表、作品、动作等）来记录观察、解释观点；与他人合作，分享各自的想法，倾听不同的观点。幼儿园科学教育活动通常是幼儿非常感兴趣的活动，能够满足幼儿的好奇心和求知欲，是提升幼儿科学探究能力的主阵地。

二、幼儿科学探究活动的特点

探究内容的生活化。幼儿阶段受年龄限制，生活经验有限，因此一般的科学探究活动内容都要与幼儿的生活实际相结合，调动幼儿的生活经验，在幼儿原有认知基础上进行拓展和探究。比如对身边动植物的观察和认知，对风、雨等自然现象的了解和认识，对声音、光、磁、水等物理和化学现象的认知等，都是幼儿感兴趣的科学探究主题。

材料的直观化。幼儿阶段的思维以具体形象思维为主，到了大班才具有抽象逻辑

思维能力的萌芽,因此幼儿科学探究活动中的材料投放需要具备直观形象的特点,尽量使用真实的材料,比如认识常见的水果,就要提供真正的水果供幼儿探究,这比单纯提供水果模型或图片的效果要好。

过程的操作化。幼儿阶段的孩子喜欢动手操作,他们习惯在动手操作的过程中了解和感知世界,观察和比较各种事物,思考和解决各种问题,因此要为幼儿提供动手操作的机会,给予他们动手操作的时间和空间。

表述的多元化。幼儿阶段的孩子基本上不会用文字来进行表述,他们更喜欢用图画、表格、图示、数字、符号、动作、讲述等方式进行记录和表述,因此要支持幼儿在探究的过程中运用丰富多元的表述方式来表达自己的想法与观点,表述自己的质疑与思考。

思维的跳跃化。幼儿的思维不是线性式的,而具有一定的跳跃性,他们通常会在短暂的时间内从一个问题跳到另外的甚至是不相关的问题。因此幼儿在科学探究过程中会出现思维的碰撞和跳跃现象,此时教师就要注意引导幼儿围绕主题思考和讨论,同时也要善于在幼儿的跳跃思维中挖掘新的主题进行深入探究。

三、有效提升幼儿科学探究能力的策略

(一)重点关注幼儿的探究方法和能力,避免以科学知识的习得为主要目标

当前的许多科学教育活动,无论在内容选择上还是在目标设计中,都将"知识学习"放到了首位,以学习和拓展科学知识、原理、概念为主,强调对知识的理解、记忆等,忽视了对幼儿科学探究能力、科学态度、科学精神的培养。其实科学教育活动除了可以丰富幼儿的科学知识以外,还能帮助他们发展理解能力、推理能力和科学态度,最终引导儿童拥有一个身心健康和有价值的人生。从儿童自身的发展来看,探索本身也比直接接受知识更为重要。在科学探索的过程中,教师通过激发儿童的好奇心、求知欲,让他们体验探索的艰辛、成功的快乐、发现的兴奋,可以培养他们初步的创造力与批判思维,使儿童不仅学科学,而且做科学、用科学、爱科学,这对儿童的终身发展更有价值。因此,教师应该鼓励儿童通过体验和操作丰富的材料来提问、探索和发现,帮助儿童表达和思考他们运用的策略、介绍测量和验证等的过程和技能,或者让儿童评估自己的调查结论。教师必须跳出"知识本位"的圈子,创造性地使用教学参考资料,深入研究并审慎思考科学教育活动的目标设定,努力帮助孩子们在习得科学知识的同时不断提升科学探究能力,这才是对孩子的一生负责的科学教育态度。

(二)为幼儿创设亲自体验、操作和交流的环境,避免以讲解传授为主要的科学教育方法

当前许多科学教育活动在教育方法上仍然以教师讲授知识、幼儿被动接受为主,教师是权威知识的发布者,经常滔滔不绝地、尽己所能地向幼儿灌输科学知识,幼儿的积极性和参与性不高。要改变这一现状,就必须多给予幼儿体验操作的机会,多给予幼儿思考质疑的机会,多给予幼儿讨论交流的机会,充分发挥幼儿探究学习的主体性。在探索的过程中,孩子自己提出假说,设计实验,进行说理和辩论,有利于孩子养成相互讨论,把自己的想法告诉别人和倾听别人意见的习惯。老师不要轻易否定孩子的想法,而

应多鼓励他们进行讨论和尝试。这是教师组织科学教育活动的关键之所在。

（三）投放丰富适切的活动材料，避免材料的单一和无效

教师只是组织和投放科学材料，放手让儿童通过自己的身体和智力活动进行探索、提出问题、开展推理和发现问题的答案，是一种帮助儿童认识周围世界的最好方法。对于幼儿来说，材料既是引发他们主动探究欲望的刺激物，又是他们认识物质世界的中介和桥梁。因此，教师应高度重视材料的选择与投放。但是，当前许多幼儿园科学教育活动的材料投放都比较薄弱，那些不真实、不科学、不能激发幼儿探究欲望的材料经常出现在科学教育活动中，影响了幼儿科学探究能力的发展，教师应加强对科学探究材料的研究，尽量避免材料投放的单一或无效。

（四）通过高效提问引发幼儿思考，跟随幼儿并与幼儿积极互动

在科学教育活动中，教师的提问既是贯穿活动的线索，又是激发幼儿探究欲望的有效方式。教师应该善于提问激疑，好的问题能够引发幼儿的思考，调动幼儿探究的积极性。但在实践中，部分老师的提问能力明显不足，不会问问题，或者问题过于笼统简单，没有针对性，其主要原因还是教师不了解幼儿的实际发展水平。教师可以通过预实验、谈话、讨论等方式来了解幼儿已有的经验。另一方面，幼儿园科学教育活动要能够吸引幼儿并引导其主动探索，还依赖教师与幼儿的互动。但是在实践中，教师经常自讲自话，喜欢按照预设的活动流程进行，不喜欢"突发意外"式的幼儿提问，也很少和幼儿进行积极的互动应答，一定程度上影响了幼儿好奇心和探究欲望的发展。正确的做法应是，当幼儿遇到问题时，教师不要马上告诉幼儿答案，而应创设条件，鼓励幼儿自己尝试去寻求答案、解决问题。

（五）重视对幼儿的过程性多元评价，重视幼儿思维品质的培养

在科学教育活动中，很多老师的评价都偏重于结果性评价，其实有助于学习的评价应该是在学习过程中进行的，而不是在学习之后发生的某种事情。探究的过程比结果更有价值，因此教师更应该关注过程性的评价，尽量避免用"正确答案"来束缚幼儿的思维。另一方面，教师在组织科学活动的过程中不应追求表面的热闹和花哨，而要有目标、有方法地提升幼儿的科学探究能力。幼儿园科学教育的根本目的应是使幼儿思维的深刻性、灵活性、独创性等品质获得发展，从而为其终身学习和发展奠定坚实的心智基础。

（资料来源：http://www.youjiao.com/e/20180914/5b9b1f751820f_2.shtml）

真题训练

1.（2018年下半年）下列表述中，与大班幼儿实物概念发展水平最接近的是（　　）。

  A. 理解本质特征　　　　　　　　B. 理解功能性特征
  C. 理解表面特征　　　　　　　　D. 理解熟悉特征

2. (2018年下半年)小班幼儿观察植物时,下列哪条目标最符合他们的发展水平?
(　　)

  A. 能感知到周围植物的多种多样

  B. 会观察记录植物生长变化过程

  C. 能察觉到植物外形特征与生存环境的反应关系

  D. 能发现不同种类植物之间差异

3. (2019年上半年)材料分析题

  夏日的雨后,大(1)班幼儿来到户外准备做操,发现地上爬了几只蜗牛,都纷纷蹲下来看,音乐声响起,幼儿小心翼翼地站在操场上做操,互相提醒别踩到蜗牛,做完操后,有幼儿提议要救蜗牛,还有提出要捉几只到班里养着。

  "蜗牛有嘴吗?""有脚没有?""喜欢吃什么?""它能走曲线吗?""是公的,还是母的?"幼儿提出很多问题,李老师表现出十分感兴趣的样子和幼儿一起讨论,李老师说:"宝贝们真棒!提出这么多有趣的问题,不过老师也不知道答案,但是老师很愿意和大家一起学习,我们想想怎么可以获得答案呢?""看书!""问爸爸妈妈!"……小朋友纷纷回答,李老师高兴地说:"好,我们分头行动。"于是,李老师用瓶子装着蜗牛带到班里,养蜗牛行动开始了。

  之后的一段时间里,李老师找来关于蜗牛的科普视频和孩子一起观看,同孩子们一起观察,记录蜗牛的生活并一起围绕蜗牛"吃什么""怎么睡觉"等问题查阅资料,分享资料,以蜗牛为主题的系列活动陆续在班里开展起来。

  问题:请结合材料,从教师观的角度评析李老师的教育行为。

单元三　学前儿童科学教育的内容

1. 了解学前儿童科学教育的内容范围。
2. 了解学前儿童科学教育内容选择的要求。
3. 能根据要求选择适宜的科学教育内容。

学前儿童科学教育的内容极其广泛,具体涉及哪些内容呢?作为幼儿园教师应当了解学前儿童科学教育的具体内容,本单元帮助你了解学前儿童科学教育的内容范围,同时了解选择科学教育内容应当考虑的因素。

第一节　学前儿童科学教育的内容

学前儿童科学教育的内容范围极其宽广,大自然中丰富的事物千奇百怪,各种现象神秘莫测,这些事物和现象都是学前儿童科学教育的内容。在《幼儿园教育指导纲要(试行)》中对学前儿童科学教育提出七条"内容和要求":

1. 引导幼儿对身边常见事物和现象的特点、变化规律产生兴趣和探究的欲望。
2. 为幼儿的探究活动创造宽松的环境,让每个幼儿都有机会参与尝试,支持、鼓励他们大胆提出问题,发表不同意见,学会尊重别人的观点和经验。
3. 提供丰富的可操作的材料,为每个幼儿都能运用多种感官、多种方式进行探索提供活动的条件。
4. 通过引导幼儿积极参加小组讨论、探索等方式,培养幼儿合作学习的意识和能力,学习用多种方式表现、交流、分享探索的过程和结果。
5. 引导幼儿对周围环境中的数、量、形、时间和空间等现象产生兴趣,建构初步的数概念,并学习用简单的数学方法解决生活和游戏中某些简单的问题。

6. 从生活或媒体中幼儿熟悉的科技成果入手,引导幼儿感受科学技术对生活的影响,培养他们对科学的兴趣和对科学家的崇敬。

7. 在幼儿生活经验的基础上,帮助幼儿了解自然、环境与人类生活的关系。从身边的小事入手,培养初步的环保意识和行为。

以上的教育内容除第 5 条以外,基本上涵盖了学前儿童科学教育的全部内容,将其归纳一下,大致可分为以下四个方面:*

一、物质科学

(一)物体和材料的性质

了解物体和材料的基本性质对于幼儿进一步学习事物性质和变化是非常重要的。为幼儿提供大量感知物体和材料性质的机会,为他们今后的学习奠定丰富的感性基础。具体的内容如下。

(1) 运用感官对常见的物体进行观察和摆弄,并描述物体的性质和特征,如物体的颜色、大小、形状、重量、温度、结构、硬度等。

(2) 使用一些简单的工具,测量物体的一些性质,如大小、重量、温度等,进而对物体进行更加精确的比较。

(3) 探索构成物体的材料所具有的性质。

(4) 物体和材料的性质具有多面性,使用自己的多种感官从多方面感知物体和材料的不同属性,而不仅限于其中的一种或两种属性。

(5) 探索材料在不同的条件下可以具有不同的存在状态,即固态、液态、气态。材料在被混合、加热或冷却、搁置等情况下都有可能发生改变。如水放入冰箱的冷冻柜会变成冰块,食物被搁置时间过长会发霉,等等。

(二)物体的位置和运动

力是物体间的相互作用,是生活中常见的自然现象。初步了解力的大小,力和物体运动之间的关系,力可以改变物体的位置和运动状况。知道力有很多种,如重力、推力、拉力、弹力、浮力、摩擦力,以及风力、水力、电力等,感受各种力的作用。具体的内容如下。

(1) 感受力的大小,探索发现力的方向,探索力和运动之间的关系,以及不同大小、方向的力和运动之间的关系。

(2) 通过实验探索各种力(地球引力、浮力、摩擦力等)的现象。如地球上的所有物体都要受到地球的引力,都会落到地面上;不同的物体放在水里,会产生不同的结果;物体在不同光滑程度的平面上,运动的快慢会不同;等等。

(3) 玩跷跷板、天平、平衡架等,探索平衡的条件,体验力的平衡。

---

* 参考:张俊.幼儿园科学教育[M].北京:人民教育出版社,2016.

（4）探索各种机械，发现它们的作用。探索省力的方法，如使用轮子、滑轮、杠杆、斜面、机械等。

（5）探索各种自然力（如风力和水力），了解人类对它们的利用。

（三）声、光、热、电、磁

1. 声音

声音是由物体振动产生的。我们生活在一个充满声音的世界。声音是幼儿最初了解世界的重要信息来源。

（1）注意并辨别各种声音：自然的声音、人的声音、机器的声音等；了解各种声音所代表的意义。

（2）探索各种能产生声音的物体和能产生声音的方法。

（3）探索各种声音的不同。不同的声音具有不同的性质，例如音调和音量。

（4）通过游戏、实验等探索声音的传播。观察几种生活中常见的能传播声音的现代科技产品，探索它们是如何将声音传得更远的。

（5）了解噪音的产生及其危害。

2. 光

光是自然界中普遍存在的现象，和人类的生活密切联系。幼儿可以探索的光的现象有以下几种。

（1）认识各种光源（自然的、人造的）以及它们的不同，了解光对于我们的重要性。如果幼儿感兴趣，还可向他们介绍激光及其应用。

（2）通过玩各种光学仪器（如平面镜、三棱镜凸透镜、凹透镜）和日常的物品、玩具（如望远镜、万花筒等），探索光的反射和折射现象。

（3）通过实验探索光和影子的关系。

3. 热

幼儿对于热的生活经验比较多，但对于热的现象很难进行探索。幼儿可学习以下内容。

（1）感受有的物体热，有的物体冷。学习用温度计测量物体冷热的程度。

（2）探索并发现热的物体会变冷，冷的物体会变热。讨论可以用什么办法使物体变冷、变热。

（3）知道天气的冷热。讨论夏天怎样散热，冬天怎样取暖保暖，并了解几种取暖或散热的产品。

4. 电

电在我们生活中的作用越来越大，幼儿在生活中接触到家用电器、电动玩具等。并探索家用电器，了解它们的用途及安全使用的方法。

（1）通过游戏探索摩擦起电的现象。

(2) 初步了解日常生活中电的来源,知道电是发电厂通过电线输送来的。

(3) 初步了解干电池也能产生电,在游戏或实验中探索干电池的用途。废旧的干电池是有毒的,不能随便丢弃。

(4) 探索各种家用电器的功能,了解安全用电的常识。

(5) 玩各种电动玩具或进行简单的实验操作。

5. 磁

磁的现象吸引着幼儿的好奇。幼儿通过探索磁的现象,激发幼儿的好奇心和探索科学的愿望。幼儿可以学习的磁的内容如下。

(1) 探索各种大小和形状的磁铁,发现磁铁能吸铁的性质,还可探索不同磁铁的磁力大小。

(2) 通过游戏或实验探索磁铁之间的相互作用,发现吸引和排斥的现象。

(3) 玩指南针或磁针,探索指南针指南的现象。

(4) 探索磁铁在生活中的用途。

二、生命科学

生命科学的教育提供给幼儿不断观察生物的机会,通过观察幼儿了解生物的特性、生存方式和生命周期等,探索生物的多样性以及生物与环境的相互关系。

(一) 生物的外形特征

生物的外形特征包括生物的颜色、形态、结构以及不同的组成部分。幼儿对生物的认识首先建立在对生物自然特性的观察基础上。通过观察,特别是观察真实的生物,幼儿可以认识常见生物的典型特征,如猫是多毛的、鱼是有鳞的等。每一个生物都有着多方面的自然特性,幼儿不仅可以观察到典型特征,还可以观察和描述更为细致的特征,如猫不仅是多毛的,形体不大,它还有四肢、尾巴,在脚的底部有厚实的肉垫等。除此之外,我们还可以引导幼儿思考生物的形态结构和功能之间的关系,不同的组成部分对生物具有怎样的作用。比如在观察松树时,可以引发幼儿讨论松树的叶子是什么样的,为什么会长成这样,它有什么作用等。

(二) 生物的基本需要

生物需要一定的条件赖以生存。动物需要食物、水和空气,以及拥有一个安全的住所等,人也不例外;大多数的植物也需要水、空气以及阳光,但植物不像动物那样寻觅食物,它们本身就可以作为动物的食物来源。不仅动物和植物之间存在着差异,不同种类的动物之间、不同种类的植物之间也有着各自不同的需求。如:动物可以分为食草性、食肉性、杂食性动物;植物有喜阴的,也有喜阳的,有些植物在阳光充足的地方可以长得更好,而有些植物则可能枯萎。

(三) 生物的简单行为

生物依赖自己的行为去获取基本的需求以满足自己的生长和发展需要。动物以独特的行为方式寻找食物、建构住所、躲避危险等,如蜘蛛是通过结网的方式捕获食物的;植物虽然不会运动,但是它们也呈现出一定的行为模式,如大多数的植物会呈现向光性,向有光的方向生长。幼儿可以通过观察、阅读、讨论等方式了解生物的多种行为,如觅食方式、自我保护方式、繁殖方式等。

(四) 生物的生命周期

生物都将经历一定的生命周期,包括诞生、生长、成熟、繁殖和死亡。在日常生活中,幼儿会有一些培育植物、饲养动物的经验,利用这些经验让幼儿感受到生命的历程以及不同生物生命周期的长短与细节不同,发现生物与它们的亲代之间有许多相似之处,但又有所不同。

(五) 生物的多样性

生物品种繁多,它们具有不同的自然特性、基本需求、行为方式以及生命周期。认识生物的多样性是对幼儿进行生命科学教育的重要内容。幼儿要能够理解自然界中的生物是多种多样、千差万别的:动物中,有大的,有小的;有凶猛的,有温顺的;有多毛的,有皮肤光滑的;有会生蛋的,有会生"小宝宝"的;有爬的,有跳的,有飞的……植物中,有高大的树,有低矮的树,还有短小的草;有各种各样的叶子,也有各种各样的花和种子;等等。对于不同年龄的幼儿,可以观察不同的生物。小班幼儿可以选择他们熟悉的、比较典型的动物和植物。如果是动物必须是比较温顺的。中班幼儿可以选择一种以上的对象,让其在观察的基础上进行比较。对于大班的幼儿,则可不限于观察真实的对象,可利用图片、录像等形式,让幼儿初步了解生物的多样性。

(六) 生物和环境的关系

1. 生物之间的关系

(1) 动物、植物之间的关系。包括动物和动物的关系,动物和植物的关系。可以让幼儿了解动物之间的朋友和敌人,初步了解不同动物的食性。如鳄鱼和牙签鸟是"好朋友",狼则是羊群的天敌。

(2) 动物、植物和人类的关系。可以让幼儿了解人类的生活中是怎样利用动物、植物的,如认识竹子和竹制品;还要让幼儿了解人类是怎样保护动物、植物的。

2. 生物与环境之间的关系

(1) 生物与周围环境是相互联系、不可分离的。自然环境中的各个成员之间进行着广泛的、动态的相互交往,生物的行为无一不对环境构成影响,环境的改变又会进一步促使生物发生变化。促进生物与环境的和谐发展日益成为全球共同关注的焦点,向幼儿展示彼此之间的密切联系构成了生命科学教育的必要内容。在观察动物、植物的同时,可以通过具体的事实,引导幼儿探索和初步了解动物、植物与环境之间的关系。

(2) 动物、植物的多样性与环境的相互关系。不同的环境中,生活着不同的动物和植物。比如可以让幼儿探索:哪些动物是生活在水里的,哪些植物是生活在水里的;又如哪些水果是热带的水果，在不同的环境里有哪些不同的鸟；等等。

（3）动物、植物的形态结构与环境的关系。幼儿探索不同环境中的动物、植物在形态结构上有什么不同，以及它们与环境之间的关系。比如，北极熊的皮毛是什么样的，为什么会很厚；大树的根是什么样的，为什么要伸入地下很深的地方；等等。

（4）动物、植物的生长与环境的关系。可以让幼儿在种植、饲养活动中，或通过实验来探索动物、植物的生长需要哪些环境条件，如种子发芽需要什么样的条件，蚕宝宝怎样才能长大，需要我们提供哪些条件等。还可以让幼儿初步了解动物、植物对环境的影响，特别是植物对环境的净化作用。

（5）动物、植物和季节变化的关系。如探索冬天到了，动物和植物如何过冬（有的动物会冬眠，有的动物会改变自己的身体状态，有的植物会落叶，等等）；春天到了，动物和植物又有哪些变化。

三、地球和空间科学

地球科学是对地球上的无机体或无机物以及影响地球的元素的研究，如气象状态或气候效应、陆地和天空的特性、天空中的物体、陆地和天空的变化等。

（一）地球物质的性质

地球物质包括沙、土、石、水和空气等，这些物质具有各自的特性和用途。幼儿对这些物质是极为熟悉的。

1. 沙、石、土

沙、石、土是幼儿在生活中经常接触到的物质。幼儿非常喜欢玩沙、石、土。对于这些内容，不仅要让幼儿探索它们的物理性质，还要从生态的意义进行教育。具体地说，幼儿玩沙、石、土，感知并比较它们的特征；幼儿了解沙、石、土在日常生活中的用处；此外还可通过探索活动让幼儿知道，沙、石、土都是覆盖在大地上的，但是沙和石头上都很难长出植物，而只有土壤里才能够长出植物来。让幼儿体会土壤和动物、植物乃至和人类的关系，知道要珍惜土壤。

2. 水

水是生命之源。幼儿很喜欢玩水，但是并不一定清楚水的重要性。因此幼儿对水的认识，也应该包括两个方面：一是对水的物理性质的探索，二是对水的生态意义的认识。

关于水的物理性质，可以让幼儿在玩水的过程中，感受它的无色、无味、无臭、透明；探索一些和水有关的物理现象，如水向低处流，水有浮力，水能溶解一些物质，等等。幼儿探索固态、液态和气态的水以及三种形态相互变化的现象。关于水的生态意义，主要包括以下内容：自然界中的水对于人和动物、植物生存的重要性；自然界中的各种水源——江河湖海等；水对于生命的重要性；等等。

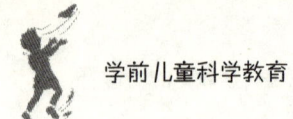

3. 空气

空气也是生命所不可缺少的物质。由于它比较抽象，因此较难理解。对于幼儿，只要让他们体会到空气就在我们的周围，我们看不见、摸不到，但也离不开它。可以通过探索空气的流动（风）、充气等和空气有关的现象，以及空气污染的现象等来增强幼儿对空气的感性认识。

（二）天空中的物体及其变化

幼儿从小就对神秘的天空有着探索的兴趣，他们想知道太阳公公落山以后在哪里休息，星星为什么会眨眼睛，但他们无法直接探索这些遥远的天体，同时又限于思维的水平，很难理解那些抽象的天文知识，于是就会产生很多离奇的想象。比如，有的幼儿认为太阳落山以后就"躲到山底下睡觉去了"，星星眨眼睛是因为"有人在星星上用手电筒对着我们晃来晃去"。幼儿时期，我们不必向幼儿解释各种抽象的天文知识，而要通过幼儿能够直接观察到的天文现象，使其获取相关的经验。包括：观察天空中的物体，如太阳、月亮、星星（有些可能不能用肉眼直接观察到）；太阳能给我们带来光和热，是人、动物、植物生长所必需；天空中物体的变化和运动模式，如月相的变化等。

（三）天气、气候和季节

气候和季节现象是自然界中四季变换规律的具体表现。它影响着动物、植物的生长，也影响着人类的生产和生活。让幼儿观察和了解气候和季节现象，对于认识自己所生活的环境，主动地适应环境，以及保护身体的健康都有重要的意义。

但是，幼儿理解气候和季节现象也有一定的困难。这主要表现在，他们很难直接探索这类现象发生的原因和全部过程，如云、雨的形成等。而像四季更替这样的变化，由于延续的时间太长，幼儿的理解也存在一定的困难。所以，幼儿有关气候和季节现象的学习内容，主要是熟悉可见的现象及其和人类、动物、植物的关系，重在积累这方面的经验，培养幼儿对周围自然环境的关注。结合具体的天气，引导幼儿观察和探索气候与季节的变化，具体包括以下内容。

观察和感受不同情形下风的不同；观察空中的云及其运动和变化，特别是不同天气时云的变化；观察并记录晴天、阴天、雨天等不同的天气现象，以及小雨和大雨等的不同；观察和探索冬天常见的天气现象——冰、雪、雾、霜等，夏天常见的天气现象——雷雨、彩虹等；认识四季的名称，观察其变化，感受并了解各个季节的典型特征，包括常见的天气、气温的变化，人类生活及动物、植物的变化等；初步了解季节变化和人类的关系，以及和动物、植物的关系，人和动植物如何适应季节变化等。

（四）地貌变化

地球的表面在环境的作用下会不断地发生变化，例如受到侵蚀和风化的影响，以及自然灾害的产生。借助于图书和媒体，幼儿初步了解我们的地球是变化的，以及这些变化会影响人类的生活，激发他们探究地球的兴趣和好奇心，促使他们关注地球、热爱地球、保护地球。

四、科学、技术、社会和环境

现代科技的快速发展和科学技术向社会全面渗透,使整个世界的面貌和人类生活发生了深刻的变化。一方面,它促进了人类社会的文明进步,为人们带来了幸福;另一方面,又为人类带来了全球性的社会问题,诸如生态平衡的破坏、环境的污染等。这要求人们全面地认识科学、技术对社会的正负效应,全面地认识科学、技术和人类社会与环境的关系,树立正确的科技观。

生活在现代社会中的幼儿,他们无时无刻不在接受现代科学技术的影响,享受现代科技成果的同时也会产生好奇。如:为什么电话能传来远处的声音?电视机里为什么会出现图像?他们渴望探索了解现代的科学与技术。引导幼儿认识常见的科技产品,使他们获得最初的"技术体验",感知人们生活与现代科技的密切关系,能培养幼儿关注科技的兴趣,形成善待自然、善用科技的意识,具体包括以下内容。

(一)幼儿生活中常见的科技产品及其作用

科技产品充斥于我们的周围世界,是科学技术应用于生活的具体体现。因此将其列为幼儿科学教育的内容是很必要的。但是,引导幼儿认识科技产品,不在于向他们介绍其中的技术,而在于引导他们关注技术的世界,即人类设计的世界,让幼儿知道,在我们的周围除了自然的世界之外,还有一个"人造的"世界。由此向幼儿渗透"技术改变世界"的观点。具体内容有:

(1) 探索、认识现代家用电器,如电灯、电话、电视机、空调、洗衣机、电饭锅等,初步学习简单的使用方法,并体会它们在家庭生活中的作用。

(2) 探索、观察各种常见的交通工具,如自行车、摩托车、汽车、轮船、飞机等,比较它们的优缺点,并体会它们和人们生活的关系。

(3) 探索并初步了解几种农业科技产品,如温室种植的蔬菜、瓜果,人工饲养的水产、家禽,以及经过加工的食品等。

(4) 探索各种科技玩具。玩具的发展是科技发展的一个缩影,幼儿通过玩各种玩具,如拖拉玩具、机械玩具、惯性玩具、电动玩具等,体会玩具的发展。

(二)科技产品的发展

科学技术的发展史,就是人类生活方式改变的历史。可以向幼儿介绍常见科技产品的发展、进步,使其体会到它们与人们生活的关系。比如向幼儿介绍灯的发展史,让他们探索、了解从古至今的灯是什么样的,人们是怎样照明的,由此体会科学技术的发展给人们生活带来的便利或影响。还可以鼓励幼儿讨论科学技术的未来,激发他们的想象力和创造力,萌发幼儿运用科技造福人类的愿望。

(三)使用简单的工具

工具是人手的延伸,是技术的物化形式。我们可以让幼儿学习使用生活中常用的工具,了解工具的用处。可以让幼儿尝试使用小剪刀、小锤子,也可以让他们学习使用

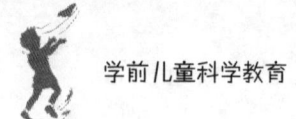

榨汁器、订书机等。这不仅发展了幼儿的操作技能,更使其获得了实践操作的机会,并在操作中认识了工具的用途。

(四)简单的科技小制作

我们不仅可以让幼儿探索科学现象,还可以在此基础上,学习运用工具和材料制作简单的科技玩具,如做风车、不倒翁等。幼儿完成一个科技小制作和探索一个科学现象获得的是不同的经验。他们不仅获得了亲手制作的经历,还获得了一些具体的操作技巧。这也是一种对技术的直接体验。

(五)自然生态环境的保护

环境是影响个人和人群生存能力和生活质量的空间、条件和因素,不管是自然状态下发生的环境变化还是人为作用下所产生的影响都可能会影响人类的生活。

自然生态环境的教育,特别要体现人与自然的和谐关系。应该培养幼儿从小懂得人和自然环境中的事物是朋友的关系,从小关注周围的环境,保护周围的环境。人与自然环境关系的教育,应该渗透和体现在认识自然界中的动物、植物和非生物的内容中。比如,在观察小草时,要引导幼儿和小草交朋友,关心和保护小草的生长。在探索土壤时,让幼儿认识到土壤和人的关系,知道要珍惜宝贵的土壤。

我们还可以向幼儿适当介绍周围生活环境的污染状况及其危害,可以选择幼儿能够直接观察和调查的现象和事件,对幼儿进行直观的教育。比如水污染、大气污染、噪音污染和生活垃圾的污染等。和幼儿讨论环境污染的危害。我们也要向幼儿介绍人类保护环境的行动,以及幼儿可以参与的环境保护的行动,并带领幼儿参加力所能及的实践活动,如植树等。养成良好的保护环境的行为习惯也应该成为教育的重要内容,比如教育幼儿爱护花草树木,爱护小动物,保持环境整洁,不污染环境等。

除了以上的教育内容外,还可以向幼儿介绍他们熟悉的科学家的故事,可以激发幼儿对科学家的崇敬之情。

第二节 学前儿童科学教育内容选择的要求

学前儿童科学教育是为了促进幼儿的发展,科学教育的内容是实现科学教育目标的载体,由于科学教育内容极其广泛,因此为教师开展科学教育活动提供了丰富的资源,同时也给幼儿园教师在选择科学教育内容时带来了困惑和问题。恰当地选择科学教育活动内容,是每一位幼儿园教师必须具备的能力。

学前儿童科学教育内容的选编,必须全面贯彻科学教育的任务,紧密结合科学教育目标进行。根据科学内容本身的特点,遵循幼儿学习科学的规律,教师在选择科学教育活动内容时可以考虑以下因素。

一、科学性和启蒙性

学前儿童科学教育的内容选择的首要要求是科学性和启蒙性。科学性是指幼儿科学教育的内容应符合科学原理，尊重科学事实。应根据幼儿的经验，使幼儿通过科学探究，正确认识和理解周围生活中的事物和自然现象。虽然幼儿所理解的是经验层次的科学概念，很难理解某些科学原理，但应选择具有科学性的教育内容，幼儿通过观察、操作，使儿童从小就学会客观、实事求是地看待周围世界，为今后形成科学态度打下良好的基础。

启蒙性是指内容应符合幼儿的认知发展水平和理解能力，幼儿科学教育内容应是粗浅的，而不是系统复杂的科学知识。学前儿童受其生活经验和活动范围的限制，难以理解抽象的科学概念。《纲要》指出："幼儿的科学教育是科学启蒙教育，重在启发幼儿的认识兴趣和探究欲望。"因此，应从幼儿认识能力和已有生活经验出发，基于幼儿的发展水平和年龄特点，选择那些与他们日常生活密切联系的科学内容。强调启蒙性一是要选择幼儿可探索的内容，让幼儿通过自己直接的探索活动获取科学经验；二是要选择幼儿可以理解的内容，将复杂的科学道理寓于简单的现象之中，幼儿可通过具体的经验获得对科学知识的粗浅理解；三是要选择幼儿日常生活中熟悉的内容，引导幼儿感知生活中的科学现象。

对于教师来说，处理好科学性和启蒙性之间的关系是很重要的，科学性和启蒙性的关系实质上是一个问题的两个方面，不应将两者对立起来。要兼顾科学性与启蒙性原则，就要求在选择内容时考虑科学性，在内容的范围和深度上遵循启蒙性。选编内容的广度和深度必须是幼儿能接受和理解的，对幼儿来说，只有启蒙性的科学教育内容才能完成科学教育的目标。

二、广泛性和代表性

科学内容范围相当广泛，涉及丰富而多样的自然科学内容，如物理现象、化学现象、动物和植物等。广泛性是指幼儿科学教育的内容丰富多样，但都是幼儿日常生活中所能接触的内容。体现广泛性，要根据幼儿的认知特点，让幼儿从不同角度、不同方面来认识客观世界，获得广泛的科学经验。代表性是指选择科学教育内容时应体现事物或者现象的典型性。由于科学知识内容繁多，不可能让幼儿面面俱到地认识每一事物，因此就要考虑教育内容的代表性，抓住事物或者现象的典型性进行科学教育活动，才能为幼儿今后进一步学习系统的科学知识打下坚实的基础。

（1）从广泛的范围中选择内容。我们可以从广泛的日常生活中，也可以从广泛的学科知识中选择适合的教育内容。日常生活中幼儿熟悉的内容都可选择，如"有趣的叶子""各种各样的纽扣""吃草的羊"等；也可以从自然科学知识体系中得到启发，按知识领域确定内容，如生物学中有关动物的知识点就有很多，如海洋中的动物、陆地上的动物、空中飞的动物等。

（2）衡量所选内容的代表性。即衡量所选的内容是否为某一科学领域中最基本的知识结构，以确定其价值。衡量的标准是考查该内容能否让幼儿由这一内容举一反三，为他们学习类似的科学内容提供帮助。例如，幼儿观察蝴蝶的身体和生活，蝴蝶不仅是幼儿喜欢的昆虫，它的身体结构反映了昆虫的典型特征，代表了这一类昆虫，可以为幼儿将来学习昆虫的共同特征打下基础，由此可以判定这一内容具有代表性。再如，认识植物中的水果时选择苹果或梨子，它不仅是幼儿常见的、常吃的水果，而且对其形态、结构、味道等方面的认识可以为幼儿将来学习水果的共同特征打下基础。

（3）考虑各部分内容的均衡性。这要求我们在安排所选择的内容时，要考虑各部分内容是否覆盖了科学教育的所有范围，各部分内容的比例是否协调。我们不能过多地偏重于某个内容或某个内容的某个部分，而忽视了其他。如果一个学期都安排认识动物的内容，尽管幼儿认识了各色各样的动物，但他们也失去了认识其他科学现象的机会。这样的做法不仅没有必要，而且也失去了幼儿科学教育内容的均衡性。均衡的教育内容，既能体现代表性，也能体现广泛性，所以在选择内容时应体现这一特点。如认识植物的内容，不仅要认识树木，也要认识花草，还要认识苔藓等低等植物；不仅要认识生长在陆地的植物，也要认识生长在水中的植物，这样可使幼儿获得广泛而又具有代表性的科学经验。

三、兴趣性与生成性

兴趣性原则是指选择的科学教育内容要符合儿童的兴趣需要。兴趣是儿童学习和探究科学的动力，会让儿童产生探究的热情，能引发儿童主动积极的活动。对幼儿来说，最有效的学习是他们最感兴趣的学习。所以，选择科学教育内容要遵循兴趣性原则。有些科学教育内容本身就具有直接的兴趣性，能给儿童带来乐趣，如玩水、玩沙、打雪仗等活动。但有些内容对儿童是没有需求和兴趣的，儿童缺乏学习的动机。所以，诱发和唤起儿童学习和探究的兴趣是前提条件。教师应采用一定的教育策略，使儿童产生学习和探究的需要和兴趣，产生探究的动机，使教育内容转化为儿童的需求。

生成性是指教师在教育活动中根据即时的情境和突发事件或幼儿感兴趣的问题，生成新的活动内容。这需要教师有敏锐的观察力和捕捉教育时机的能力，能及时开发和利用幼儿感兴趣的事物和想探究的问题，并将其扩展为科学教育的内容，生成科学教育活动。

儿童天生爱探索，对许多事物感兴趣。许多儿童感兴趣的事物和想探究的问题本身就暗含着教育所要追求的价值和目标。例如，阳光明媚的下午，儿童在喝水时会发现水杯反射到墙上会出现明亮的光圈。晃动水杯，墙上的光圈也会随之晃动。阴天的时候，就看不到光圈。教师根据孩子感兴趣的水杯反光的现象，生成科学教育内容，引导儿童主动探究。在生活中，儿童会产生疑问和问题，这些问题都可以作为科学教育的起点。教师要顺应和支持儿童探究这些问题，生成科学教育活动的内容。例如，当儿童提出"蜗牛有嘴吗？"这样的问题，最好的做法不是马上告诉他答案，而是引导儿童通过思考和探究去寻找答案。

四、区域性和季节性

区域性要求是指幼儿科学教育内容选择应结合当地的自然条件和社会资源,做到因地制宜。也就是说,教师应该选择具有鲜明地方特色的内容来开展幼儿科学教育。要注重从当地的自然和社会资源中挖掘和选择有价值的教育内容,不要照搬现成的材料。我国幅员辽阔,各地地理环境千差万别,形成了山区和平原、内陆和沿海、南方和北方的不同地域特征,它们所形成的自然环境、文化和社会条件也有较大差异。因此,在不同的地区,我们要选用各地常见的自然物、自然现象作为幼儿科学教育内容。生活于不同地区的幼儿受不同生活环境的影响也各有其不同的生活经验,我们在选择幼儿科学教育内容时要考虑这些经验对幼儿的影响,以确保在此基础上进行有效的科学教育。比如,农村幼儿对农作物、家禽和家畜十分熟悉,而城市幼儿则对公园里的花草树木、动物园里的动物比较熟悉。又如,了解现代科技产品在生活中的应用,城市幼儿可以选择的内容有地铁,农村的幼儿则可以选择常见的交通工具和家用电器。

季节性原则是指结合季节变化的特点来选择科学教育内容。从季节上来说,不同的季节,自然界也会有不同的表现而具有季节性特征。各种自然现象的发生和变化,大多与季节变化有关系,动植物的生长活动也受季节的影响,各种天气变化也与季节有关。幼儿科学教育应让幼儿亲临其境,去了解大自然的这些季节变化,我们应该选择与季节同步的自然现象作为幼儿科学教育的内容,因为这些内容是离幼儿最近的,也最便于他们进行直接观察和探索。如以冬季为例,不仅可以引导幼儿了解寒冷的季节特征,观察动物如何过冬、植物的变化情况,幼儿还可以了解人们如何过冬,使用哪些设备来取暖。

五、时代性和民族性

时代性原则是根据时代发展、科学技术的进步来选择科学教育内容,幼儿科学教育内容要体现现代科学技术的发展。现在,时代处于科学技术迅速发展的社会,幼儿通过各种途径,包括亲身感受及媒体传播等,充分感受到现代科技对于人们生活的影响。科学教育内容的时代性是社会科技的发展对人才培养的要求,也是儿童科技教育的要求。随着现代科技与人们生活的联系日益紧密,我们可以选择儿童生活中的一些科技新产品作为教育内容,如现代通信、现代交通、网络技术、高速公路等,让儿童了解这些科技知识的同时,感受科技的重要性。

民族性原则是指选择科学教育内容要体现传统文化的特色,要结合民族特色选择有名的物产。儿童在了解现代科技的同时,了解中华民族优秀的文化传统,能够培养儿童民族自豪感。中国具有民族特色的物产很多,如丝绸是中国江南的特产,我们可以选择这样的内容作为幼儿科学教育的内容,让幼儿观察、感受丝绸的特性,观察养蚕、结茧、吐丝到加工制作成丝绸的过程。此外,我国的很多珍稀动、植物,如大熊猫、金丝猴、

水杉树、银杏树等如果作为科学教育的内容，也充分体现了教育内容的民族性。

实训内容

1. 调查了解一所幼儿园本学期的科学教育的内容安排，分析其内容的选择是否合理。
2. 运用所学知识设计一个幼儿园中班上学期的科学教育内容计划。

拓展延伸

幼儿科学教育内容选择的两重标准

幼儿科学教育内容的生活化，是科学教育的一个重要原则。《幼儿园教育指导纲要（试行）》明确提出，"科学教育应密切联系幼儿的实际生活进行，利用身边的事物与现象作为科学探索的对象。"新近颁布的《3～6岁儿童学习与发展指南》也强调幼儿的科学认识应指向"周围事物和现象"。幼儿的生活（包括生活环境、生活经验）是幼儿科学教育内容的重要来源，生活化（指教育内容密切联系幼儿生活）是选择幼儿科学教育内容的重要标准。但是在教育实践中，不少教师对"生活化"的理解仍是表面的乃至片面的。在这里，我对幼儿科学教育内容选择的"生活化"问题作一辨析，同时提出科学教育内容选择的另一重要标准，即学科性标准，以期广大教师能对幼儿科学教育内容选择的问题有全面的思考和认识。

一、幼儿科学教育内容选择的生活化标准

当我们都将幼儿科学教育内容的生活化看作是不言自明的真理时，重新思考一下"为什么"的问题是很有必要的。之所以提出科学教育内容的生活化，是出于两个基本的理由：第一，生活化的内容可以更好地激发幼儿的学习动机，有助于幼儿积累具体的科学经验，并理解其中所隐含的科学概念。熟悉的生活情景能够激发幼儿的学习兴趣，让幼儿主动提取已有经验，并在此基础上进一步探究，不断扩展所获得的知识。第二，强调科学知识在实际情景中的具体运用，而非简单地教给幼儿抽象化、概念化的知识。比起那些脱离真实情境的、直接指向概念化知识的学习内容，生活中所遇到的问题大多是真实的、有意义的，可以给幼儿更为丰富的学习经验。

由此我们可以看到，"生活化"的真义是强调真实的、有意义的问题情境，以及丰富、具体的学习经验。但不可忽略的是，这些问题和经验最终仍应指向科学概念的学习。因此，不能表面地或者片面地理解"生活化"的原则。

在教育实践中，不能把"生活化"简单地理解成"只要是幼儿生活中存在的事物或幼儿感兴趣的事物，就一定适合作为科学教育的内容"，还应进一步考量其教育价值，尤其是应评估该内容是否包含有价值的、可探究的科学概念。

以"碘酒让淀粉变色"的实验为例。尽管幼儿生活中偶尔会接触到碘酒,他们每天的食物中也必定含有淀粉,但如果因此而给它贴上一个"生活化"的标签则过于牵强。事实上,绝大多数幼儿即使用过碘酒也不明白碘酒为何物,即使每天吃米饭也不可能意识到淀粉的存在,更不太可能在生活中见过"碘酒让淀粉变色"的现象。因此,这一现象并不是幼儿在生活中遇到过、思考过的问题,他们也没有任何生活经验可借取。可以说,这是"伪生活化"的内容。而且,从这个内容所蕴含的科学概念来说,也无多少可探索的空间。由于幼儿看不到淀粉的存在,他们也就不可能通过探究来发现为什么碘酒能令此物变色而不能令彼物变色。碘酒让淀粉变色的现象固然很奇妙,但是从幼儿理解周围世界的需要来考量,这显然算不上是多么重要的科学概念。比起其他的现象(如力和运动的关系),幼儿不知这些也罢。

相比于花样繁多的"伪生活化"的教育内容,幼儿生活中真正关注的事物和问题,反而未必能进入教师的视野。教师往往因为不明确其中所蕴含的科学概念而轻易放弃了引导幼儿探究真问题的机会。这是幼儿科学教育中常有的遗憾。

二、幼儿科学教育内容选择的学科性标准

将学科性标准和生活化标准相提并论,是因为它们实质上是一个硬币的两面:取自幼儿生活的学习内容,如果没有值得探究的科学概念蕴藏其中,则很难称其为科学学习;从某一科学概念出发而设计的学习内容,如果不和幼儿的生活经验相联系,则是"不接地气"的,无法为幼儿所接受。

科学教育作为一门综合性学科,所涉及的学科领域非常广泛,这在某种程度上决定了它内容的开放性。然而关注"大概念"(big ideas)或"学科核心概念"(disciplinary core ideas)的教学,已经成为当前科学教育发展的全球性趋势。美国于2013年4月最新颁布的《新一代科学教育标准》一改过去从学科门类的角度(如物质科学、生命科学、地球与空间科学)描述教育内容的方式,而以"学科核心概念"取而代之。即使在幼儿园阶段,也强调通过具体的学习内容帮助幼儿获得对力和相互作用、能量、有机体、地球系统、地球与人类活动的关系等学科核心概念的最初理解。

这一变化趋势体现了对儿童科学概念学习的新认识、新观点。那就是,科学知识不是孤立的,而是有组织、有联系的。科学教育应注重帮助学习者建立科学知识之间的联系,这种联系就是以学科核心概念为中心的知识网络。同时,科学概念的掌握是渐进的过程,它可以用学习进阶(learning progression)来描述。学习者是不断积累学习经验,逐步获得对学科核心概念的理解的。

这些观点对于我国的幼儿科学教育有重要的启示。首先,关于教育内容的多和少的问题。我们有必要反思过去那种"多多益善"的思路,转向精选对幼儿发展有重要价值的核心概念,并围绕这些概念组织教育内容。其次,关于教育内容的深和浅的问题。学习进阶理论提示我们应考虑学习者的年龄和已有经验。为其搭建合适的阶梯。幼儿时期是学习进阶的起步阶段,我们尤其要考虑教给幼儿的知识的深度问题。面对这些学科核心概念,我们不必因其抽象的表述方式而对其望而却步,甚至将其拒之门外,更

不能生硬地把这些概念灌输给幼儿,而应考虑,在幼儿阶段他们能够达到的概念理解层次是怎样的,什么样的内容可以帮助其获得这一理解,特别是如何利用幼儿生活中熟悉的事物、问题来引发他们对这一概念的探究和学习。

在幼儿科学教育实践中,如果我们不考虑幼儿的学习进阶,往往就会导致"小学化"的问题,即把小学的教育内容简单地下放到幼儿园阶段,对幼儿提出不恰当的要求。以"力和相互作用"这一概念为例。在幼儿阶段,他们不可能说出什么叫力,也不可能概括地说出力和运动的关系,但是,他们可以获得一些具体的科学经验(或者可以说是一些低层级的概念)。如:推和拉的动作所产生的力量可以有不同的大小和方向;推或拉一个物体可以改变这个物体的速度或方向,也可以让它动或让它停;等等。这些经验对于他们今后在更高层次上理解力和运动的关系是必要的。从这个意义上说,虽然幼儿的学习是很具体的(例如玩小汽车),但其中却蕴含了"大概念"。

三、寻找"生活化"与"学科性"的交集

幼儿科学教育内容的设计可以有两种思路。一种是从幼儿的生活经验出发,关注他们的生活中有哪些问题是具有科学概念方面的学习价值的,即值得探究和可以探究的;另一种是从科学概念出发,思考幼儿理解这些科学概念需要建立在哪些经验的基础上,可以如何利用幼儿生活中熟悉的事物或问题引发他们对这一概念的探究和学习。

幼儿科学教育的内容,既要密切联系幼儿的生活,又要体现对学科核心概念的学习,忽视任何一个方面都是不合适的。教师在进行科学教育内容设计时,无论从何种路径出发,最后都应找到"生活化"与"学科性"的交集。

在当前的幼儿科学教育实践中仍存在一些错误的导向,如在内容开发上的求新求异。这导致很多教师忙于挖掘"新"内容,而忽视那些更有科学学习价值的经典内容。这种教育内容上的"百花齐放"其实是一种乱象。有些教师缺乏对教育内容适切性的判断和鉴别能力,只是为了标新立异而去设计一些新奇的学习内容,并贴上"生活化"的标签,只是通过材料本身的特性去吸引幼儿的兴趣,而不是引导幼儿通过探究获得对科学概念的理解。这些做法都是不可取的。

(资料来源:http://www.youjiao.com/e/20180917/5b9f68ac08d6f_2.shtml)

真题训练

(2017年下半年)为什么幼儿园教育内容要贴近幼儿的生活?

单元四

学前儿童科学教育的方法

1. 理解学前儿童学科学的基本方法是科学探究。
2. 了解学前儿童科学教育方法包括的具体方法。
3. 学会运用学前儿童科学教育的方法设计科学教育活动。

好奇、好问是幼儿与生俱来的特点,好探究是幼儿的天性,幼儿的头脑中充满无数的问题,幼儿对周围事物和自然现象有着强烈的好奇心和探究欲望。作为幼儿园教师,如何引导幼儿进行科学探究?本单元帮助你了解学前儿童科学教育可以采用哪些不同的方法及各种方法的使用策略。

第一节 学前儿童学科学的基本方法

在确定了科学教育活动的目标,明确科学教育活动内容后,选择具体的科学教育方法也尤为重要。学前儿童科学教育的方法是为实现学前儿童科学教育的目标所采用的具体方法和手段。科学教育活动的内容不同,决定了采用的教育方法也不同。适当的方法能有效地实现教育目标。

一、学前儿童学科学的基本方法——科学探究

科学教育的重要目标是提升儿童的科学素养,发展儿童的好奇心和探究能力。探究能力主要包括提出质疑、探索、观察、描述、比较、分类、使用工具、预测、解释、发现规律、得出结论、记录等。儿童天生对世间万物充满了好奇,在探究活动中,幼儿探索的欲望与好奇心得到满足,在探究中、在与材料的互动中理解周围的世界,他们的理解能力、记忆力得到提升,探究的兴趣得到保持。因此,学前儿童学科学的基本方法是科学

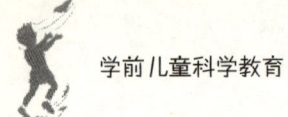

探究。

随着科技的进步、时代的发展,幼儿科学教育的方法也发生了变革。以往,教师更加注重给儿童传授科学知识,以教师的讲解、展示为主,重点让幼儿通过观看和讲解来了解科学知识或科学现象。当前的科学教育则更加注重科学活动中儿童能通过直接感知、实际操作、亲身体验,获取相关经验,也就是让儿童有具体的实物进行探索、操作。因为当幼儿置身于真实的环境中,在与材料互动时,才能理解事物的特征及某些科学现象。幼儿科学活动的过程实际上就是幼儿探究科学的过程。

在科学活动中,幼儿从教师的"科学展示"及自身的"科学探究"中获得的科学体验是有差别的。"科学展示"的主体是教师,主要是教师通过演示、实验、示范等方式,向幼儿讲解,幼儿只能通过看、听来理解和记忆科学知识。而"科学探究"的主体是幼儿,通过与材料、事物、环境等因素的直接接触,自己动手操作,在反复实践中发现、质疑,直至得出结论。整个过程中,幼儿是在教师的指导下自主参与科学探究,获得的是直接经验。两种形式的活动获得的效果是截然不同的,幼儿在自己参与的科学探究活动中好奇心得到充分满足,幼儿的自主性、创造性及探究能力都得到发展。

总之,科学探究是幼儿学习科学的核心。幼儿科学教育的过程就是科学探究的过程,在科学教育过程中,幼儿是活动的主体,教师需要创设条件,鼓励幼儿的探究学习。幼儿在科学活动探究的自主性、积极性、持久性需要教师的激发、培养与呵护,需要教师引导幼儿在宽松、自由的环境中按照自己的意愿亲自操作。但由于幼儿生活中的自主探究往往带有一定的盲目性和自发性,探究的目的、探究的方法以及持久性都较为欠缺,需要教师和幼儿互动合作,帮助幼儿降低探究的难度,为幼儿提供帮助和指导,让幼儿获得探究活动的成功体验。

二、科学探究的指导

(一)选择适合幼儿探究的内容

探究的内容要符合幼儿的认知水平,既不能太熟悉也不能太陌生。如果选择的内容是幼儿已经熟悉的,又十分简单,幼儿就会不感兴趣,产生厌倦心理;如果探究的内容太复杂、太陌生,幼儿反而容易形成紧张情绪,会产生回避的心理。为幼儿选择探究的内容最好以实物、模型等为主要对象,自然界的动植物、生活用品、自然现象、交通工具等都可以作为幼儿探究的内容。生活中,教师要善于关注幼儿生活中感到好奇又充满疑惑的问题、事物和现象,作为幼儿探究的内容。例如,大自然的风雨雷电等气象总会引起幼儿的注意,并产生好奇,教师可以引导小班幼儿观察了解天气特征,以及不同的天气给人的感受,可以引导中大班幼儿对天气开展探究活动,通过观察、记录天气,了解天气与人们生活的关系,形成天气与季节的简单概念,获取天气变化与季节的经验。

(二)创设支持幼儿探究的环境

在探究式教育活动中,环境创设非常重要,环境对幼儿能否持久进行科学探究,是否能够主动建构经验起着不可忽视的作用。为幼儿创设探究环境应该关注两个方面。一是物质环境。探究环境应该是真实的,便于幼儿有机会参与,与环境产生交互作用。如在小班"好吃的橘子"活动中,教师在活动室准备了许多的橘子,鼓励幼儿观察橘子的外形,摸一摸,捏一捏,运用感官了解橘子的外形特征、味道,通过剥橘子感知橘子皮的质地,通过品尝橘子,感受橘子的味道,观察橘子的种子。再如,幼儿对大自然的落叶、花朵、天气等充满好奇,教师可以引导幼儿直接置身于相应的环境中,鼓励幼儿发现、探索。二是心理环境。要想幼儿能大胆、主动提出问题,分享自己的发现,教师需要创设宽松、愉悦的氛围,让幼儿在探索环境中有安全感、舒适感。如果在活动中,教师提出诸多的条件限制,幼儿就会感到紧张,在探索的过程中,探究的持久性、专注性会受到影响。在幼儿探索的过程中应允许幼儿及时分享自己的发现。过多的干预会制约幼儿的探究兴趣。有一位教师在开展"颜色变变变"活动时,鼓励幼儿使劲摇晃瓶子,看看有什么变化,当小朋友发现瓶子里的水变成红色、黄色的水时,禁不住说了出来,老师马上"嘘嘘嘘",要求小朋友不要说,一会再说给老师听。小朋友们都不说话了,当老师再次提问:"刚才你们看见了什么?"这时,幼儿的积极性已经减半,环境的压抑使得幼儿不愿意表达自己的看法。因此,教师为幼儿创设宽松、愉悦的环境,鼓励幼儿及时、大胆地表达自己的发现,对于发展幼儿的探究水平,获取相关经验十分重要。

(三)给幼儿充足的探究时间

《3~6岁儿童学习与发展指南》中指出:3~6岁幼儿的精细动作处于发展初期阶段,做实验等动手操作需要花费时间,在幼儿开展探究活动的时候,教师要给予幼儿充足的时间。如何判断时间是否充足,需要教师结合实际情况来确定。时间太短,幼儿没有充分与物体接触、互动,在交流经验的环节中会产生挫败感。在充足的环境中探究,幼儿会发现很多自己感兴趣的现象,有时间与同伴进行分享。例如,大班科学活动"落下来的物体",教师准备了羽毛、沙包、纱巾、纸等物品,让幼儿尝试把每样物品都向上扔,然后看其落下来的样子,并把物品飘落的路线记录下来。如果教师只给幼儿几分钟的时间,难以满足幼儿探索过程的实际需求,幼儿就不能充分探究,获得成功的愉悦感。如果时间给的过长,幼儿也容易失去探究兴趣。把握足够的、适宜的探究时间,需要教师对幼儿的探究活动进行持续观察、判断。

(四)鼓励幼儿大胆质疑

质疑是指发现问题、提出问题以求答案的过程。质疑对促进幼儿的积极思维,发展幼儿创造能力,扩展经验具有重要意义。幼儿在探究的过程中,经常会产生问题,随即思维就会为解决这一问题而启动,幼儿会积极运用已有的知识经验和现实问题建立联系,随着问题的解决,积累的经验会与原有的知识经验进行重组,幼儿的知识经验得到扩展。

现实生活中,年龄小的孩子在探究活动时能情不自禁地发现问题,提出问题,而随着年龄的增长和班级各类规则的要求,幼儿质疑的欲望和行为会受到压抑,很多幼儿会害怕质疑,担心说错了会受到同伴和老师的嘲笑。要保护幼儿的好奇心、求知欲,就要鼓励幼儿敢于质疑。首先要建立平等、信任的师生关系,让幼儿在生活中感受到教师和小朋友之间宽松、愉悦的氛围,在这种氛围中,幼儿会对教师产生信任感。其次,要善于创设问题情境。教师通过提供材料,鼓励幼儿操作各种材料,探索生活中的事物、现象,并能大胆质疑。在师幼共同寻求答案的过程中,幼儿感受到成功感,从而增强了探究的自信心。

鼓励幼儿质疑的途径有:一是鼓励幼儿多问问为什么。探究过程中,教师根据探究目的,鼓励和启发幼儿对所看见、所接触的事物或现象多问问为什么。例如,为什么壁虎会在墙上爬行?为什么叶子会落下来?二是和幼儿一起找依据。对于提出的问题,教师应鼓励幼儿找出答案的依据。三是提异议。鼓励幼儿大胆表述自己不同的观点,引起同伴的再思考。四是梳理结论。通过观察、分析、比较、实验等方法,教师和幼儿一起发现相同或不同之处,为提出的问题得出结果。在提出疑问、找寻答案的过程中,鼓励幼儿交流表达,提升幼儿探究的经验。

(五)观察了解幼儿的探究行为并及时指导

在开展科学探究的过程中,教师应随时观察幼儿参与活动的情况,了解幼儿在活动中的兴趣点及参与程度,观察提供的科学探究材料能否满足幼儿探究活动。结合不同年龄的孩子,教师应通过观察了解幼儿在探究过程中探究方法的运用,了解幼儿发现问题、分析问题、解决问题的能力发展现状。帮助幼儿不断积累经验,形成终身受益的学习态度和学习能力。

第二节 多样化的学前儿童科学教育方法

学前儿童科学教育的方法是幼儿园教师在开展科学教育活动中不断积累的教育经验。时代在发展,科学技术日益进步,幼儿科学教育的方法也在不断更新,呈现多样化的特点。学前儿童科学教育的具体方法主要包括:观察与记录、科学实验、分类、交流讨论、科技制作等。在开展科学教育活动时,各种方法可以综合运用,使科学教育活动收到最好的教育效果。在不同内容的科学教育活动中,应该不断探索总结经验,熟练、灵活运用科学教育活动方法。

一、观察与记录

(一)观察

观察是一切科学活动的基础。观察法是幼儿在教师的指导下,运用眼、耳、鼻、嘴等感觉器官,通过看、听、闻、尝、触等感觉和知觉,感知客观事物和现象,获得具体经验的方法。幼儿阶段的思维方式以直觉行动思维和具体形象思维为主,因此,为幼儿提供观察的事物一定是真实的、客观存在的。幼儿可以运用感官直接感知客观事物,获取直接经验,在探索中不断提升观察能力、思维能力,养成良好的探究习惯。因此,观察法是幼儿开展科学活动最基本、最重要的方法。

观察的类型主要有对个别物体和现象的观察、比较观察、长期系统观察等。

1. 对个别物体和现象的观察

这种方法适合各个年龄层次的幼儿。主要是指幼儿对单个物体和现象的观察。幼儿有目的地运用感官与周围某一事物或现象直接接触,了解其外形特征、属性、习性等。比如,秋天,幼儿观察银杏树,会发现银杏树的树干很高很高,树皮很粗糙,树上的叶子都黄了,每一片树叶都像小伞,银杏的果实叫白果。幼儿通过观察了解了银杏树的外形特点、叶子形状、果实,通过品尝了解白果的味道,知道其功效。如果观察某个小动物,可以了解小动物的外形特征、生活习性、运动的方式等。幼儿对周围的世界、新鲜的事物总是充满了好奇,在观察活动现场会禁不住讲述自己所感受到的。起初,幼儿讲述的只是自己最感兴趣的,或者片面的发现。例如,在观察小乌龟时,小班的孩子会不停地说:"老师,小乌龟,小乌龟,我见过的,是我先看到的……"而对于小乌龟的外形特征、饮食习惯、生活习性等方面却关注不够,教师开展活动时,在预设活动的基础上,要有目的、有计划地引导幼儿开展观察活动,帮助幼儿掌握观察的方法。通过提问,帮助幼儿提升观察的能力,如观察小乌龟时,可以讨论小乌龟的头长什么样子、小乌龟的身体是什么样的、乌龟有几条腿、它有尾巴吗、乌龟吃什么、乌龟是怎么走路的、你还发现了什么、小乌龟生活在哪里,等等。通过师幼互动,幼儿可以有顺序地观察小乌龟。

针对观察对象的特点,可以从点到面,从局部到整体观察,或者根据观察对象的特征,从整体观察,然后再逐步缩小到局部,也可以从上往下,或者从下往上观察,通过有顺序的观察,可以帮助幼儿获得个别物体的主要信息,如形状、颜色、大小、味道、软硬、粗糙与光滑、轻重、弹性等特征,也可以发现某些物体或现象的动态特征,如小动物行走、吃东西的样子。通过观察也可以了解动植物的生活环境、与大自然的关系等。

2. 比较观察

比较观察是指幼儿对两种或两种以上的物体进行观察和比较,通过概括、分析等方式了解它们的相同点和不同点。比如,幼儿在认识"鸡的一家"时,通过比较可以发现鸡爸爸、鸡妈妈、小鸡的身体大小不同,叫声不一样,鸡冠的形状不一样,它们的本领也不一样。

在运用比较观察的时候,一定要考虑幼儿的年龄特点,和所观察的事物的具体特征,必要时,可以先引导幼儿认识一种事物或想象,在此基础上,再开展比较观察。例如,大班幼儿认识春天的花,教师让幼儿在认识桃花的基础上,再运用比较观察的方法,观察桃花和梨花,比较它们的相同和不同之处。

3. 长期系统观察

长期系统观察是指幼儿对某一自然物或自然现象进行长时间的观察,获得它们成

长或变化的过程。这种方法观察时间较长，对幼儿观察的持久性要求高。一般在教师引导幼儿观察探索事物的生长变化过程时适合运用。比如，在班级的种植园，幼儿可以对植物、小动物的生长过程进行长时间的观察。大班幼儿可以对天气进行长期的观察与跟踪。在长期观察过程中，幼儿观察并获得第一手资料，从而了解事物的生长变化过程。

科学教育活动中，需要教师根据实际情况，灵活综合地运用适宜的方法，帮助幼儿掌握观察的技能，获得关于事物、现象等方面的相关经验。在组织幼儿开展观察活动的时候应注意以下几点：

(1) 激发幼儿的观察兴趣，引导幼儿有序观察。幼儿喜欢科学探索，在开展观察活动时，应善于激发幼儿参与活动的兴趣，当幼儿看见事物的明显特征会情不自禁地表达，教师要鼓励幼儿探究的热情，在幼儿讲述后，再引导幼儿有序地观察，一般幼儿的观察往往是笼统的、无序的、模糊的，不够深刻。在观察活动中需要教师引导幼儿既观察事物的整体，又要观察事物的主要细节。比如，"认识芹菜"活动中，教师可以引导幼儿按照根、茎、叶及芹菜的营养味道等开展观察活动。

(2) 鼓励幼儿亲身实践。观察活动中，教师应尽量创造条件让幼儿有机会去动手操作，在操作过程中，幼儿的各种感官协同参与活动，感知事物，幼儿获得的是直接经验，不容易遗忘。比如，"认识芹菜"活动中，教师可以给每位幼儿都提供芹菜，请幼儿摸摸、闻闻、尝尝、择叶子等，让幼儿对芹菜有完整的认识。

(3) 支持幼儿大胆的表达。在活动过程中，教师应关注幼儿的发现，敏锐地发现他们的兴趣点和理解水平，鼓励幼儿大胆表达自己观察的结果。教师要关注其表述的顺序性、具体性，适时给予补充和提醒。

(二) 记录

记录是幼儿在开展观察活动的过程中，以绘画、符号、表格等多种直观形象的方式表达所观察到的自然物、科学现象以及实验调查的结果。通过观察记录，幼儿可以对观察到的事物的特征、观察的过程等进行回忆，在记录的过程中加深印象，记录能使幼儿更加关注观察的过程和事物的变化，激发继续探究的兴趣。同时，记录的信息也是教师评估幼儿观察兴趣、探究能力、表现形式的依据。

依据记录的主体，可以将观察记录分为个人记录、小组记录、班级记录。

个人记录是幼儿个体对事物现象和关系的理解。在开展科学教育活动时，教师会为每位幼儿提供记录纸，每一位幼儿都能用绘画、符号等形式记录自己的发现。

小组记录是幼儿开展小组合作学习或项目式探究活动中，小组成员商量后记录探究过程及结果。记录的信息成为小组同伴间经验交流与分享的内容。

班级记录是在幼儿个人记录、小组记录的基础上产生的，呈现的是全班幼儿在某一主题探究的过程和结果。如大班班级天气预报，每天有天气预报员记录天气、气温、穿着，班级每周统计相同天气的次数，加深幼儿对大自然的关注，理解天气与人们生活的关系。

按照观察记录呈现的形式可以分为悬挂式、转盘式、表格式。

悬挂式和转盘式适用于小班、中班班级主题墙记录天气等,表格式适合大班幼儿开展天气的观察记录,在正式的科学教育活动中运用最多的也是表格,主要适用于大班和中班下学期。科学活动过程中的不同阶段都可以运用表格式记录方式。

活动前可以开展猜想记录,主要包括自己感兴趣的问题、计划探究的方法、预设探究结果等,猜想记录可以反映出幼儿目前对科学探究的最初想法和已有的经验水平,激发幼儿在探究过程中主动探索,验证自己的设想和猜测。比如,开展"油和水"的活动,活动前,教师请幼儿猜想把油和水倒进一个杯子里,会发生什么变化,请幼儿在记录纸上记录。有的幼儿记录水和油混在一起;有的说水在下面,油在上面;有的幼儿记录油在下面,水在上面;也有幼儿打个问号,表示不知道。接下来,教师请幼儿试验,把观察到的结果记录在记录单上,验证了刚才自己的猜想是否正确,也加深了对探究结果的理解。分享记录单上的观察结果,有助于同伴间拓展交流,巩固和提升已有的经验。

设计观察记录单时,应该注意:一是尽量以图画或以图画为主,图文结合的形式呈现,便于幼儿阅读与理解。中大班幼儿阅读以读图的形式为主,文字太多,幼儿阅读理解有困难,影响研究过程的开展和结果的记录。二是设计观察记录时为幼儿记录预留的空间要足够大。幼儿手部小肌肉发育不成熟,记录时会占用大空间,空格太小会影响幼儿观察的专注程度。设计的表格力求规范,包含信息全。一份完整的记录单应该包括活动的主题,记录者信息,记录时间,观察、实验的内容,发现的结果等。这样,教师、家长可以纵向了解幼儿参与科学活动的状态和实践后的表达方式,评估幼儿科学探究能力及表达能力。

开展观察记录时,教师应注意以下几个方面:

1. 不是所有的科学活动都需要记录

幼儿的科学活动内容、形式多种多样,有教师组织的集体科学活动,还有幼儿自主开展的游戏区科学活动、自然角的种植养护等活动,观察记录主要用于中、大班幼儿的种植区、科学区和教师组织开展的集体科学教育活动,教师可以视活动的具体内容决策是否需要记录单。

2. 记录要符合幼儿的年龄特点和发展水平

直观形象的观察记录形式适合孩子的认知特点,在设计小班记录时,以镶嵌式、挂钩式为主,中大班的观察记录可以灵活运用多种方法,还可以和幼儿商量记录的方式。不论哪种形式应该是幼儿喜欢的、理解的,而不是给幼儿的探究活动带来困扰,加大难度,让幼儿体验不到成功的喜悦。

3. 灵活把握记录的时间

在开展探究活动的时候,要把握记录的时间,方便幼儿记录探究的步骤和结果。有的活动需要在活动中记录,有的需要在活动后记录,记录要简单易行,能支持和促进幼儿的探究活动。

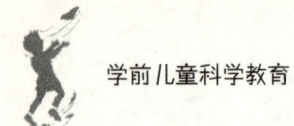

二、科学实验

科学实验是科学探究的重要方法,是指在人为控制的条件下,利用一定的材料或设备,通过简单的演示和操作,来观察周围常见的科学现象或加以验证的一种方法。幼儿参与的科学实验和成人的是有区别的,主要体现在操作材料相对简单,过程简单易行,同时带有游戏性质。虽然说科学实验过程简单易行,但对于幼儿来说还是有一定困难的,因为在生活中,幼儿很少有机会开展实验活动,面对材料、设备幼儿很兴奋,在实验的过程中会发生很多意想不到的事情,如水、颜料等材料洒到地上、桌子上;材料不够用;幼儿做自己感兴趣的活动,忘记实验的主要任务等。开展科学实验活动需要做好充分的预案,在活动中适时引导,鼓励幼儿操作实验。比如,中班科学实验"多变的颜色",活动开展前,教师要为幼儿准备红色、黄色、蓝色三色颜料,足够数量的毛笔、瓶子或纸杯若干,方便幼儿开展两种颜色混合实验;观察记录单,方便幼儿记录实验的结果;因为需要用水,还要准备小组用的毛巾、抽纸,幼儿罩衣等。充分的活动准备为幼儿开展实验探究提供了有力的保障。

科学实验按实际操作的人来分可以分为幼儿操作实验和教师演示实验两种。

幼儿操作实验是指教师为幼儿提供简单的、易于操作的实验材料,幼儿亲自参与实验,反复尝试,发现事物、现象变化的探索活动。开展幼儿科学实验前,教师要为幼儿准备充足的材料和操作空间,保证幼儿有反复实验的时间。在操作过程中,教师应营造宽松、平等的氛围,鼓励幼儿大胆表达自己的实验结果。帮助幼儿获得有益的科学知识,不断提升对科学活动的兴趣和主动探究的愿望。比如,大班科学活动"神奇的变化",教师为每位幼儿准备红黄蓝三种颜料、牛奶、盐水、宣纸、滴管等材料。活动开展前,教师先请幼儿观察材料,预设选两种颜料加牛奶或盐水滴在宣纸上会产生什么样的画面。幼儿猜测后开始实验,观察画面的异同。

教师演示实验是指由教师操作实验的全过程,幼儿通过观看,了解事物、现象的变化。需要教师演示的实验主要是指难度较大、较为复杂,或者是幼儿操作过程中困难较大的实验。教师在实验的时候一定要关注全体幼儿,让每位幼儿都能看得见。在实验的过程中要把握实验的速度,不宜太快,以免幼儿观察不到。实验时可以通过语言讲解、提问交流等形式,帮助幼儿理解科学现象。

幼儿园的科学实验以幼儿操作实验为主,教师演示实验一般只在活动前,或者活动结尾部分,为幼儿实验做经验铺垫,或结束前进行经验的提升,要确保教师实验操作不能占太多的时间,把大部分时间留给幼儿自己探索发现。

值得注意的是,教师在开展科学实验前,一定要预演科学实验,充分了解科学实验的步骤、方法及发现的科学现象,对即将开展的科学实验活动有充足的把握和知识的支撑。

开展实验操作时,教师应注意以下几个方面:

1. 提供必要的实验材料和用具

首先,幼儿实验的用具和材料一般比较简单,尽量提供一些日常用品或玩具材料。其次,要根据实验内容为幼儿准备相应数量的用具和材料,人手一份或各组一份。例如,在"沉与浮"的实验中,教师为每一组的幼儿(4~5人)准备一个盛水的容器,又为每个幼儿准备一份有各种材料(木块、塑料、铁块、玻璃等)的材料包。材料数量的多少因具体内容而异,但要保证让每个幼儿都能参加到活动中来。

2. 指导幼儿操作材料并学习操作技能

因为幼儿的实验一般都较简单且有趣,所以应尽可能让幼儿自己动手操作。但在实验中的某些环节,或在某些材料的使用上,幼儿仍会遇到各种不同的困难,又因为幼儿能力的不同,即使简单的实验,也会有一些幼儿难以操作与完成。因此需要教师根据实验内容的难度和个人情况,给予不同程度的指导。另外,在实验过程中,还应引导幼儿通过观察,注意实验材料、方法、操作过程中的变化和实验结果,使幼儿不仅能了解实验结果,还能学会操作实验的方法。

3. 允许幼儿反复操作并有所发现

在实验过程中,教师要保证给予幼儿充分的实验时间。实验操作比起其他活动需要更多的时间,因为幼儿需要操作、理解和学习,在操作过程中提出问题、探究、发现、寻找问题的答案。所以实验时,让幼儿尽量用自己的方式进行操作,以达到实验效果。

4. 交代实验规则并保证幼儿安全

在实验开始前,教师有必要交代有关的规则,并具体说明实验操作应注意的事项。在实验过程中,也应及时提醒幼儿遵守规则,以保证实验成功。如果有的实验不适宜幼儿操作,则可改由教师演示实验,以保证幼儿的安全。

三、分类

分类是把一组物体按照特定的标准加以区分的过程,即抽取同类事物中共同特征进行抽象和概括。它是观察活动的延伸,也是概念形成的途径。

小班幼儿初期没有分类的概念,在分类活动中适合开展比较简单的、按照某一特征进行的分类,比如,大小分类、两种颜色的分类、长短分类、形状分类。在探究的过程中,教师可以引导幼儿一边操作一边表述自己的操作结果,如学习大小分类,幼儿一边取大萝卜,一边说:"大兔子,我送个大萝卜给你吃。小兔子,我送个小萝卜给你吃。"在反复操作及语言提示中,幼儿感受到大小概念。中大班幼儿依然按照具体形象的物体进行分类。幼儿开展的分类内容主要有:按照物体的外部特征,如大小、长短、软硬、颜色、形状等进行分类;按照物品的用途,如学习用品、交通工具、体育用品等;按照物体的材料分类,如布制品、铁制品、塑料制品等;按照物体的基本特征分类,如鱼类、家禽、家畜、鸟类、兽类、蔬菜类等。

幼儿对概念的掌握需要在反复实践中获得,因此分类活动不仅在集体教学活动中

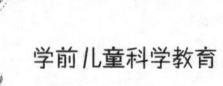

体现，更需要在班级游戏区不断增加材料，让幼儿在日常生活中多次练习，获得分类的技能。

开展分类活动时，教师应注意以下几个方面：

1. 在充分感知物体的基础上进行分类

充分感知物体是对物体进行比较，找出它们之间的相互关系，并根据其共同特点与特性进行分类的必要前提。幼儿的年龄特点又决定了幼儿不可能在抽象的概念水平上进行分类，而必须依赖于物体具体的形象和动手操作。所以，教师首先要提供充足的材料让幼儿感知。其次，教师要允许幼儿细致观察，反复操作物体，使幼儿在具体的感知与操作中，获知关于这些物体的共性与差异，然后进行分类活动。例如，在纽扣分类活动中，教师要提供（也可和幼儿一起收集）大量不同大小、形状、颜色、材料、结构的纽扣，供幼儿操作观察。在收集以及操作观察中，教师可启发幼儿边感知边讨论：这么多的纽扣有哪些是相同的？把相同的挑出来归为一组。教师要引导幼儿仔细观察、比较各种纽扣，帮助幼儿找出"共同"，才能使幼儿正确分类。

2. 为幼儿提供充足的分类材料

分类活动是对探究物体材料的分类，所以材料的提供就显得尤为重要。要考虑材料的数量和性质，提供有多种维度差异的感知操作材料，在此基础上指导幼儿学习分类。根据研究结果，数量和刺激物的类别多，对幼儿就会造成困难。如给三四岁的幼儿提供两个类别，每个类别包含2~3个例子的物品让他们分类，能显示出他们更高的分类水平。另外，分类的材料物品也应尽可能切合幼儿不同年龄，这样才能增加他们的兴趣，提高合理分类的可能性。

3. 指导幼儿根据不同的标准进行分类

在幼儿阶段，教师帮助幼儿学习根据不同的标准进行分类。一般来说，小班只要求按事物的外形特征或量的差异来进行分类，因为这些特征都是外在的、易观察到的。同时，对年龄较小的幼儿来说，物体特征的辨认要先于归纳概括，因此，教师可以让这一年龄阶段的幼儿先进行匹配活动，然后再进行分类活动。但教师本身对活动材料的设计和提供应当是明确而清晰的。中大班幼儿开展的分类活动重点可以放在"按照几种特征来分类"以及"按照事物内在的特性来分类"上。随着幼儿经验的积累，后期也可以尝试帮助幼儿学习把一大堆物体同时按两种标准分类。例如，要幼儿找出既是红色的又是木制的纽扣。

4. 帮助幼儿明确分类标准

幼儿对事物类别关系的认知还不成熟，分类能力仍在发展中，表现为幼儿能按基本类别标准分类，能按事物的功能分类。因此在运用分类的方法进行学习时，应帮助幼儿明确分类的标准，特别是在较小年龄阶段时，可以用"请你按照……来分类"这样的语言帮助幼儿明确分类标准。在幼儿已有了一定的经验基础，并已学习了分类方法之后，可以鼓励幼儿确定分类的标准。例如，面对着一大堆形态各异、材料不同的杯子时，问幼

儿:"想一想,这些杯子可以怎么分呢?"逐渐使幼儿能自己确定分类标准。在这样的分类活动中,要注意不能以成人的标准要求幼儿。在分类中,其要点就是找出事物的"共同点",而对"共同点"有不同的抽象概括水平,从而显示出幼儿认知发展水平上的差异,但只要幼儿能找出"共同点"就应予以肯定。

四、科学游戏

科学游戏是指借助石头、水、沙、树叶等自然界的物质材料和科技产品、玩具、图片等材料,开展游戏活动,在有一定游戏规则中自主游戏,提升科学认知的活动。

幼儿科学游戏内容丰富,主要介绍以下几种:

第一,感知游戏。幼儿运用手、口、眼、耳等感觉器官去感知、辨别,理解自然物品的属性和功能。如科学游戏"奇妙的口袋",教师可以将幼儿要感知的材料放进口袋里,请幼儿摸一摸,并说出自己的感觉。幼儿一边摸,一边说出物品的名称,在游戏中感知物体的特征,同时获得游戏的愉悦感、成功感。再如"奇妙的声音",教师将豆子、米、棉花等材料放在口香糖的瓶子里,请幼儿摇晃瓶子,倾听罐子发出的声音,辨别里边装的是什么物品。这类游戏的主要作用在于发展幼儿的感知能力,一般适合在小班开展。

第二,运动性游戏。主要适合在户外开展,活动量较大。如放风筝、吹泡泡、玩赛车、堆雪人、玩沙玩水等。通过这类游戏,幼儿进一步感受科学现象产生的因果关系,感知事物的本质特征,激发幼儿开展科学探究活动的兴趣。

第三,竞赛游戏。教师利用科学方面的知识内容开展竞赛游戏,幼儿可以分组竞赛,也可以抢答的形式开展。如"动物知识竞赛""猜谜"等活动,幼儿被竞技形式所激发,专注力、思维力将持续保持,活动中会非常投入。

开展科学游戏时,教师应注意以下几个方面:

1. 注意游戏的科学性、趣味性、规则性

游戏的科学性是指教师在为幼儿选择,或者创编科学游戏时,要保证游戏内容是准确的,同时游戏所涉及的内容及要求,以及游戏开展的规则,都是难易适中的,要适合不同年龄阶段幼儿的发展特点。游戏的趣味性是指游戏的内容要有趣,开展的过程要有变化,能激发幼儿的好奇心。游戏中所运用的玩具或道具也要能吸引幼儿参与到活动中来。游戏的规则性是指游戏应有一定的规则,能保证游戏的开展。在设计游戏规则时,要考虑到幼儿的年龄特点,其规则应简便易行,以使游戏能顺利进行。

2. 提供充分游戏的机会并参与游戏

教师在指导幼儿进行科学游戏时,要注意让幼儿有充分的操作和活动机会,不要急于求成,让幼儿有充分的时间进行游戏。与此同此,教师应关注到该科学游戏中所蕴含的科技内容,在游戏过程中,通过幼儿的自主活动,感知与体验科学的内容。另外,在游戏中,教师应积极参与游戏,能够提高幼儿开展游戏的兴趣,了解游戏中蕴含的科学经验。在游戏过程中,教师要鼓励幼儿克服困难,提出问题,解决问题。

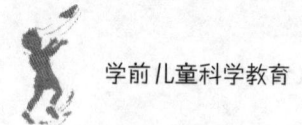

五、讨论交流

讨论交流是指在教师的组织下,围绕某一科学内容的话题与教师、同伴平等交流,表达自己的发现、观点和困惑,质疑他人的发现和观点,在交流互动中理解他人的想法,发现自己的不足,从而对事物的性质或现象有清晰的认知。

讨论交流在幼儿科学活动中是常用的方法之一。开展任何科学活动都需要讨论交流。讨论交流通常有两种运用方法,第一种是作为一个环节在科学活动中运用,如大班"沉与浮"活动,幼儿开展科学实验,将各种物品放入水中并观察记录自己的发现。实验后,教师组织大家围坐在一起,讨论交流自己把哪些物品放进了水里,有什么发现。幼儿在讨论交流后,获得沉与浮的经验,知道哪些物品沉下去,哪些物品浮起来。感受到运用一定的方法可以让沉下去的物体浮起来,浮起来的物体也可以沉下去。在讨论交流中,幼儿对沉与浮的科学现象有了一定的了解。第二种是作为整个科学活动的主要方法开展。比如"保护环境""家用电器""月亮的变化"等活动,幼儿无法直接参与操作实践,可以通过讨论交流的形式让幼儿获取相关的知识,分享他人的观点和想法,提高语言表达能力。

开展讨论交流时,教师应注意以下几个方面:

(1) 在科学活动中,要给予幼儿充分的描述、讨论的机会,鼓励幼儿用语言表达自己的观点和看法。例如,在幼儿观察物体后,允许并给予一定的时间让幼儿进行交谈、讨论。同时,教师应以与幼儿平等的身份参与交谈和讨论。在交流中,既可以教师提问,幼儿回答,也可以幼儿提问,教师回答。有时教师可以扮演听众,要注意倾听幼儿的语言,并鼓励幼儿大胆交谈和讨论。

(2) 指导幼儿学习用简单明确的语言表达、描述有关科学的发现。在表达交流活动中,需要幼儿能将实验前的猜想、实验过程中的探索发现及感受用较准确、简练的语言表述。所以,教师要注重培养幼儿运用较准确的语言描述。教师要在幼儿充分感知物体与现象的基础上,丰富相应的词汇,帮助幼儿能较准确地表达与交流。

(3) 教师灵活运用个别交流、小组交流、集体交流的方式。小班以集体交流和个别讨论交流为主,中大班在此基础上开展小组交流。教师在科学活动中,灵活运用多种形式。在交流过程中,让每个孩子都有机会发表自己的观点,倾听别人的想法。教师在讨论交流的过程中,一定要采用开放性的问题,鼓励孩子学习思考,解决问题,比如,"你认为……怎么样?""你发现了什么?""其他……会怎样?""你为什么认为……?"开放性的问题没有错误答案,幼儿可以无限地扩展。

六、科技制作

科技制作是幼儿学习使用简单工具开展科学小制作,了解掌握技术,通过制作探索其中蕴含的科学原理。科技制作是学前儿童科学教育活动中的一种重要方法。开展科技制作对幼儿发展的作用:一是在制作过程中,幼儿认识常用的工具及工具的作用,获得使用工具的技能。二是幼儿喜欢参与科技制作,在科技制作过程中,幼儿学会了科技制作的方法,在与科技产品的互动中,获得成功的愉悦,增强自信心。不同年龄段的幼儿科技制作的难易程度应有所区别,小班主要开展一些简单的制作,如粘贴、折叠、摆放等活动。中大班可以逐渐增加难度,中班可以制作一些玩具,如小风车、降落伞、泡泡器等;大班制作的范围可以更加广泛,如安装滑轮、制作坡道、小火箭、安装电池等,材料越来越丰富,制作过程也越复杂。

开展科技制作时,教师应注意以下几个方面:

1. 教师要提供足够的科技制作的材料和工具

充足的材料能让幼儿有更多自由选择和自主操作的可能性。为了满足各种不同内容的制作及不同能力水平幼儿的需要,教师需提供"百宝箱"。"百宝箱"中各种材料齐全且数量充足,如纸质类的有纸板、纸盒等;配件类的有绳子、电线等;半成品的有车轮、滑轮等。不同的材料、不同的制作方法,需要配备不同的工具。将各种各样的工具按其功能和操作难易度进行分类,呈现在材料柜,以备幼儿选择使用。

2. 教师引导幼儿独立自主地完成作品

制作活动中,要体现幼儿的自主性。教师巧设问题情境,让幼儿带着问题去思考,解决制作中的实际问题,帮助幼儿学会积极主动、独立自主地解决问题并完成作品。如大班小制作"汽车开起来",教师运用三个问题:请你自选材料设计一辆小汽车,你想设计一辆什么车?(车型)用什么材料做?(材料选择)用什么办法让它动起来呢?(用什么做动力推动,是电路还是用气球)

3. 教师鼓励幼儿分析交流

通过作品的展示,幼儿感受到成功的快乐和喜悦。展示过程中,幼儿之间相互交流,了解科技产品的性能、原理,同时思考自己作品的不足,在展示互动中提升幼儿对科学原理和科技现象的理解。

实训内容

1. 观看1~2个科学教育活动视频,分析科学活动中教师采用的具体方法及如何运用的。
2. 请分小组设计一个科技小制作,并收集相关材料合作完成科技小制作。
3. 两人为一组,每组设计一个科学小实验,并准备材料在班级演示小实验。

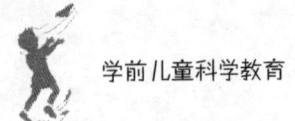

拓展延伸

让幼儿的主动探究成为科学活动的主旋律
——基于科学活动案例《下落百分百》的思考

新《纲要》中对科学领域目标的表述使我们强烈地感受到：现今的科学教育的价值取向不再是注重静态知识的传递，而是注重儿童的情感态度和儿童探究解决问题的能力。作为教师，在幼儿的科学活动中，应该如何有效地教，实现幼儿主动地学，让幼儿的主动探究成为科学活动的主旋律呢？下面就以大班的科学活动案例《下落百分百》来思考和分析这个问题。

一、老师——怎样来有效教

新《纲要》指出，教师应成为幼儿学习活动的支持者、引导者和合作者。教师这种角色和作用的发挥，在不同领域、不同形式的活动中有不同的具体表现形式。那么，在幼儿的科学探究活动中我们应采取哪些重要的教育教学策略更好地发挥这种角色的作用呢？

（一）提问——引导探究方向

提问是教学的核心策略之一，它能激发幼儿积极与教师、与材料的有效互动，使幼儿能围绕主题深入思考、探究，促进对经验的验证与进一步明确，最终达成教学目标。提问在不同情景中的策略是多样性的，可以采取开放性提问、针对性提问、层次性提问、灵活性提问、启发性提问等多种形式。《下落百分百》这一活动，在活动的每一个环节，我都抓住关键问题有针对性地提问来引导幼儿探究，从而使他们的探究具有一定的方向，并逐步走向深入。如：活动一开始，我通过提出关键问题"在我们生活的地球上，所有的东西往上抛，结果会怎样？"调动幼儿的原有经验，引出课题，使幼儿关注所要探究的主题内容。接下来，在引导幼儿探索的两大环节中，我紧密围绕核心问题"这些东西掉下来的时候是怎样的？你发现了什么？"展开，指导幼儿通过实验来发现描述物体下落的不同现象，对比观察并记录物体下落的不同现象。在活动的延伸部分，我又通过关键问题"同样的两张纸，同样的高度，同时放手，你有没有办法让他们掉下来时不一样呢？"的提出，引导幼儿探索改变物体下落现象的方法。在本次活动中，幼儿在老师提出的关键问题的引导下，经历了较为完整的探究过程，在探索的不同环节，他们获得了相应的关键经验，也让我深刻地感受到提出关键问题引导幼儿主动探究的重要性。

（二）材料——提供探究条件

新《纲要》强调："提供丰富的可操作的材料，为每个幼儿都能运用感官、多种方式进行探索提供活动的条件。"材料是物质环境的一个重要组成部分，是幼儿活动的物质支柱，幼儿通过与材料的相互作用，产生探索的兴趣，体验发现的乐趣，获取丰富的科学知识经验。因此，在科学活动中，教师要给幼儿提供丰富的、操作性强的、符合幼儿探索需要的材料,支持和引发幼儿积极主动地与材料相互作用。

在《下落百分百》活动中,我们收集的材料贴近幼儿的生活,是幼儿生活中常见和熟悉的,有树叶、羽毛、球、积木、塑料瓶、纸片、塑料袋等。在材料的选择中,我们不仅关注了材料本身的问题,即材料提供的重要性、科学性、多样性和对比性等问题,还关注到了材料选择主体的问题,即让幼儿按照自己的想法和经验来选择实验材料,与材料发生互动。这样才有可能最大限度地调动每个孩子探究、操作的积极性。

（三）介入——点拨探究困惑

让幼儿去探究,让幼儿直接与科学材料对话,那么我们老师该如何介入呢？在幼儿操作过程中,教师要学会必要的沉默和等待,当然不是袖手旁观,而是观察、思考、判断幼儿的需要和已经达到的水平,适时地介入指导,促使幼儿主动学习。第一次操作的要求是请幼儿挑选一种材料把它举高让它自然落下,然后仔细观察落下来的时候是怎样的。可在幼儿操作过程中还是发现了有几个孩子拿到材料后把它们向上抛,这显然与老师的要求不一致,而且必然会对物体下落现象产生影响。面对这样的孩子,我适时加以点拨,"你看看其他小朋友是怎样让东西掉下来的？"经我这么一说,孩子开始关注周围小朋友是怎样操作的了,发现他们都是把所选材料举高,手一松,让它自然掉下来的,而自己是向上抛的。孩子发现了自己错误的操作方法后,随即就改变过来了。又如在第二次操作后记录时,有一个孩子跑过来主动问我:"老师,我发现了羽毛掉下来速度慢,树叶掉下来速度快,可是怎么记录呢？"显然,孩子是在记录上遇到困难了,这时我就给孩子进行启发和引导:"羽毛、树叶掉下来速度不一样,你怎么发现的？"孩子马上说:"我看到羽毛还没掉到地上,树叶已掉在地上了。"我指着记录单说:"那如果我们在记录单这里画上一条横线来表示地面,你认为接下来可以怎么记录呢？"经我一启发,孩子恍然大悟:"那我把羽毛画在横线的上面一点,把树叶画在横线上,这样就可以看出它们掉下来的速度不一样了。"就这样,孩子在自己的记录单上留下了自己探索发现的痕迹。可见,不论是等待还是点拨,能唤起幼儿的思考,让他们用自己的思考能力来解决问题,这才是我们介入的最终目的。

二、幼儿——如何实现主动学

教师作为幼儿学习活动的支持者、引导者和合作者,相对而言,幼儿应是学习活动的主体。教师与幼儿之间应该建立一种平等的关系——主体间性,即幼儿不是被动接受知识的容器,教师也不是灌输知识,而是融入幼儿活动中,引导幼儿用自己的头脑思考问题,用自己的小手记录发现,用自己的语言表达所想,这样才能调动幼儿活动的积极性,主动地参与到科学探究活动中来。

（一）思考,让探究行动方向明确

科学探究,动手做固然重要,动脑筋也不可少。真正的科学学习,不仅伴随着操作,更要伴随着思考。《下落百分百》活动中,在每一次探究之前,我向幼儿提出每一个关键问题引导他们带着问题去"玩",明白自己要做什么,观察什么,记录什么,让他们的思维从模糊走向清晰,避免机械无效的重复。在第二次对比观察并记录物体下落的不同现象后,我又引导幼儿想一想:"为什么这些东西掉下来都会有不同的现象呢?你觉得可能和什么有关?"孩子们通过前两次的探索操作,想到了物体下落产生的不同现象和物体的轻重、大小、形状、软硬有关。可见,幼儿在操作的时候进行了一番思考,他们操作了,观察发现现象了,也尝试思考其中的原因了。因为有了思考的参与,探究回答才有了期待的效果。

(二)记录,让探究发现清晰呈现

记录是科学活动中的一个重要环节,幼儿通过思考、实验、观察、探索,把自己的发现、操作的过程和结果等信息用图表、绘画或各种符号记录下来。记录可以呈现幼儿探索发现的完整过程,帮助幼儿形成概念,还可以发展幼儿准确连贯的语言能力,养成尊重事实、尊重证据的科学态度。那么,在科学活动中,应让幼儿记录什么,怎么记录,对探究活动是否有效至关重要。在《下落百分百》中,在幼儿第二次自由探索之前,我向幼儿出示记录单,并讲解记录方法,请幼儿把自己观察的发现用自己喜欢的图像、符号记录下来。

每个孩子通过自己的细心观察比较发现了两种物体不同的下落现象,有的关注到了物体下落的速度,有的关注到了物体下落的路线,还有的关注到了物体下落后的状态,他们用各自不同的符号记录下了自己不同的发现。如有的发现了塑料球掉下来以后会继续滚,积木掉下来以后会跳几跳;有的发现了塑料球掉下来以后继续滚,而积木掉下来以后会发出声音;有的发现了纸片会转着掉下来,而木头积木则是直直地掉下来;有的发现了羽毛掉下来的速度慢,树叶掉下来的速度快;有的发现了羽毛像跳舞一样弯弯扭扭掉下来,树叶则是像竖线一样直直地掉下来。

孩子用自己丰富的记录符号,向我们清晰地呈现了各自不同的发现,这个记录的过程,就是幼儿自主建构的过程,在这个过程中幼儿建构起来的认知,是非常有意义和有价值的。

(三)交流,让探究收获丰富多彩

《纲要》强调了幼儿的"语言能力是在运用的过程中发展起来的,重视学前儿童在使用语言的过程中学习语言"。同时《纲要》的科学目标明确提出:"用适当的方式,表达交流探索的过程和结果。"因此,在科学活动中,表达和交流是必不可少的,这也是一个重要的思维过程。每次操作,每个幼儿有不同的方法、不同的发现、不同的见解,获得的经验也是不同的。幼儿表达、交流的方式也不是单一的,可谓是多种语言的。教师应提供机会,鼓励幼儿用多种方式、多种语言表达和描述探究过程的发现和感受。在《下落百分百》活动中,在幼儿每一次操作后,我都鼓励他们把自己的发现告诉大家,特别是第二次操作后,幼儿结合记录单,向大家清晰完整地讲述着自己的发现。通过交流,每个孩子都在表达、倾听的过程中修正、完善和丰富自己的经验,使探究的收获变得丰富多彩。这样交流才实现了应有的价值。

(资料来源:https://www.smtxjs.com/html/lunwen/kexue/68396_4.html)

单元五 集体科学教育活动的设计

1. 了解集体科学教育活动的含义、特点、价值。
2. 了解集体科学教育活动设计的基本结构。
3. 掌握集体科学教育活动内容选择、目标确定、材料准备、活动设计的要求。
4. 理解集体科学教育活动的指导策略,学会运用具体策略组织指导科学活动。

学前儿童科学教育中,集体科学教育活动是重要的组成部分。作为一名幼儿园教师,应具备设计与组织幼儿园集体科学教育活动的能力,本单元帮助你学习如何设计指导幼儿园科学教育活动的方法与策略。

第一节 集体科学教育活动概述

一、集体科学教育活动的含义

集体教学活动是指面向全体幼儿的活动,而集体科学教育活动,就是教师根据幼儿科学教育的目标和任务,有计划、有目的地选择课题,确定活动内容,选用适当的方法,并创设相应的环境,提供合适的材料,面向全体幼儿开展的专门的教学活动。例如,在有关"磁铁"的集体教学活动中,教师预先选择课题内容,设计活动方案,准备相应的材料,即磁铁,以及可以被磁铁吸住的和不能被吸住的材料,如铁钉、木块、插塑、纸片、小布片、不锈钢杯子、棉花、回形针等,幼儿在教师的指导下以一定的步骤开展科学探究活动,其目的是将教师精选的内容,让幼儿在比较集中的时间段内进行学习。

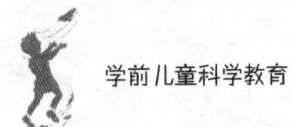

二、集体科学教育活动的特点

集体教学活动是在教师预先计划好的,确定一个统一目标的前提下开展的预定性的活动。教师在整个活动中起重要的作用,从根据幼儿的情况确定目标,精心选择内容,创设环境,准备材料,到组织、实施活动计划的整个过程,都离不开教师的具体指导。虽然教师要考虑到每个幼儿的不同情况,因人施教,但因为是集体教学活动,因此更关注的是每个幼儿都参与到预先设计的活动中来,学习统一的内容,尽可能达到统一的活动目标。

1. 学习内容统一,相对固定

集体科学教育活动的内容都是统一固定的,学习内容都是教师事先选择和确定的。集体教学活动的课题内容,一般是教师根据科学教育内容范围,结合本地、本园的具体情况,同时考虑本班幼儿的兴趣需求来选择和确定的。在集体科学活动中,每个幼儿学习的内容都是共同的。教师还要根据活动内容确定统一的活动目标,这是对所有幼儿通过这一活动应达到的目标要求。

2. 学习材料由教师统一提供

在具体教学活动中,教师根据确定的活动内容,选择和提供相应的活动材料,让幼儿通过操作材料来学习科学。一般来说,教师在活动中要保证每个幼儿都有动手操作的机会。如大班科学活动"下落的物体",教师准备相关的材料,包括皮球、积木、塑料瓶、树叶、羽毛、纸片、塑料袋,引导每个幼儿尝试操作材料,来探索这些物体材料是如何下落的。

3. 学习过程直接指导较多

集体教学活动完全是由教师设计和组织安排的,教学目标的制定、教学内容的选择、教学环境的创设、教学材料的准备均体现了教师较强的主导作用。在活动过程中,教师基本按照设计的活动方案来开展活动,对幼儿活动直接指导较多,如提出问题、语言启发、动手操作、交流讨论,整个活动过程都是在教师的指导下进行的。

4. 具有预定性

集体科学教育活动是根据已经拟订的计划进行设计的,是预定性的活动,结构化程度高。教学目标的制定、教学内容的选择、教学环境的创设、教学材料的准备均体现了教师较强的主导作用。在"磁铁"的教学活动中,教师预先选定有关磁铁的学习内容,确定主要活动目标:幼儿动手操作探索磁铁的特性,并能够记录;幼儿了解磁铁能吸住铁制品。其中,材料的选择、幼儿的操作环节、交流讨论环节都是在教师的安排和指导下进行的。

三、集体科学教育活动的价值

集体科学教育活动的形式保证幼儿学习一些方法和技能,获得最基本的科学知识经验，保证每个孩子能获得发展。集体教学活动由于是在教师直接指导下的科学学习，因此学习的效率比较高。另外，在集体教学活动中，通过同伴间的相互交流和启发，能使幼儿分享共同学习的成果，体验共同学习的快乐，培养幼儿与同伴合作、和别人进行讨论、倾听他人的意见等个性品质。

集体科学教育活动是让每个幼儿获得学习科学的机会，是幼儿园实施科学领域教育的基本保证，因此，集体教学活动对学前儿童学习科学具有重要的作用。体现在以下几个方面：

1. 每个幼儿都参与活动并获得基本的知识和技能

幼儿园集体科学教育活动是在教师统一组织下，要求每个幼儿都必须参加的教学活动。教师为幼儿设计的集体教学活动课题，是根据全班幼儿的认知水平和已有经验，选择的那些基本的、具有代表性的科学教育内容。尽管幼儿个体之间存在很大差异，但在教师的指导下，使每个幼儿在集体学习活动中，都可以进行多方面的探索和学习，保证每个幼儿都能获得基本的科学知识和方法技能。

2. 教师的直接指导提高了幼儿的学习效率

在集体教学活动过程中，教师是活动的支持者、帮助者、促进者，幼儿的科学探索是在教师直接指导下的探索活动。在教师的直接指导下的学习，是一种高效率的学习方式。可以保证幼儿能够在较短的时间限制内，较快地学会探究的方法技能，获取科学知识经验。

3. 易于集体讨论交流，幼儿分享共同学习的乐趣

集体科学教育活动为幼儿提供了一种特定的学习气氛，幼儿可以自由地与同伴、教师进行交流和讨论，互相启发，互相帮助。通过同伴间的相互交流和启发，能使幼儿分享学习的成果，体验共同学习的快乐。

总之，集体科学教育活动是幼儿园科学教育重要的活动类型，教师应进行精心设计，充分准备，使集体科学活动在幼儿教育中发挥更大作用。

四、集体科学教育活动的结构

教育活动的结构是指一次教育活动的基本组成部分以及各部分的顺序和时间分配，活动结构受到教育活动内容、活动方法、活动对象等因素的制约，是教师、幼儿、教育信息等三因素多种组合的不同表现。集体科学教育活动是以集体活动的组织形式开展，一次集体活动有其大致的时间限制。集体科学教育活动主要分为四种类型：观察认识型、实验探究型、交流讨论型和技术制作型等。无论哪一种类型，其主要活动过程一般都要经历以下三个阶段。

第一阶段：导入活动阶段。幼儿学习科学的先决条件，是必须对所探究的对象有兴趣。幼儿有了活动的动机与心理准备，才能促使他们积极主动地去学习、探究和发现。在集体科学活动中，这个阶段开展得成功与否，往往会影响活动的整个过程。在这一阶

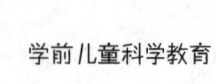

段,教师首先应注意这个环节的目的,是为了引起幼儿的学习动机,而不是真正的开始探究。因此时间上宜短,在短短的两三分钟内即应进入第二阶段。首先,为引起幼儿的学习动机,这个环节应安排有趣的活动。根据幼儿的心理特点及一般的心理规律,新奇变化的事物容易引起他们的注意,使幼儿的注意力集中到活动内容上。其次,在这一阶段中引出课题。例如,在小班"认识五官"的活动中,教师一开始便说:"小朋友,看看老师放在桌上的是什么?(小镜子)请小朋友照照镜子,看看自己的脸上有什么?"这样的谈话,符合幼儿的心理,自然就导入了活动的课题——认识五官。

第二阶段:主要活动阶段。这个阶段是整个活动过程中最重要的阶段,占时也最多,主要活动环节在此阶段中展开,在这个阶段中,教师要安排幼儿进行哪些活动,用什么方法活动,教师如何提问,如何出示教具等。在这个阶段中,如果是探究活动,教师首先要让幼儿提出假设,然后再进入观察或实验,同时,在这一阶段,首先要考虑的是如何使这个过程中的每个步骤、每个活动都有序进行。其次,幼儿的活动都应有趣,能激发幼儿的探究兴趣,并能持续整个活动。再次,所安排的活动要有变化,教师的提问要有变化,活动的节奏要有变化,才能保持幼儿的兴趣。这些活动环节都应通过教师的提问、启发,幼儿的观察、探究,引导幼儿去发现,自己得出结论,获得科学经验,发展多方面的能力,而不是灌输式学习。

第三阶段:整理阶段。在主要活动阶段过程中,幼儿已经获得丰富的经验和体验,需要教师引导幼儿发表自己的见解,进行交流、讨论、评价等活动。在这个阶段中,首先要引导幼儿整理总结,提升经验。其次,幼儿园的科学教育活动是一个连续过程,教师一般会在活动结束后安排一些延伸活动。例如,将本次活动的实验探究延伸到区角活动中;又如教师布置一些观察任务等。总之,应有一个开放性的活动结尾,使幼儿始终保持强烈的求知欲望。

第二节 集体科学教育活动的设计与指导

一、集体科学教育活动的设计

集体科学教育活动的设计,就是对科学教育活动的各个要素进行处理,从而形成特定的相互关系的过程。即对科学教育活动的基本要素,包括目标、内容、教材、学习活动、媒介、时间、空间和环境、教学方法等,按一定的方式进行编制和处理。科学教育活动设计是对某一具体科学教育活动进行的设计,也称为活动方案。一个完整的科学活动方案一般由活动名称、活动目标、活动材料和活动过程等几部分组成。集体科学教育活动的设计包括活动课题的设计、活动目标的设计、活动材料的设计及活动过程的设计等几个方面。

（一）活动课题的设计

活动课题的设计，就是从幼儿科学教育的内容范围中，选择出适合幼儿探索学习和教师组织开展的活动课题，具体说就是将课程的内容转化为活动的内容。幼儿科学教育的内容很广泛，而且并不是所有的内容都适合开展集体教学活动。因此，在设计集体教学活动的课题时，应考虑以下几点：

1. 在科学教育内容范围中选择最基本的科学经验

幼儿园的科学教育中，集体教学活动要求所有幼儿都必须参与，所以在选择内容时必须是最基本的、最具代表性的科学内容。而且幼儿园集体教学时间有限，选择的活动数量不能太多，这就要求我们对丰富的科学教育内容进行筛选，以提供幼儿最需要、对幼儿最必要的内容。

科学教育的内容范围极其宽广，幼儿园科学教育的内容涵盖面大，包含了物理、天文、化学、生物学、地球科学、人体科学等。因此，为了拓展幼儿的经验，让幼儿有机会接触各个领域的知识，我们应善于挖掘适合幼儿学习探究的科学教育内容。如：物理学中的光、电、磁、力、热，天文学中的四季的秘密、星球的运动，化学中的化学反应，生物学中的动植物生长，地球科学的风云雷雨，人体科学的探索、人体的奥秘等。我们可以从多方面选择课题内容，所选内容要能够保证幼儿比较容易收集到相关信息和资料，并能够理解和接受这些信息和资料。应避免选择难度太大，不适合幼儿年龄特点的内容，如宇宙空间、高科技等。

2. 要贴近幼儿的实际生活经验

在设计集体教学活动的课题时，还要注意贴近幼儿的实际生活经验。应选择那些与幼儿的生活经验相联系的内容，这样才能保证绝大多数幼儿对活动感兴趣，并在已有经验的基础上吸收、学习新的内容。幼儿生活在现代社会中，科技产品正在迅速进入人们的生活，也正在成为幼儿身边所熟悉的事物，有关现代科技在生活中运用的事例到处都有。如"夏天的空调""多种多样的取暖器"等，可以选择这些幼儿熟悉的课题，讨论中幼儿思维活跃、发言踊跃，通过活动可以大大扩展幼儿的视野。

《纲要》中反复强调了"周围环境""身边常见的""生活中"这些字眼。所以，幼儿园科学教育内容的选择应是贴近幼儿生活的，要避免选择脱离幼儿实际经验的，甚至是完全抽象的内容，不宜把那些高科技的、距离幼儿生活很遥远的东西作为课题内容。

3. 要选择适合集体学习的内容

集体教学活动应该适合集体学习与探究，在确定集体教学活动的内容时需进行比较。有些课题尽管很适合幼儿，但不一定适合作为集体教学活动，例如，观察月亮的圆缺变化，就更适合在家庭中进行。幼儿观察种子发芽活动也不宜作为集中教育活动的内容，可让幼儿在区角活动中完成，也可在家庭中通过亲子活动来完成。再如，引导幼儿探索冬天的雪，最好的途径是在冬季下雪的时候，带领幼儿到雪地上玩耍，在亲身体验中幼儿自己发现和探索雪的特征，这比组织集体教学活动效果会更好。相反，那些需要幼儿集中探索、共同学习的内容,以及需要通过教师的引导和帮助获取经验和技能的内容,如"小动物的尾巴",比较适合组织集体教学活动。教师展示视频和图片,幼儿通过交流讨论不同动物尾巴的特征和用途,获取相关的经验。活动课题选择好相当于确定了活动内容,也就完成了科学活动设计的第一步。

(二) 活动目标的设计

活动目标的设计是集体教学活动设计的重要环节,它是教师根据幼儿科学教育总目标、年龄阶段目标、幼儿身心发展的特点、班级幼儿的实际水平,并结合本次活动内容的具体特点,对幼儿提出的全面、恰当的要求。

1. 确定科学教育目标的要求

(1) 考虑幼儿的经验水平

目标制定应考虑是否适宜幼儿的发展水平,对幼儿可持续性发展是否有真正的价值。活动目标应适合幼儿的发展,并善于利用"最近发展区",使教学走在发展的前面。制定教育目标时,教师要研究和把握本班幼儿身心发展的实际水平、发展需要,确定幼儿进一步发展的潜力。

教师制定活动目标必须要考虑幼儿的经验水平,要了解幼儿已有的经验达到什么程度。教师在引导幼儿学习科学时,为幼儿提供一个教学情境,这个教学情境是能够反映出他们已有经验的,以使要开展的科学活动中,幼儿能运用已有的经验,来探究新的内容,学习新的经验。例如,在学习有关"电"的知识时,幼儿以往对电的了解,主要是从家庭生活中经常使用的电器来认识的,而这些电器是通过电路而获得电,却是大部分幼儿所没有的经验。但是,像手电筒等使用电池的小电器却不同,大部分幼儿都有有关的经验,甚至有的幼儿还会装电池,使得电动玩具能发动。通过了解幼儿原有的经验,可以确保新的知识与技能是与幼儿原有经验相关的,在探究过程中,他们就有可能去积极地投入,表达他们的想法,利用自己原有认知结构中的有关经验,去同化当前学习到的新知识,从而建构新的知识经验。

同时,目标的确定还要有一定的挑战性,值得注意的是,目标的挑战性应是适度的,适度地超越原有的生活经验,是幼儿能够接受的,是认知水平所能及的,是幼儿能够探索和体验的。如"夏天真热"的活动,小班幼儿对夏天的生活经验不够多,所以需要老师的引导,初步探索夏天太热如何能够凉快,幼儿能够初步了解夏天降温的方法。

(2) 体现幼儿发展的全面性

科学活动目标应包括"情感态度""方法技能""知识经验"等三个方面,尽可能体现促进幼儿多方面的发展,所以应从这三个方面设计活动目标。科学情感态度包括幼儿情感态度及个性品质的培养,例如,幼儿萌发关爱小动物的情感,幼儿对科学小实验感兴趣等。科学方法技能是指在科学探究活动中幼儿哪些方面得到发展,形成哪些技能,学会哪些方法,例如,幼儿能用语言表达交流观察的结果,幼儿学会用多种感官对某种动物进行观察等。知识经验是指科学经验的获得,包括幼儿获得了哪些经验,形成了哪些初级的科学概念。例如,通过活动,幼儿了解动物的种类、外形特征、生活习性以及与人类的关系等。

从科学探究活动的程度来分析,即使是最简单的活动也具有各个方面的价值功能,每一个活动目标可以有所侧重,但不能偏废。如果只注重某一方面的目标,而忽略其他方面的目标,这是不可取的。

(3) 体现不同年龄的层次性

活动目标是指每个具体活动应达到的目的和要求,是每次活动的核心,贯穿于整个活动的始终。因此,活动目标的难易程度非常重要,适宜的目标应该是让绝大多数的幼儿"跳一跳"即可达到,以充分发展幼儿的潜能。

怎样才能确定适合幼儿不同年龄阶段的活动目标呢?小班幼儿年龄小,刚刚开始接触科学活动,起点较低。因此,小班科学活动目标应制定得低一些,如果能准确把握住小班科学活动的度,中班、大班的科学活动目标就可以此为起点,从易到难,由浅入深,逐步提高。

以"磁铁"活动为例,磁铁是幼儿园科学教育活动常见的材料之一,幼儿喜欢,材料提供方便,因此成为幼儿园普遍选择的科学教育活动内容。该项活动小班、中班、大班均可开展,但不同的年龄阶段活动的内容应有区别,活动目标的制定应有层次。

小班:设计一个科学教育活动,课题为"好玩的磁铁",活动的主要目的是让小班孩子在玩磁铁时认识磁铁,对磁铁产生兴趣,并通过简单的操作活动知道磁铁可以吸铁的东西。虽然小班幼儿对磁铁的特性还不能理解,但在教师创设的活动环境中,幼儿能感受到活动的快乐,产生了好奇心,有助于科学态度的形成。

中班:在小班玩磁铁的基础上,略有提高,可设计课题为"磁铁找朋友"的活动。制定活动目标时应考虑中班幼儿的年龄特点,中班幼儿好奇心强、乐于探究,但探究的目的并不是很明确,随意性较大。教师应从问题出发,以游戏的方式引发活动,通过科学探究活动发现磁铁的特性,学习科学探究的方法,初步形成实事求是的科学态度。

大班:到了大班,幼儿探究的深度、广度都远远超过中班幼儿,可设计活动课题为"磁铁王国探秘"。活动目标的核心是"探秘",是引导幼儿围绕问题积极地动手动脑做实验,在主动探索中发现磁铁的穿透性、磁性大小等,发展幼儿的思维能力、探究能力,并与同伴交流与讨论,深化对磁铁的认识。

从以上小、中、大不同年龄班的比较可看出,各年龄班的教育目标既是有层次的,也是有联系的,随着年龄的增长,活动的目标要求应逐渐提高。儿童的发展是一个连续的过程,不同年龄班的教育目标既要体现年龄的差异,也应体现连续性。

(4) 表述应明确具体

第一种是行为目标。行为目标指的是一种用可以具体观察或测量的幼儿行为来描述的预期的效果。行为目标中表述的行为教师能够观察与测量到,如"能将树叶按照不同的特征进行分类""能描述小乌龟的主要外形特征"等。行为目标具有操作性强、容易评价等特点，但是有些内容是很难用行为目标来表述的，如幼儿科学情感发展方面，很难用行为目标来表述。

第二种是表现性目标。表现性目标指的是一种非特定性的、较广泛的目标。它一般描述的是学习者的一般变化，如"幼儿乐意探究""幼儿喜欢动手操作"等。表现性目标和行为目标不同，很难明确地看到幼儿行为的变化，但其目标表述的宽泛性，比较适合表述情感态度方面的目标。

在活动目标的表述中，具体采取什么形式的目标，应根据目标的具体内容。如果是能用行为表现的内容，如关于幼儿基本技能和知识经验的内容，一般可以采用行为目标的表述方式。如果是情感态度方面的内容，如幼儿主动参与操作、对科学现象的探究兴趣等，表现性目标的形式就比较合适。

2. 表述科学教育目标的要求

（1）目标表述要清晰明确

教育活动目标要明确，目标内容尽可能具体化，有较强的针对性，本次活动幼儿要学会哪些基本技能、形成什么情感等都要有较明确的说明。例如，有的老师在设计"大熊猫"活动时，技能目标设定为"幼儿学会观察大熊猫"，这个目标不够具体明确，教学活动中很难去把握。目标虽然提到了观察，但怎样观察没有具体说明，应设定为"幼儿学会有序地观察熊猫的外形特征"。而且，不同的年龄阶段对观察能力应有不同的要求。所以，在提出教学目标时，教师应当明确每个目标的具体要求。再如，"幼儿感受乐趣""幼儿喜欢探究"这些目标也不够具体化，如果改为"幼儿感受观察小动物的乐趣"或"幼儿喜欢探索有关沉浮的现象"，就比较具体明确了。

（2）目标表述要具有可操作性

确定的活动目标要具体，且便于操作。防止泛泛而谈，难以操作，导致活动目标在活动过程中落空。例如，中班科学活动"保护牙齿"的活动目标：学会正确的刷牙方法，知道要早晚刷牙。这两个目标具体、明确，如果换成"幼儿形成良好的生活卫生习惯"就显得过于笼统。

（3）以幼儿发展的角度表述目标

在目标的表述上，教师应从幼儿的角度出发。从幼儿角度表述的目标指明了幼儿通过学习应该达到的发展要求，能突出反映幼儿在学习活动中的主体地位，表现出对幼儿个体经验及发展的关注，体现了尊重幼儿、以幼儿发展为本的教育观念。同时，发展目标可使教师转变观念，更多地关注活动中幼儿的行为和表现。如今，越来越多的教育者主张从幼儿角度出发制定活动目标。从幼儿角度提出的活动目标（即发展目标），在表述时以幼儿为主体，多用"学会""了解""能""知道""喜欢""感受""乐意""懂得"等表述方式，强调的是幼儿学习后获得的发展和变化，反映教师对活动促进幼儿发展的方向和程度的预期。

单元五　集体科学教育活动的设计

 **【案例 5-1】** 科学教育活动目标举例

活动名称：可爱的小脚丫（小班）

活动目标：
1. 体验探索小脚丫的乐趣；
2. 能描述小脚丫在沙子、石子、泥巴、地毯、海绵垫等处玩耍的感觉；
3. 知道小脚丫对人体的重要性，了解保护小脚丫的方法。

活动名称：小乌龟（中班）

活动目标：
1. 萌发喜爱小乌龟的情感；
2. 能运用多种感官感知观察乌龟的特征；
3. 了解乌龟的外形特征和生活习性。

活动名称：动物的尾巴（中班）

活动目标：
1. 喜爱小动物，体验探索活动的快乐；
2. 能表达交流小动物尾巴的不同特征；
3. 了解不同动物尾巴的外形特征和各自的用途。

活动名称：奇妙的空气（大班）

活动目标：
1. 对科学小实验感兴趣，体验探索发现的乐趣；
2. 能用感官感知并操作实验，表达并交流自己的发现；
3. 知道空气是看不见、摸不着的，到处都有空气，人和动物都离不开空气。

活动名称：保护水资源（大班）

活动目标：
1. 产生保护水资源的意识；
2. 能够观察比较"洁净水和脏水"的不同，并交流脏水形成的原因；
3. 了解脏水的危害，知道生活中保护水资源的方法。

（三）活动材料的设计

活动中所用的材料是幼儿科学教育的外部条件之一，教师应在科学教育活动前准备好安全、充足又能激发幼儿探究兴趣的材料。在幼儿科学教育活动中，材料是幼儿不可或缺的探究对象。幼儿科学活动强调"让材料说话，让环境和材料引领幼儿的学习"。

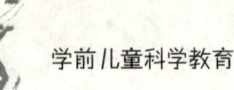

教师要帮助幼儿置身于能产生探索行为的环境中,及时提供丰富的、操作性强的、符合幼儿探索需要的材料,支持和引发幼儿积极主动地与材料产生相互作用。

具体而言,在准备活动材料时应注意以下几个方面:

1. 材料要体现活动目标

材料的设计是依据活动目标来确定的,要考虑选择哪些材料以达到既定的目标并符合活动内容。整个活动中所提供的材料,都必须围绕活动目标来准备和选择。如果活动材料没有体现目标的要求,幼儿对科学现象的认识没有进行深层的探究与思考,只是在表面上的动手操作,幼儿没有主动建构知识,活动过程就是"走形式",材料就成了摆设。教师提供有价值的活动材料,才能通过活动促进幼儿发展。例如,大班科学活动"谁能吸水",活动目标一是幼儿萌发探究吸水现象的兴趣;目标二是幼儿操作探索材料吸水的快慢,学做观察记录;目标三是幼儿了解不同材料吸水的快慢。根据活动目标,教师准备的活动材料有海绵、布条、毛巾、皱纹纸、白纸、水彩笔芯、粉笔、塑料制品、硬币、彩色水等。在活动中教师主要是让幼儿操作观察哪些材料吸水,哪些材料不吸水。由此可见,这样的材料准备主要是为了达到感知哪些材料能吸水的活动目标,但对大班幼儿来说重点不是哪些材料能吸水,而应体现在比较哪些材料吸水快,哪些材料吸水慢。材料再丰富但如果没突出这一重点目标,探究活动也就没有真正体现目标。如果将活动重点确定为:什么东西吸水快,什么东西不吸水,什么东西吸水慢,只要准备能进行比较并可以马上看到效果的三类典型材料即可,有的教师认为科学活动材料要准备得特别多,幼儿才能充分操作、感受,才能有所发现。事实上,如果材料太多,就有可能淡化对吸水现象的探究和比较,因此准备活动材料要考虑为实现活动目标服务,目标的定位尤为关键,教师应根据幼儿的实际发展需要来提供有价值的活动材料。

操作材料应根据活动的需要而提供,教师根据目标来选择材料。如大班"下落的物体"这个活动,能力目标设定为幼儿观察不同物体下落的不同路线和不同速度,并表达自己的发现。幼儿在操作材料的过程中要能观察到飘落和直落的现象。因此,教师可以选择羽毛、纸花、彩带这些很轻的材料,是能飘落下去的;选择积木块、塑料块,可以作为向下直落的材料。在活动中幼儿通过操作材料,观察什么物体是直落的,什么物体是飘落的,从而比较不同物体下落的路线和速度。

2. 材料要符合幼儿的兴趣

选择具有趣味性的活动材料,能激发幼儿的好奇心和探究欲望,增强活动效果。具有趣味性的材料尤其适合年龄较小的幼儿,能吸引幼儿积极参与探究活动。如在"会滚的轮子"活动中,教师设计了缺少一个或两个轮子的拖拉玩具,活动时一拉牵绳,该拖拉玩具便东倒西歪,不能往前,幼儿在感到有趣的同时,也直观地感受到了缺少轮子的不便,体验到了轮子的作用。

3. 材料要典型

在准备材料时,还必须考虑到其具备的典型特征。通过材料的鲜明特征,能直观地感受到物体的突出特征,就能使幼儿在脑中形成表象,从而获得科学经验。例如,菊花的品种很多,近年来也开发出了很多新的品种。有些菊花品种的外形、颜色与本来的菊花品种已相去甚远。在让幼儿进行观察时,特别是在进行集体教学活动时,就应先提供一般的具有典型特征的菊花。这些具有典型特征的菊花,也就是在幼儿周围环境中、生活中经常能接触到的,如白色菊花、黄色菊花等。以后在参观花展,或是第二次活动中,再让幼儿了解菊花还有许多新的品种后,就可以让幼儿观赏多种不同的菊花了。

在选择材料时,教师如果选择不恰当,就很难达到效果。如大班幼儿"探索磁铁"活动中,重点不再是发现磁铁的磁性,而是要通过操作,发现磁铁不同部位磁性强度不一样的现象。但如果教师给幼儿提供的磁铁不是条形的,活动则达不到理想的教育效果。

4. 材料要有结构性

材料的结构性是材料所具有的特征,材料蕴含着丰富的可探索性和可利用性,在材料被使用时能揭示自然现象间的某种关系以及不同材料之间的联系。教师对材料结构的认识越丰富,越有利于幼儿的探索、发现、创造和获得各种有关的经验。而在具体活动中,常有教师因对活动主题把握不准,造成选材不当的现象。如在"沉与浮"的活动中,教师是否提供油泥等方便改变形状的材料,是幼儿能否发现通过改变物体形状可以改变沉浮的重要因素。

操作材料可提供成品、半成品或废品,供幼儿自主选择,有利于幼儿的深入探究。如在活动"神奇的不倒翁"中,教师提供的不倒翁有可拆的与不可拆的,便于幼儿进一步探究。教师尽可能提供一些结构性材料,探究的问题往往蕴含在材料之中,幼儿通过对不同材料的操作,去获取发现。

5. 材料要安全卫生

幼儿操作的材料应确保安全与卫生,但在活动中,我们也常遇见考虑不周的现象。如大班活动"神奇的纸杯",中间一个环节是让幼儿自己给纸杯涂蜡。教师未做任何示范就让幼儿自己用融化的蜡给纸杯涂蜡,这存在很大的安全隐患。又如中班活动"自制泡泡水",教师提供给幼儿吹泡泡的管子很粗,幼儿操作时,教师未交代怎样使用管子才不会将泡泡水吸进嘴里,这也存在卫生问题。

6. 材料数量要充足

充足的材料是科学活动顺利开展的保证,特别是供幼儿操作的材料,更应保证足够数量,材料充足与否,直接影响到幼儿探究过程的进行,充足的材料可提高幼儿学习科学的积极性和效率。应根据活动的具体特点,确定材料数量与幼儿人数的比例关系,一般操作性、实验性的活动需要为每个幼儿提供一份材料,例如,在"有趣的玻璃片"活动中,应为每个幼儿准备一份包括凹、凸、平三片玻璃和一幅与玻璃片相应大小的图片在内的活动材料。有的活动可以几个人或小组共用一份材料,例如,在"可爱的小金鱼"活动中,可以每组准备一份材料,包括鱼缸、小金鱼、鱼食等。

（四）活动过程的设计

科学教育活动过程是为实现教育目标具体展开的活动，展现了科学教育方法的具体运用，是整个集体教学活动的核心环节。所以，集体教学活动过程的设计，也就成为整个设计中的关键。教师在设计活动过程时，应特别注意从活动目标出发，去考虑活动过程的各个步骤。

1. 导入活动的设计

导入活动的目的在于"导"，导出幼儿的学习积极性，将幼儿的注意力导入活动课题。教师在设计导入活动时，可以考虑以下几种方式。

（1）材料导入

科学教育活动往往为幼儿准备物质材料，这些材料会引起幼儿的求知欲望，教师可以利用这些材料来导入活动。例如，利用实物、图片、模型、实验材料等引出课题，激发幼儿的学习兴趣。教师通过简单明了的说明、提问，使幼儿随着教师的思路进入活动过程。如在科学活动"种子的秘密"开始时，教师让幼儿展示各自从家里带来的"籽"，并说出它们的名称，然后小结，引出课题："大家带来的籽尽管大小、形状、颜色各不相同，但是它们有一个共同的名字叫'种子'。如果把这些种子种到适宜的环境里，就会怎么样呢？现在我们就来探索种子的秘密。"启发幼儿思考，进入本次活动的主题。这种运用新奇、特别的玩教具材料或实物、图片、模型等来引起幼儿注意，激发幼儿兴趣的导入是常用的方式。

（2）作品导入

文学艺术作品为幼儿所喜爱，活动的导入阶段也可根据需要利用儿歌、谜语、歌曲等文学艺术作品作为导入的方法。例如，利用谜语"远看像只鸟，近看像只猫，晚上捉老鼠，白天睡大觉"，来导入"认识猫头鹰"的活动。

根据活动内容和需要，也可以选择与活动内容联系紧密的故事、儿歌等，以引起兴趣，引发联想。如在开展科学活动"动物的尾巴"之前，教师可利用故事《小壁虎找尾巴》导入："有只小壁虎尾巴断了，它想去找自己的尾巴，它有没有找到尾巴呢？"从而引出后面的内容。运用这种方式时，要注意所选的故事、儿歌等作品应该与活动内容紧密联系，成为活动过程的组成部分，并且要注意所选的作品要有教育性、科学性、艺术性与趣味性。

（3）悬念导入

这种方法是结合科学活动内容设计一些既符合幼儿认知水平，又生动有趣、富有启发性的问题，以造成悬念，使幼儿产生探究事物奥秘的兴趣。如科学活动"食物去哪了"可以这样导入："我们每天都要吃很多东西，可是这些食物都到哪儿去了呢？"简短的提问就能引发幼儿强烈的好奇心和探索欲望。这种导入方式使幼儿置身于惊异之中，激发幼儿的求知欲，从而产生了强烈的探究欲望，为幼儿创造出积极探索的情境。

(4) 问题导入

在活动开始时，教师提出问题，引导幼儿积极思考，引出主题内容。如中班科学活动"风娃娃"中，教师在开始时先点亮一根蜡烛，并问幼儿："小朋友，用什么办法可以使蜡烛熄灭呀？"（吹气）"为什么吹气可以使蜡烛熄灭？"（一吹就有风了）"那么，现在教室里有风吗？请小朋友想想，怎么样才会有风？"（幼儿有的在吹气，有的用手、图画纸或其他材料在扇动）"你们刚才都用了什么办法制造风呢？"（幼儿抢答）"小朋友，为什么那样做就会制造出风来呢？"这个活动中，教师通过设问、追问、反问，沿着"空气—风—空气流动"这一脉络层层导入新的活动内容，这样，幼儿对科学现象的理解更加深刻，而且也促进幼儿不断思考，引发了幼儿对生活中科学现象的兴趣。

(5) 游戏导入

游戏是幼儿最喜爱的活动，因此在活动开始时可通过游戏的方式创设游戏情境，以此来激发幼儿的活动兴趣。如中班科学活动"磁铁能吸起什么"开始时，教师组织幼儿玩"走迷宫"的游戏，给每组幼儿一块"迷宫板"和一个带有磁铁的舞蹈小人，让幼儿利用磁铁在板下指挥板上的小人尽快走出迷宫。通过游戏的方式，活动气氛十分活跃，一下子就把幼儿的情绪引向了高潮。

(6) 经验导入

这种方法是指教师在了解幼儿原有的知识水平的基础上，提供新旧知识的连接点，调动幼儿运用已有的知识和经验去进行新的探索。如在"噪音污染"的活动中，教师首先问幼儿："小朋友每天都要听到各种声音，请你们说一说听到过哪些声音。""在你听到过的声音中，哪些是好听的声音，哪些是不好听的声音？"幼儿在教师的启发下，联系已有的经验，很自然地就进入了活动之中。

2. 幼儿活动的设计

幼儿园科学教育的价值取向不再是注重静态知识的传递，而是注重儿童情感态度的形成和儿童探究能力的发展。因此，保护幼儿的好奇心，激发幼儿的探究欲望，形成主动探究科学的兴趣是非常重要的。在科学活动设计中，幼儿活动环节的设计是至关重要的。科学活动中，幼儿是一个能动的主体，幼儿是主动的探索者和发现者，是知识经验的建构者。教师应注重培养幼儿的科学探索能力，通过观察、操作、讨论、记录等实践活动，让幼儿自主、主动地进行探究。因此在科学教育活动设计中，要把幼儿放到主动发展的位置，从思考教师如何教转变为思考幼儿如何学，从研究幼儿入手，设计幼儿科学活动，引导幼儿发展。幼儿科学活动包括身体动作和脑的活动两方面。身体动作又包括动口在内，同时，动口又是动脑的外在表现和结果。所以，幼儿科学教育活动要努力改变"教师讲，幼儿听；教师做，幼儿看；教师教，幼儿记"的消极被动的学习模式，充分地让幼儿动手、动口、动脑，主动积极地去活动，去探索，去发现。

(1) 观察活动

观察是运用感官感知事物的一种活动，观察是一切科学活动的基础。幼儿科学教育中的观察探究，是指教师有目的、有计划地组织和启发幼儿运用多种感官，观察感知客观世界的事物与现象的特征，获取感性经验的一种方法。

幼儿科学观察的对象既包括对物体的观察，也包括对自然和科学现象的观察。教师根据幼儿的年龄特点来选择设计不同类型的观察活动。一般来说，小班幼儿以个别物体和现象的观察活动为主，中班幼儿以比较观察活动为主，大班适合开展长期系统观察活动。如小班活动"好吃的橘子"，幼儿通过对橘子的形状、颜色、手感、气味、味道等特性的感知，获得对橘子特征较为完整的认识与了解，属于个别物体观察。中班活动"黄瓜和丝瓜"，幼儿通过观察发现黄瓜和丝瓜的共同之处是都是细长形的，颜色都是绿色的。但二者也有不同之处，黄瓜是深绿色的，丝瓜是浅绿色的，丝瓜比黄瓜长，黄瓜比丝瓜更硬一些，吃起来更脆一些。

① 物体观察活动环节的设计

物体观察指通过引导幼儿运用多种感官参与并表达，感知物体的典型特征，或比较两个物体的异同，或总结同类物体的共同特征的学习活动。物体观察过程的设计思路一般为：出示观察对象（引起幼儿的观察兴趣与注意）—幼儿自由观察（满足幼儿对观察对象的好奇）—表达交流（同伴之间相互学习）—教师引导观察（通过指向性问题引导其认识物体的显著特征，学习有序的观察方法）—表达交流（通过交流观察的结果，叙述观察的过程，表达科学认识，帮助幼儿内化经验）—总结（帮助幼儿简要准确地表达观察到的物体特征）。

如在小班科学活动"认识苹果"中，在自由观察苹果的基础上，教师引导幼儿观察了解苹果的外形特征。首先让孩子们自己运用多种感官去观察感知苹果，眼睛看一看苹果像什么，是什么形状的，是什么颜色的；用鼻子闻一闻有什么味道；用手摸一摸苹果有什么感觉。引导幼儿观察苹果后讨论交流，幼儿讲述自己的发现，最后教师总结。

② 自然科学现象观察活动环节的设计

现象观察指引导幼儿观察自然、科学现象变化的过程。现象观察活动环节的设计思路一般为：引出对象或问题（引起幼儿的观察兴趣与注意）—观察现象（指导幼儿运用适当的观察方法，多感官参与观察）—观察中的交流与个别指导（同伴之间的相互启发学习，指导幼儿关注现象变化的发生）—讨论与交流（通过交流观察的结果，叙述观察操作过程，表达科学认识，帮助幼儿内化经验）—总结（帮助幼儿简要准确地表达观察到的自然科学现象）。

（2）操作活动

幼儿科学教育的主要目标不是获取知识，而是激发幼儿的探究兴趣，发展幼儿的探究能力和探究的方法。教师的注意力不应只放在学习"结果"上，而应注重学习过程，让幼儿亲历科学家的发现过程，在教师精心设计的科学活动过程中，尝试、观察、比较、分析、概括，再找出答案，是培养幼儿兴趣和能力的重要途径。幼儿天生喜欢动手操作，因此在活动中提供丰富的可操作的材料，可以为幼儿创造更多动手操作的机会，让幼儿在与材料的相互作用中学习和探究。操作探索活动就是让幼儿充分利用周围环境、各种设备材料，进行各种尝试，获得直接的体验与感受的活动。皮亚杰的理论表明：幼儿的思维源于感知,感知能使幼儿获得关于事物的最初想象,是幼儿思维赖以发展的必要前提。科学活动中,教师为幼儿提供大量的、各种各样的材料,让幼儿动手摆弄、探究,在实际操作的活动中不断积累经验。

例如,"有趣的鸡蛋"系列活动中,教师为不同年龄班幼儿提供材料进行探究活动。小班的孩子虽然年龄小,知识经验少,但也有积极探索与操作的愿望。教师准备许多碎海绵、沙子、碎布、瓶子、盖子、油泥、珠子等,幼儿通过操作进行探索:怎样使鸡蛋站起来?幼儿把鸡蛋立在沙子里、油泥里、瓶口上……尝试成功后,孩子们全都情不自禁地拍手大笑,感受到成功的喜悦。中班幼儿进行"分辨生熟鸡蛋"的活动。幼儿通过旋转鸡蛋,发现生鸡蛋与熟鸡蛋的转速是不一样的,转得快的是熟鸡蛋;用力摇晃鸡蛋后放在耳朵边听会发现,生鸡蛋有声响,熟鸡蛋没有声响。幼儿通过自身操作获得了经验。大班幼儿随着年龄的增长、知识经验的丰富,好奇心、求知欲也更加旺盛,他们已不满足于简单的操作,他们更关注的是发现事物现象的一些"秘密"。所以,大班可以开展"沉浮的鸡蛋"活动。教师准备生鸡蛋、熟鸡蛋、食盐、玻璃容器、八宝粥的空瓶、小棒、筷子、纸板、海绵等。大班幼儿通过操作与探索,发现要让沉在水底的鸡蛋浮起来,需在水中加盐,同时用小棒快速搅拌。为什么有的小朋友的鸡蛋浮上来,有的还是沉在水底,有的鸡蛋浮上来又沉下去呢?幼儿通过进一步操作实验,解决实验中的问题。发现加进水中的盐少了不行,但多了鸡蛋反而又会沉下去。

又如在大班"棉花"的活动中,教师为幼儿提供各种材料,即棉花,小瓶子、小盆子(内装有水、剪刀等各种材料),然后鼓励幼儿用各种方法来尝试玩棉花,试一试有些什么办法来玩棉花,将棉花塞在小瓶子里,将棉花撕一撕,吹一吹,将棉花放在水里玩一玩,比一比哪个小朋友玩棉花的方法多。在玩的时候让幼儿想一想:你发现棉花是什么样子的?幼儿通过撕棉花、吹棉花、往瓶子里塞棉花、往有水的盆子里放棉花等活动,发现棉花能吸水、有弹性、很轻、能用手撕开等特性。所以在科学教育过程中,尽量设计能让幼儿多动手动脑、多思考的活动,使其体验探究发现的喜悦,学习探究的方法。

幼儿操作活动的形式是多种多样的,小实验、小制作、采集、记录、种植、饲养、测量、分类等都是有趣的操作活动,教师要考虑在整个科学教育活动过程中幼儿的操作活动,提供充分的机会以及工具、用品、材料等,尽量让每个幼儿都动起手来。

(3) 讨论活动

在科学探索环节之后,一般是幼儿交流讨论活动,有效的对话交流对幼儿的学习是非常重要的。讨论活动环节是把探索活动的内容和幼儿的疑问通过问题向幼儿提出,或由幼儿自己提出,引导幼儿交流讨论,互相启发,充分思考,发展幼儿的思维能力和语言表达能力。在这一活动环节,幼儿将探索中的体验、发现以及遇到的问题进行表达交流。交流讨论是为了促进幼儿更好地建构知识经验,促进幼儿思维的发展,感受讨论交流的乐趣。

在观察活动或操作活动环节结束后,教师把有关探索内容的重点、难点、疑点以问题的形式提出,先让幼儿互相交流,自由讨论。再引导幼儿积极交流,发表自己的看法,

述说自己的发现,幼儿之间分享彼此的经验,实现思维的碰撞。例如,在"有趣的指纹"活动中,幼儿先用放大镜观察自己的指纹,教师再通过播放指纹的课件,幼儿了解了几种不同的指纹,教师提出问题:"把你的指纹和身边小朋友的指纹比较一下,有一样的指纹吗?"幼儿分组讨论,并请幼儿发言,最后得出结论:我们每个人的指纹都是独一无二的。在此基础上,再进一步讨论指纹的作用,来扩展幼儿的经验。教师引导提问:"既然我们的指纹具有独一无二的特点,那你觉得人们可以利用指纹来做些什么?"鼓励幼儿积极讨论交流,大胆表达自己的想法,幼儿之间分享不同的经验,分享交流的快乐,最后教师总结:"人们利用指纹的特点发明了许多的奇思妙想,如指纹锁、指纹付钱、指纹手机、指纹汽车、指纹电脑、指纹破案等。"讨论的主体是幼儿,每个幼儿都有表达的欲望,教师要善于调动幼儿表达与交流的积极性,鼓励幼儿大胆表达和交流。

(4)记录活动

记录活动就是幼儿用图画、符号、数字、照片,甚至是简单的文字等多种适宜的形式,将自己在科学活动中获得的经验、想法和感受,以及在探究中运用的方法和过程等记录下来,以进行表达表现、与同伴或成人交流的活动。记录是科学探究活动的重要环节。《纲要》也强调,"要尽量创造条件让幼儿实际参加探究活动,使他们感受科学探究的过程与方法,体验发现的乐趣。"在探究式科学活动中,记录为幼儿依据事实进行思考和得出解释提供了有力的支持。记录获得的信息能使幼儿关注探究过程和事物的变化,把抽象的信息变成具体的图表,有助于幼儿在尊重客观事实的基础上得出结论;记录获得的信息还有助于幼儿将原有的认识与当前的操作结果相比较,调整原有的认识,促进新经验的主动建构。

幼儿科学记录的方式应该是多种多样的,可以直接把实物粘贴到记录纸上,可以是连线的方式,可以是绘画方式,还可以是符号式。这四种记录方式对幼儿的能力要求不同,实物式记录方式水平最低,而符号式记录方式最高。教师鼓励幼儿根据自己的兴趣和能力自主选择记录的方式,并帮助幼儿逐步掌握较高级的记录方式。在幼儿学习科学记录的初期,教师鼓励幼儿大胆地用简单图画记录自己所观察和探究的事物。一段时间后,教师鼓励幼儿尝试用自创的符号做记录,并引导幼儿交流、讨论什么符号最为合适,逐渐将记录符号规范化。

另外,在同一科学活动的不同阶段,教师指导幼儿用不同的方式做科学记录,如科学活动"有用的植物"中,首次记录时要求幼儿用实物粘贴在记录表上;第二次记录采用连线法;第三次记录时,教师提供全开放表格要求幼儿画出自己的发现。通过三次由简单到复杂的记录,不仅深化了幼儿对植物的认知,还让幼儿体验了不同记录方式的优点。

科学活动中的有效记录对培养幼儿的科学素养有着举足轻重的作用,是幼儿在尊重事实的基础上,通过实验、观察、探索,把所见、所闻、所想用独特的形式或语言,结合丰富的想象对科学活动的一种探究、推理、实验、发现的过程。有效的科学活动记录有助于幼儿形成正确的科学观念,养成实事求是的科学态度,有助于幼儿自我建构科学知识和经验,使幼儿更细致地观察与更认真地思考,在多次记录与操作的对比中积累经验,提升幼儿的科学素养。

【案例5-2】

转动的陀螺(中班)

活动目标:

1. 乐于尝试,体验探究陀螺的乐趣。
2. 能动手实验操作记录,并验证猜测进行表达交流。
3. 知道不同形状的陀螺旋转时都呈圆形。

活动准备:

圆形、三角形、正方形、长方形的陀螺人手一份;记录表格。

活动过程:

1. 玩圆形陀螺,引出探究问题

师:"今天老师给你们带来了许多陀螺,请你们每人先拿一个圆形的陀螺玩玩,看看有什么发现?"

重点引导幼儿观察:陀螺转的时候是什么样子的?

师:"刚才你们是怎样玩陀螺的?你发现了什么?"

教师小结:玩圆形的陀螺,发现只要把陀螺上的小棍一拧,这个圆形的陀螺就会转起来,转动的样子是圆圆的。

教师出示三角形、正方形、长方形的陀螺,提问:"这么多形状的陀螺,他们转的时候会是什么样子的呢?"

2. 根据已有经验大胆猜测并记录

幼儿猜测三角形、长方形、正方形的陀螺旋转的样子。

教师小结:有的幼儿说三角形陀螺转起来是三角形的,有的说它转起来是圆形的,有的说正方形陀螺、长方形陀螺转起来都是圆形的,那么我们怎么才能知道动起来的样子到底是什么形状的呢?

教师出示记录表,要求幼儿把猜测结果和实验答案分别填在相应的格子里。

3. 动手操作,验证猜测

请幼儿们选择每种形状的陀螺试一试,看看它们转起来是什么形状的。

幼儿动手玩各种形状的陀螺,及时记录,验证自己的猜测。

4. 结合记录,表达交流中得出结论

请幼儿将自己的记录纸贴在展示板上,与好朋友互相交流、分享探究的过程和结果。请个别幼儿说一说,你用了什么形状的陀螺,猜想陀螺转的时候是什么形状的,结果又是什么形状的。

引发幼儿进一步深入思考和概括,引导幼儿关注陀螺的形状与旋转时形状的关系,

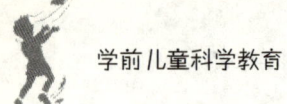

提问:"你发现了什么秘密?"

交流中得出结论:原来三角形陀螺、正方形陀螺、长方形陀螺转起来的都是圆圆的。

【案例评析】

该活动属于"猜想—验证式"的设计。陀螺是幼儿喜欢玩的玩具,幼儿在日常生活中已经积累了一定的玩陀螺的经验和知识。但幼儿在玩的时候往往只关注自己的陀螺有没有转起来,而很少去观察陀螺转动时的样子。所以教师从玩圆形的陀螺入手,提出"三角形、正方形、长方形的陀螺,它们转的时候会是什么样子的?"这一问题,让幼儿通过实验来验证或纠正自己的猜想,同时尝试着自己去解决问题,最后结合记录表在交流中得出结论。这其中也体现了科学方法的运用。

3. 教师提问的设计

集体科学探究活动中,教师提问设计非常重要。教师科学有效的提问可以激发幼儿参与科学探究活动的兴趣,启发幼儿积极的思维,引导幼儿操作实践,使幼儿成为主动探究的学习者。在科学活动中,提问有不同类型,以下提供几种类型供参考。

(1) 设疑性提问

引导幼儿积极思考,探求问题答案,如"你有什么办法让浮在水面上的瓶子沉到水里?"再如,教师给中班幼儿提供人手一份操作材料:一张纸、一块布、一团油泥、几根线、一个小口瓶,幼儿探索纸、布、油泥、线这四种材料的特性。教师提出问题:"这几种材料能装进瓶子里吗?"通过设疑性提问,激发幼儿探索的好奇心和探究的兴趣,促使幼儿积极地去探究四种不同材料的特性。

(2) 激趣性提问

教师设计问题情境,以此激发幼儿的兴趣和积极参与活动的欲望。如大班幼儿探究摩擦力的活动,教师提供三个高度相同的斜坡,其中两个斜坡表面分别铺上毛巾和手帕,还有一个斜坡没铺材料,三辆相同的小汽车同时往下滑,教师提出问题:"哪辆小汽车滑得快?哪辆小汽车滑得慢?"教师利用适宜的材料构成问题情境,引发幼儿主动探究小汽车滑动的速度与斜坡摩擦力之间的关系。

(3) 探索性提问

这类问题可以引导幼儿进一步探索。如教师对大班幼儿提出问题:"纸能站起来吗?""站起来的纸能放积木吗?""站起来的纸能放几块积木?""怎么能让纸上放的积木又稳又多呢?"幼儿根据教师的提问进行实验,不断探索在纸上摆放积木的方法,解决了一个个问题。

(4) 拓展性提问

拓展性提问可以拓宽幼儿对事物的认识,了解探究对象具有的特殊性和多样性。如在大班"各种各样的取暖器"活动中,可以提问:"除了刚才看到的取暖器,你们还知道其他的取暖器吗?"幼儿自由回答后,教师播放图片和视频,幼儿讨论取暖器的多样性。

(5) 层次性提问

在科学探索活动中,教师设计提问要做到层次清晰,从幼儿已有的生活经验入手,

通过层次性的提问由易到难,层层递进加深难度,扩展幼儿的知识,通过幼儿的操作实践寻找答案。如在大班活动"下落的物体"中,教师出示各种材料,请幼儿选一样材料拿在手里然后放开,看看会怎么样。幼儿自由探索后,提问幼儿:"你刚才拿的东西怎么样了?为什么这些东西会掉下来?这些东西掉下来时是怎样落下来的?"在幼儿自由操作,发现物体下落的特征之后,教师通过提问引导幼儿进一步探究。教师出示两张一样大的纸,在同一高度同时往下落,教师提问:"哪张纸先落到地上?下落的路线是怎样的?你有什么方法使两张纸在同样的高度不同时落地?为什么会不同时落地?"通过逐步递进的提问,引导幼儿探索同一物体改变形状物体,下落的路线和速度会有不同及了解初步原因。

（6）发散性提问

发散性提问能够拓展幼儿的想象空间,培养幼儿的创造性思维。如中班"弹性的秘密"活动中,幼儿自由探索,先感知物体弹性的存在,初步理解很多玩具有弹性,幼儿接着讨论交流很多物体有弹性,给我们的生活带来了方便。最后的环节,教师启发幼儿想象:"你想用弹性发明什么?"引导幼儿大胆想象,拓展幼儿的思维。

总的来说,教师设计的问题应以开放性问题为主,避免限制幼儿的思维。问题的答案也不是固定的、统一的,允许有多种答案。

4. 活动结束的设计

幼儿园集体教学活动的结束方式,可以是多种多样的。如可以采用故事式结尾、游戏式结尾等。无论是采用哪种形式,教师都应该鼓励幼儿在集体活动结束后,继续在科学区、科学活动室、园地或家里等地方进行探究活动。因为集体教学活动是有一定时间限制的,一般小班15～20分钟、中班20～25分钟、大班25～30分钟,但是幼儿的探究活动可以继续延伸到区角活动或家庭教育。所以集体性活动的结束应该是开放式的,一般多采用交代任务、鼓励幼儿继续探究的方式结束。以下一些结束方式可作为参考:

（1）与幼儿通过谈话一起总结并评价这次活动,这种方式是常用的。

（2）围绕该次活动提出要求或建议,让幼儿在活动结束以后继续探索,以使活动继续延伸。

（3）制作活动可以以幼儿相互展示自己的制作成品结束。这样没有完成的幼儿也可以在轻松的气氛中继续完成自己的活动。

（4）以游戏的方式结束活动,让幼儿在轻松愉快的气氛中结束活动。

（5）以艺术的方式（如绘画、情景表演等）结束,这样可以让幼儿充分、自由地表现自己在活动的发现或感受。

二、集体科学教育活动的指导

集体科学教育活动是在教师指导下开展的科学活动,在活动实施过程中,教师的组织能力和指导技巧往往是活动成功的关键。在实施过程中幼儿是活动的主体,教师是活动的引导者、支持者和帮助者。集体科学活动的指导,可从以下几方面入手。

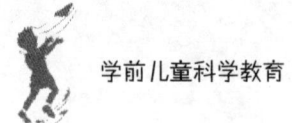

（一）创设良好的心理环境

宽松、和谐的心理环境是幼儿进行科学探究的前提，幼儿的科学探究活动需要教师提供适宜的心理支持。教师应以自身对科学的兴趣来感染幼儿，使幼儿在教师的带动下产生探究欲望。教师还应主动参与幼儿的探究活动，让幼儿有亲切感，得到教师的关注或重视，幼儿在心理上有安全感，才能全身心投入探究活动，才会充满热情和好奇心对待探究的事物或现象。因此教师应为幼儿营造一种安全、适宜探究的心理氛围，成为幼儿的支持者。心理支持主要体现在：教师利用语言或肢体语言，给幼儿以鼓励、肯定和接纳等积极的情感支持，以提高幼儿的信心。教师运用情感支持为幼儿提供帮助时，先向幼儿表示认同或理解，认同幼儿的积极探索行为，并为幼儿的发现而惊喜，使师幼关系处于开放的状态，幼儿敢说、敢想、敢做，没有任何压力，愿意尝试各种活动。在活动中，教师应尊重幼儿，给予幼儿应有的信任，提供充分的机会，允许幼儿自由表达，自主探究。

（二）明确任务，引起兴趣

集体教学活动的开始环节，教师应明确本次活动的任务，用生动活泼的方式导入活动，激发幼儿的兴趣，使幼儿在好奇心的驱使下积极地投入科学探究活动中。教师在进行导入活动时，应注意简短、有趣、有指向性。导入活动对于整个活动过程的开展很重要，成功的导入活动会促使后面环节顺利进行。教师要以生动而简短的谈话，或以启发提问、儿歌、谜语等引起幼儿活动的兴趣和愿望，将幼儿的注意力集中到活动对象上，引出后面的环节。

（三）引导幼儿感知操作和探索发现

科学活动中幼儿是通过自身探究活动学科学的，因此，教师可用启发性的提问引导幼儿充分进行各种感知操作、讨论等活动。教师应指导幼儿运用多种感官去感知客观事物，客观事物的特征是多方面的，教师需要指导幼儿运用多种感官来感知事物多方面的特征，使幼儿能够比较全面地认识事物。如小班科学活动"橘子"中，教师引导幼儿通过视觉器官感知橘子的形状、颜色、大小；通过嗅觉感知橘子的气味；通过触觉感知橘子的轻重、软硬、光滑程度；通过味觉感知橘子的味道等。又如，在科学探究活动"会变的影子"中，教师围绕着"小朋友们，什么时候会有影子呀？""你们知道为什么会有影子吗？""影子会不会有变化？""影子为什么会发生变化？怎样做就能使自己没有影子了？"等关键问题来引导幼儿对影子的探究和了解不断深入。

在幼儿操作活动中，教师要观察幼儿操作，准确把握幼儿的需要，启发幼儿运用多种方法与材料、同伴互动，使探究活动生动而有意义。例如，在探索纸的吸水现象时，幼儿自发地组织了纸船竞赛活动，当教师看到纸船沉下去，幼儿反复尝试都没成功快要放弃时，教师从观察幼儿的情绪变化和讨论中发现了问题所在，于是适时介入幼儿的活动，支持幼儿观察、讨论、再操作，从中让幼儿知道了纸的吸水、防水方法和沉浮问题。

教师在探究活动中发挥幼儿的主动性，使幼儿真正成为活动的主体，幼儿运用自己

的各种感官认识事物多方面的特征,在教师的指导下动手、动脑,通过操作活动获取知识和技能。

（四）给予幼儿适宜的指导

在活动过程中,教师应成为幼儿学科学的支持者、指导者。教师应选择适宜幼儿需要的方法给予幼儿有意义的支持。教师的支持和指导是建立在对幼儿个性特点的了解基础上的,因此采用何种方法给予幼儿支持,教师应先对幼儿在活动中的表现情况进行细致的观察。在活动中,教师要善于观察幼儿的行为,包括幼儿在活动过程中的情绪表现、参与活动的能力、与同伴交往合作情况等。在观察的基础上,教师应密切关注幼儿遇到的问题和困难,及时给予支持与指导。可以直接帮助幼儿解决问题,也可以指导幼儿通过自身的探索活动寻找答案；教师还应允许和支持幼儿用自己的方法进行操作、比较发现,引导幼儿从多种角度去思考问题,从而获得成功。

教师应根据活动过程中幼儿不同的表现进行指导,而不是用一种方式指导不同水平的幼儿。例如,在"有趣的石头"活动中,教师对每个幼儿提出基本的要求是选择不同的石头,观察、描述石头的特征,但同时要考虑到为不同能力水平的儿童提供不同的指导。鼓励、指导能力强的幼儿用自己的方法,在不同层次上思考、理解石头的多样性；帮助能力弱的幼儿观察、描述石头的特征。幼儿在活动过程中,会有一些新的想法、意愿,应允许他们进行探究,对于大多数幼儿需要的、有教育价值的想法,应给予支持和鼓励。

例如,小班科学活动"会动的玩具",教师提出问题："你的玩具是怎么动的？"一些动手能力强的幼儿马上摆弄自己的玩具,并兴奋地叫教师和同伴一起观察。"你们看呀,我的火车会拐弯。""我的玩具会翻跟头。"对于那些动手能力强但语言表达能力稍差的幼儿,教师采用语言提示法,引导幼儿用语言描述自己的发现。如提出的问题有："你的玩具是怎么动的？""它动起来像什么？"幼儿在教师的提示下,说出了自己的发现,如"我的小风车会转,变成彩色的了。"而对于观察能力、语言发展较强的幼儿,教师采用追问法,给他们提出更高的要求,如"你们的玩具都会动,它们有什么不同呢？"幼儿观察后就说："有的是要装电池的,有的是要手帮忙的。"教师对于那些看起来积极性不高的幼儿,则采用示范、共同操作、引导发现法,教师与他们一起玩玩具,在操作中引导幼儿观察,大胆说出自己的发现。因此教师尽量为幼儿设置适宜的问题情境,鼓励幼儿大胆操作,并积极参与同伴交流,利用原有经验解决问题,获得新的科学经验。

（五）引导幼儿表达与交流

在科学活动中,幼儿通过观察和操作,对探索的事物或现象有不同的猜测、认识和发现,这些为幼儿的表达提供了丰富的材料,教师引导幼儿分享和交流探索的发现和疑问,而幼儿也乐于将自己的发现、感受、体验表达出来,相互分享与交流。在幼儿充分探究的基础上,教师引导幼儿用各种形式表达、交流自己的发现,描述操作的过程、方法和结果,是集体性教育活动的重要部分。在集体教学活动中,教师引导幼儿表达的形式可以是多样的,可用语言、身体动作、绘画、造型、音乐、律动等,也可以运用故事、戏剧等。幼儿表达的内容也是丰富多彩的,可表达自己的经验,也可表达自己的发现和创造,还可以表达自己感知操作的过程和结果。例如,在"认识水果"的活动中,幼儿说:"我吃了香蕉,可没吃到种子,没有种子,香蕉是怎么种的?"这是幼儿在表达自己的发现和疑惑。

(六) 合理采用评价幼儿的方式

集体科学教学活动中,教师的评价也是一种重要的指导方式。在科学教育活动实施过程中,教师的评价一直伴随着活动的进程,穿插于活动的各个环节中,评价的方式也是多种多样的,可以是指导语言中的一句鼓励或暗示的话,也可以是一个赞许的眼神或动作。这种评价式的指导多是积极的评价,即肯定和强化幼儿在活动中的好的行为,对于幼儿以浓厚的兴趣参与科学活动,活动过程中乐于探索、积极思考、勇于表达应给予充分的肯定和赞扬,对于幼儿创造性的想法及行为给予鼓励和帮助,让幼儿体验到发现和成功的快乐。

总之,集体教学活动是否能成功开展,教师对活动的组织指导至关重要。幼儿科学教育活动的组织和指导方法没有固定的模式,而是根据活动内容及幼儿在活动中的实际需要进行的,实质上体现的是"因材施教"的教育思想。为了使活动达到预定的目标,取得最佳效果,教师应在活动过程中更多关注幼儿,随时根据幼儿的表现情况,调整自己的角色身份,给予幼儿最合适的指导,让每个幼儿通过活动都能在自己的水平上得到发展。

【案例 5-3】 幼儿园科学活动精选

小班科学活动:猜猜哪杯是清水

设计意图:

小班阶段是儿童味觉、嗅觉等感觉迅速发展的时期。水是孩子们生活的必需品,也是他们最熟悉的,但对于水有哪些特征以及怎样才能在几种液体中分辨出清水等问题,小班幼儿却不是十分清楚。"猜猜哪杯是清水"这个科学活动,旨在引导幼儿运用视觉、味觉、嗅觉等多种感觉通道分辨出清水,从而了解清水的基本特征,同时培养幼儿乐于参与科学活动的兴趣,提高幼儿观察、比较、探究、表达的能力。

活动目标:

1. 体验探索的乐趣及成功感。
2. 能运用多种感官感知辨别清水,能表述自己的发现。
3. 了解清水的基本特征。

活动准备:

贴有不同颜色标记的透明杯子若干(里面分别装有清水、白糖水、白醋、牛奶),彩色棋子。

活动过程:

1. 导入活动,引发探索兴趣

(1) 儿歌导入:"揉揉我的小眼睛,摸摸我的小鼻子,嘟嘟我的小嘴巴,它们是我的好朋友,帮我找出清水来。"

(2) 引导幼儿分别说说眼睛、鼻子、嘴巴的作用。

2. 感官探索游戏:找找哪杯是清水

(1) 游戏:眨眨我的小眼睛,找出清水来。

请幼儿看一看,用视觉分辨哪杯是清水。

出示两杯颜色不同的液体(分别装有清水和牛奶),提问:我们平时喝的水有没有颜色?两个杯子里的水颜色一样吗?哪杯是清水?

小结:用眼睛看一看,牛奶是白色的,而清水是无色透明的。

(2) 游戏:摸摸我的小鼻子,找出清水来。

请幼儿闻一闻,用嗅觉分辨哪杯是清水。

① 出示两杯气味不同的液体(分别装有清水和白醋),提问:我们平时喝的水有没有气味?两个杯子里的水气味一样吗?哪杯是清水?(引导幼儿根据自己的判断把棋子作为标志放在相应的杯子旁边)

② 幼儿分组实验并验证判断结果。

③ 小结:用鼻子闻一闻,白醋酸酸的,而清水是没有气味的。

(3) 游戏:嘟嘟我的小嘴巴,找出清水来。

请幼儿尝一尝,用味觉分哪杯是清水。

① 出示两杯液体(分别装有清水和白糖水),提问:它们既没有颜色也闻不出气味,你觉得哪杯是清水?(请幼儿根据自己的想法把棋子放在相应的杯子旁边)

② 鼓励幼儿尝一尝,判断猜得对不对。在尝之前,提醒幼儿注意平时不能随便尝不知道是什么的东西。

③ 小结:用嘴巴尝一尝,甜甜的是糖水,没有味道的是清水。

3. 交流分享探索结果,激发幼儿进一步探究的兴趣

(1) 交流分享:请幼儿说一说自己是用哪个器官帮忙才找出清水的。

教师小结:用眼睛看一看,白色的是牛奶;用鼻子闻一闻,气味酸酸的,一定不是清水;用嘴巴尝一尝,甜甜的是糖水,没有味道的是清水。原来清水是没有颜色、没有味道的。眼睛、鼻子、嘴巴一起合作,本领可真大。

(2) 带领幼儿学说儿歌:"眨眨我的小眼睛,摸摸我的小鼻子,嘟嘟我的小嘴巴,它们是我的好朋友,帮我找出清水来。"鼓励幼儿继续保持探究兴趣。

中班科学活动:好玩的冰

设计意图:

冬天到了,幼儿园户外场地偶尔会出现一些小冰块。户外活动的时候,孩子们不再

积极地参与游戏活动,而是津津有味地去把玩那一点点的小冰块。虽然天气很冷,小冰块很凉,孩子们的小手冻得红红的,可他们依然兴趣盎然。设计这一活动,既可以满足孩子们玩冰的兴趣,还可以让孩子们更好地感知冰的特点,激发他们对科学活动的探索兴趣。

活动目标:

1. 感受玩冰的乐趣。
2. 感知探索冰的变化,尝试探索学习制作冰花。
3. 了解冰的特征,知道冰是由水变成的,冰遇热会化成水。

活动准备:

1. 不同厚薄、大小的冰块若干,吸管若干,一盆40℃左右的温水。
2. 冰花范例4～5个;彩纸碎屑、颜料、不同形状的冻冰花器皿(果冻盒、纸杯、动物形状的盒子等)、30厘米左右的细线若干。

活动过程:

1. 自由玩冰,感知冰的特征

(1) 出示冰块,请幼儿自由玩冰,运用各种感官感知冰的特征。

提问:把冰放在手心里,有什么感觉?手心里的冰有什么变化?手上的水是从哪里来的?

小结:冰是凉凉的、硬硬的、滑滑的。冰放在手心里会化成水,手是热的。

(2) 师幼一起操作,探索冰的融化。

① 每人一根吸管,请幼儿用吸管对着冰吹气,看看冰会怎样。

请幼儿猜一猜把冰放到温水中会怎样。然后,师幼一起把冰放入水中实验。

小结:冰遇到热能化成水,但当温度很低很低的时候,水就又变成冰。

2. 制作冰花,感受冰花的美丽和玩冰的乐趣

(1) 出示冰花,引导幼儿欣赏。

引导语:这是什么?好看吗?它和刚才玩的冰哪里不一样?它像什么?你喜欢哪个冰花?是什么形状的?里面有什么?

(2) 引导幼儿制作冰花。

引导语:冰花是怎样做出来的?把水放在哪里会变成冰?

引导幼儿自由探索,尝试用提供的各种材料制作冰花,然后将装饰好的小盒子送到冷冻箱里。

活动延伸:

1. 待冰花制作好后,和幼儿一起取出冰花,挂到户外的树枝上,一起欣赏冰花,并观察冰花的融化过程。
2. 冬天带领幼儿在户外玩冰、玩雪。

小班科学活动：说说你的感觉

设计意图：

小班的幼儿对周围世界新奇的事物、现象充满了好奇心和求知欲，会自然而然地去关注事物间的联系与变化，特别是那些与生活经验有关的现象。这个科学活动，就是基于以上观点来设计并开展的。活动设置了一个有趣的情境，充分发挥了小班幼儿喜欢游戏、喜欢尝试的特点，幼儿在已有经验的基础上，通过与不同材料的互动，感知物体带给人的软、硬，光滑、粗糙，冷、热等不同感受，并能积极地用语言表达出来，既积累了生活经验，又培养了幼儿的探究意识和探究能力。

活动目标：

1. 感受探究的乐趣，有自我保护的意识。
2. 学习用语言表达对不同物体的触觉感受：软、硬，光滑、粗糙，冷、热等。
3. 知道用手触摸能感知物体的特性。

活动准备：

1. 幼儿人手一个操作小盒（内放积木块、海绵、砂纸板、洗碗布、搓澡巾、鹅卵石等物品）
2. 热水和冷水各一瓶。

活动过程：

1. 游戏导入活动，激发幼儿探究兴趣

听音乐带领幼儿玩"毛毛虫数步"的情境游戏，引导幼儿感知爬过地板和地毯时软硬不同的感觉。

小结：我们的小手真能干，当我们看见一个东西，不知道它是软是硬时，我们可以用手摸一摸。

2. 通过触摸感知物体的性质，并学习用简单的词语进行表述

（1）感知硬的和软的物品。

① 拿出事先放在椅子下面的装着各种软硬不同的物品的盒子，让幼儿从盒子里找出硬的东西。

师：用我们的小手捏一捏、按一按，感觉一下，你捏得动积木吗？（捏不动）就像木地板一样，积木是硬的。

② 请幼儿把积木放回盒子里，再从盒子里找出软的东西。

师：用我们的小手捏一捏、按一按，感觉一下，你捏得动海绵吗？哦，不但捏得动还可以拧几圈呢！刚才积木捏不动，因为它是硬的。这个捏起来很舒服，是柔软的！

③ 鼓励幼儿找一找、摸一摸身边的物品，并用"软的"和"硬的"来表述，比如坐的小椅子是硬的，小肚子是软软的……引导幼儿用完整的语言表达清楚。

（2）感知粗糙的和光滑的物品。

① 请幼儿从盒子里找出单面砂纸，引导幼儿感受两面不同的手感。

小结:砂纸深色的一面,摸上去感觉涩涩的,这样的感觉叫粗糙;浅色的一面,摸上去感觉滑滑的,这样的感觉叫光滑。

②鼓励幼儿从盒子里找出其他粗糙和光滑的物品并用语言完整表达,比如搓澡巾是粗糙的,鹅卵石是光滑的等。

(3)感知热的和冷的物品。

出示一瓶冷水和一瓶热水,让幼儿依次传递,体验冷热不同的感觉并表达。

经验拓展:还有什么让你感觉是热的?什么让你感觉是冷的?

3. 总结:小手触摸到的各种感觉,有自我保护意识

①小结:小手太厉害了,它能摸出硬的、软的、冷的、热的、粗糙的、光滑的东西,小手可真是了不起!

②进行安全教育:有些东西是不能摸的,如电源插座、开水、旋转的电风扇叶等,小朋友要学会保护好自己。

4. 游戏"照顾熊宝宝"

创设游戏情境:熊宝宝今天不舒服,它得了重感冒,需要照顾。熊宝宝想要一些热乎乎的东西来暖和一下。小朋友们,你们能给它送过来吗?熊宝宝想躺一下,请小朋友们帮熊宝宝拿点软的东西来好吗?熊宝宝有了小朋友的帮助,感觉好多啦!现在,咱们带着熊宝宝一起去外面玩一会吧!

中班科学活动:吹泡泡

设计意图:

幼儿园的科学探究活动应该让幼儿亲身经历真实的探究过程,"吹泡泡"活动就是围绕这一理念,通过一系列富有趣味的操作活动,让幼儿探究吹泡泡工具的多样性和可变性。在活动开始阶段,为幼儿提供了钥匙、漏勺、苍蝇拍、刷子等生活中常见的物品,引导幼儿在操作中逐步发现吹泡泡工具的特点;再启发幼儿根据前面得出的结论把树叶、细铜丝等材料变成吹泡泡的工具。在层层递进的操作活动中,让幼儿真正地做科学、体验科学,并体会探索、发现、成功的快乐。

活动目标:

1. 体验吹泡泡的乐趣。
2. 操作探索各种吹泡泡的工具,尝试自制吹泡泡的工具。
3. 了解有小洞和间隙的材料能吹出泡泡。

活动准备:

1. 吸管、钥匙、漏勺、苍蝇拍、刷子、树叶、细铜丝若干。
2. 泡泡液、小毛巾、筐子等。
3. 实验统计表(见下表)。

材料	猜猜(人数)	第一次试验验证 （人数）	第二次试验验证 （人数）
苍蝇拍			
漏勺			
鞋刷			
钥匙			

活动过程：

1. 选用吸管吹泡泡，感知体验吹泡泡

（1）呈现材料(吸管、泡泡液)，请幼儿选用吸管自由吹泡泡。吹泡泡之前，提示幼儿注意事项，比如：只能往外吹，不能吸；注意别把泡泡液洒在外面和身上，等等。

（2）幼儿自由吹泡泡，教师提示个别幼儿慢慢吹，才能吹出大泡泡。如果有个别幼儿洒出泡泡液，提示幼儿用小毛巾擦干净。

2. 尝试运用多种特别的材料吹泡泡，了解吹泡泡工具的共同特点

（1）讨论：还有什么东西可以吹出泡泡？

（2）教师呈现苍蝇拍、漏勺、鞋刷、钥匙等材料，请幼儿猜想是否可以吹出泡泡。教师每呈现一种材料就询问幼儿是否可以吹出泡泡，统计人数并记录下来(记录在"猜猜"一栏中)。

（3）每个幼儿选择材料，分别进行实验验证。请幼儿把能够成功地吹出泡泡的材料收集到一个筐子中，把不能吹出泡泡的材料放进自己手中的材料袋中。

（4）交流分享：哪一种材料能吹出泡泡？哪一种吹不出泡泡？再次统计人数，记录在前面的实验统计表中。对于幼儿吹不出泡泡的材料，教师带领幼儿重新试一试，尽可能让每个幼儿都能体验成功。

（5）探究泡泡是从哪里出来的。请幼儿认真观察，感知材料的共同特点。

提问：吹出泡泡的材料有什么特点？幼儿讨论交流。

小结：蝇拍、漏勺、鞋刷、钥匙等材料能吹出泡泡，是因为它们都有小洞和间隙，有小洞和间隙的材料就能吹出泡泡。

3. 迁移和运用经验，自制吹泡泡工具

（1）探索如何利用树叶制作吹泡泡的工具。

① 呈现树叶，请幼儿观察，询问：用树叶可以吹出泡泡来吗？为什么？

② 每人一片树叶，请幼儿尝试用树叶吹出泡泡。

③ 讨论交流：自己是如何把树叶变成吹泡泡的工具的。

小结：在树叶上穿出小洞就可以吹出泡泡。

（2）探索如何改变铜丝形状制作吹泡泡的工具。

① 呈现铜丝，询问幼儿：用铜丝可以吹出泡泡来吗？怎样做就可以让铜丝变成吹

泡泡的工具?

② 每人一根铜丝,请幼儿尝试用铜丝吹出泡泡,并请幼儿相互交流。

小结:改变铜丝的形状,扭出任意形状的小孔或间隙就可以吹出泡泡。

活动结束

1. 吹泡泡大赛:比比谁能吹出最大的泡泡。

2. 延伸讨论:不同形状的吹泡泡工具会吹出不同形状的泡泡吗?泡泡是什么颜色的?

中班科学活动:最先喝水的纸

设计意图:

各种各样的纸是孩子们经常见到和用到的物品。随着科技的进步,纸的种类越来越多。除了传统意义上的一些用途,人们还用它做成了纸杯、方便面盒等。不同的纸张,吸水性也不同。本次活动旨在引导幼儿通过感官上的多通道参与,在看看、摸摸、玩玩中体验不同纸张的特性,并通过亲身实验感知纸张吸水性的不同,培养幼儿对科学现象的探索精神。

活动目标:

1. 感受探索不同纸张吸水的有趣。

2. 感知纸张的不同特点,能动手操作实验验证猜想结果。

3. 了解纸的不同吸水特性及在生活中的特殊作用。

活动准备:

1. 宣纸、报纸、蜡光纸、牛皮纸各一张。

2. 记录表每组一张,记录笔若干支。

3. 塑料大盆4个,滴管20支,烧杯4个,水杯4个。

活动过程:

1. 认识四种不同质地的纸张

(1) 出示幼儿熟悉的报纸,让幼儿看一看、摸一摸、撕一撕,感受报纸表面有点毛糙的感觉,以及报纸的纤维不容易被撕断的特点。

(2) 出示蜡光纸,请幼儿上来摸一摸,倒一点儿水试一试,观察和感受蜡光纸表面光滑的特点,并告诉幼儿蜡光纸的名称。

(3) 出示牛皮纸和宣纸,让幼儿分别摸一摸、撕一撕、说一说。

(4) 把四种纸张放在一起,请幼儿分辨、总结四种纸的不同特点。

小结:宣纸看上去很薄,摸起来很软;蜡光纸摸起来很光滑,看上去亮亮的;报纸看上去也很薄,摸起来有响声;牛皮纸看上去很厚,摸起来有些粗糙。

(5) 请幼儿猜想:假如把这些纸放进水里会怎么样?假如把这四种纸同时放进水里,谁吸水最快?(将幼儿的猜测记录下来)

2. 分组实验验证猜想结果

(1) 把幼儿分成四组,请幼儿自由选择实验方法进行实验。

第一组实验:看哪个纸船最先沉下去。分别把四种不同质地的纸折成纸船同时放进水盆中,引导幼儿观察细微的变化,并进行记录。

第二组实验:纸杯浸水。分别将四种不同质地的纸折成"杯子"状,将"纸杯"悬空固定在烧杯的内壁上,同时向四个不同质地的纸杯内倒水,观其渗透的情况,并进行记录。

第三个实验:睡莲花开。将四种不同质地的纸折剪成"睡莲",同时放入水中,引导幼儿比较不同质地的纸在水中变化速度的差异,并进行记录。

第四个实验:水滴快快跑。在四张不同质地的纸上同一位置画上大小相同的圆圈,然后让幼儿将滴管里的水同时滴到四张纸的圆圈里,引导幼儿观察哪种纸的"小水滴"最先跑出圆圈外,并进行记录。

(2) 请各组幼儿讲述实验渗透性的不同。

幼儿分享四种不同质地的纸张的吸水结果。

小结:四种纸中,宣纸吸水最快,放到水里很快就沉下去,滴上水很快就散开;报纸的吸水性和渗透性比宣纸差一些;蜡光纸更慢一些;牛皮纸吸水很慢很慢,滴上水水滴会跑掉。

3. 简单了解不同纸张在生活中的应用

(1) 讨论几种纸张在生活中的用处。

师:刚才我们认识和了解了这四种不同的纸,那么它们在生活中有什么用?人们都用它们来做什么。

小结:宣纸吸水性特别好,人们很早就用它来画画、写毛笔字;报纸又软又轻但很结实,不容易被撕破,人们用它来做印刷;蜡光纸又结实又光滑,小朋友可以用来折纸、剪纸;牛皮纸又结实又防水,人们用它来做包装纸,可以保护里面的东西不被损坏。

(2) 出示纸杯、方便面盒等用纸做的防水的物品,了解纸制品在生活中的其他用途。

(3) 小结,引发幼儿进一步的探究活动。

小结:今天我们做的这几个小实验,让我们知道纸质不同,吸水就有快有慢;不同的纸,在生活中的用途也不一样。我们还可以用其他纸试试,看看还有哪种纸吸水比较快,哪种纸吸水比较慢。

活动延伸:

在区域里投放多种材质的纸张,请幼儿自由探索。

中班科学活动:会变的颜色

设计意图:

我们的生活,正是因为有了绚丽多彩的颜色才变得生机勃勃,正是因为有了变化才妙趣横生。中班科学活动"会变的颜色",体现了"颜色"和"变化"两个要素,将红黄蓝三

原色两两相配能变色的特点融入"抱抱"的游戏情境中,同时为幼儿提供了纸黏土和颜色水两种材料进行实验,幼儿充分感受颜色变化的过程及其带来的快乐,并能用简单的符号记录,在参与和体验中感受探索的魅力。

活动目标:

1. 愿意和同伴一起玩游戏,感受颜色变化带来的快乐。

2. 动手操作实验,能用简单的方法记录实验结果。

3. 了解红黄蓝三原色两两相配会变色,知道蓝黄相配是绿色,红黄相配是橙色,红蓝相配是紫色。

活动准备:

蓝色、黄色纸黏土每人一份,红黄蓝三色的颜色水若干,棉纸每人一份,红黄蓝三色的圆形贴纸每人一张,课件,黑板。

活动过程:

1. 通过操作,观察,感受蓝色和黄色混合变成绿色的过程并记录

(1) 结合课件,向幼儿介绍三位好朋友小蓝、小黄和小红,并创设问题情境:当小蓝和小黄抱在一起的时候,会发生什么事情呢?

(2) 请幼儿将手中的蓝色和黄色的纸黏土混合在一起,观察、感受颜色变化的过程。

(3) 请幼儿观察实验结果,结合课件完成记录,并将记录表编成一句儿歌:蓝色黄色抱一抱,变成绿色画树叶。

2. 通过操作,观察,感受红色和黄色混合变成橙色的过程并记录

(1) 请幼儿将黄色和红色的颜色水混合在一起,用棉签轻轻搅拌,观察实验结果。

(2) 引导幼儿用棉签当笔,蘸变化之后的颜色水完成手中的记录表。

(3) 结合记录表编一句儿歌:红色黄色抱一抱,变成橙色画橘子。

3. 自由选择操作材料,观察、感受蓝色、红色混合变成紫色的过程并记录

(1) 请幼儿在纸黏土和颜色水两种材料中自由选择进行实验,观察、感受蓝、红两色混合变色的过程。

(2) 将结果记录在记录表上,并将记录编成一句儿歌:蓝色红色抱一抱,变成紫色画葡萄。

4. 向幼儿介绍红黄蓝是三原色,激发幼儿对颜色变化继续探究的兴趣

(1) 介绍三原色,请幼儿将三句儿歌串在一起朗诵。

(2) 玩游戏"颜色对对碰",加深幼儿关于颜色变化的认识。

请幼儿分别扮演红黄蓝三色的小蜡笔,教师提示幼儿为橘子、西瓜和葡萄涂色,请幼儿根据三原色两两相配变色的原则两两抱在一起,看哪个小朋友完成得又对又快。

(3) 提出问题:绿色、紫色和橙色与别的颜色碰在一起,还会发生什么变化?

活动延伸:

在美工区投放三原色颜料及水、盘子等材料,幼儿继续进行关于颜色的探究活动,

并尝试将实验结果进行记录,与其他小朋友分享。

大班科学活动:不倒翁

设计意图:

不倒翁是幼儿喜爱的民间玩具,而大班幼儿会关注"不倒翁为什么会不倒"这一问题,因此设计这个活动可以很好地满足幼儿的好奇心和求知欲。在活动中,通过每个幼儿玩不倒翁、自己制作不倒翁来探究不倒翁不倒的秘密,特别是最后为他们提供材料鼓励他们互相合作,一起制作大型不倒翁,以培养他们学习运用科学的态度、方法去发现问题,解决问题的能力。

活动目标:

1. 在自制不倒翁的过程中能发现问题并探索如何解决问题。
2. 通过操作,感知不倒翁不倒的秘密。
3. 能与同伴合作制作不倒翁,体验成功的快乐。

活动准备:

1. 不倒翁玩具和自制的"不倒翁"(底部为平底的和底部为球体的)若干。
2. 幼儿操作材料:小石子、橡皮泥、海洋球(提前剪去三分之一,人手一个)、半圆形彩纸、彩笔。
3. 自制的大型"纸浆不倒翁"(高约80厘米)玩具4个、透明胶带、塑料袋、小石块等。

活动过程:

1. 谜语导入,引出活动主题

教师说出谜语:"一个老头,不跑不走;请他睡觉,他就摇头。"请幼儿大胆猜测,激发幼儿探索的兴趣。

2. 幼儿自由玩不倒翁玩具,探索不倒翁底部的秘密

(1) 出示不倒翁,请幼儿每人选取一个玩一玩。

教师提出要求:玩时仔细看一看、比一比,看看谁的不倒翁能来回摇摆,谁的放倒后不能站起来。

(2) 请幼儿按照不倒翁倒下后是否能站起来分成两组,并演示自己的不倒翁。

(3) 引导幼儿观察比较,发现两组不倒翁的异同:底部为半球体的不倒翁能来回摇摆,底部是平底的不能来回摇摆。

3. 幼儿制作不倒翁,并寻找不倒翁能来回摇摆的原因

(1) 出示半圆形彩纸及海洋球,教师讲解制作方法。

① 将半圆形彩纸折叠后粘成圆锥形作为不倒翁的头部。

② 将圆锥形粘贴在海洋球上,并添画上眼睛、嘴巴。

(2) 幼儿操作,教师巡回指导。

(3) 自由玩不倒翁,发现不倒翁不能来回摇摆的原因。

小结：需要在海洋球中装一些东西，才能做成真正的不倒翁。

4. 师幼共同探究不倒翁不倒的秘密

(1) 出示实验记录表，教师讲解实验及记录方法。

① 请幼儿将小石子、橡皮泥依次装进不倒翁的身体后试一试，看它倒下后能不能站起来。

② 一次放入一种材料，在记录纸上用不同的标志画在不倒翁的身体处，如果能来回摇摆用"√"表示，不成功用"×"表示。

③ 实验完一种材料后，把它倒出再装另一种材料。

(2) 幼儿操作并记录，教师巡回指导。

(3) 交流讨论结果，教师通过演示，验证实验结果。

① 教师依次演示放入小石子、橡皮泥的不倒翁，请幼儿说一说自己的操作结果并验证。

② 讨论：怎样放入橡皮泥，才能使不倒翁不倒。

结论：把橡皮泥固定在不倒翁底部就可以做成真正的不倒翁了。

(4) 幼儿再次操作，把橡皮泥固定在底部，做成一个可以来回摇摆的不倒翁。注意让每个幼儿都要体验到成功的喜悦。

5. 合作制作大型不倒翁，探究如何用颗粒状的物体制作不倒翁

(1) 教师出示大型"不倒翁"（预先用纸浆做成），提出制作任务：运用胶带、小石头、塑料袋等材料，4人一组，合作制作不倒翁。

(2) 请幼儿互相介绍实验结果，玩自制的不倒翁（可以把石块装进塑料袋，再用胶带把塑料袋固定在不倒翁底部，就可以做成来回摇摆的不倒翁了）。

大班科学活动：让硬币浮起来

设计意图：

在我们的生活中有许多有趣的物体沉浮现象，在小班和中班时孩子已经有了一些关于物体沉浮的经验，比如：积木、乒乓球、小船会浮在水面上，铜片、弹珠、石块会沉在水底；杯子有的时候会浮在水面上，有的时候会沉到水下去；调羹总是沉到水下去……看到孩子们对材料在水中的沉浮现象产生了如此浓厚的兴趣，于是组织孩子们开展如何让硬币借助辅助材料浮在水面上的活动。活动中，孩子们通过自己的大胆探索获得经验，并学习用简单的统计方法来记录自己的发现，体现了科学教育"做中学"的教育理念。

活动目标：

1. 对物体的沉浮现象有探究兴趣。

2. 能大胆猜想尝试操作，学习记录实验结果。

3. 知道使用辅助材料让硬币浮起来的方法。

活动准备：

1. 一元硬币、装有清水的大盆4个、干抹布8块；记号笔、记录表（与幼儿人数相

同)。

2. 第一组材料:泡沫盘子、积木块、塑料瓶盖、瓷盘等。

3. 第二组材料:大树叶、薄纸板、纸船、橡皮泥等。

活动过程:

1. 谈话引起幼儿操作的兴趣,了解物体的沉浮现象

(1) 出示一元硬币,询问:这是什么?如果把这枚硬币放进水盆里,它会沉下去还是会浮起来?

(2) 幼儿自由交流猜想结果,并验证。

小结:硬币会沉到水下。

2. 尝试探索让硬币浮起来的各种方法

(1) 提出问题,请幼儿讨论。

师:你有什么办法能让硬币浮在水面上呢?

(2) 幼儿初次探索,感受应用辅助材料可以帮助硬币浮起来。

① 出示第一组材料并让幼儿了解其名称。

② 猜想与记录:哪些材料会使硬币浮在水面上?在你觉得会使硬币浮在水面上的材料下面打"√"(出示下面的记录表,讲解记录方法)。

材料	猜猜	结果
积木块		
泡沫盘子		
塑料瓶盖		
瓷盘		

③ 幼儿动手操作,验证猜想。

④ 展示记录表,交流实验结果。

问题:哪些材料能使硬币浮在水面上?你是怎么操作的?

小结:能让硬币浮起来的材料必须能浮在水面上。

(3) 再次探索一些浮沉可能有变化的材料。

① 出示第二组材料,请幼儿猜想与记录:哪些材料会使硬币浮在水面上?在你觉得会使硬币浮在水面上的材料下面打"√"(出示下面的记录表)。

材料	猜猜	结果
大树叶		
薄纸板		
纸船		

② 幼儿自主操作验证,然后交流实验结果。

小结:有些树叶能使硬币浮起来,有些不能;有些材料,像纸板、纸船,开始的时候会帮助硬币浮起来,吸水后就会慢慢沉下去,很难再浮起来。

3. 操作感知有些物体本身形状改变后,浮沉的特性也会改变

(1)请幼儿使用大树叶或纸板再次实验,逐步撕掉一部分,让面积越来越小,看浮起来的硬币是否有变化。

小结:使用大树叶和纸板会帮助硬币浮起来,但当树叶和纸板越来越小时,硬币就会沉下去。

(2)请幼儿尝试用橡皮泥帮助硬币浮起来。

小结:橡皮泥团成球状时不能让硬币浮起来,但若把橡皮泥变成薄薄的小船形状就能使硬币浮起来。

4. 回归生活,迁移经验

师:在我们的生活中,类似的现象还有很多,比如不会游泳的人借助泳圈,就能浮在水面上;把铁块放入水中会沉下去,但造成了船以后船会浮在水面上……你们还知道哪些呢?

大班科学活动:空气真神奇

设计意图:

空气是我们生命中最不可缺少的,它是一种无形、无色、无味的物质,很难引起幼儿的关注。所以,特地设计了这个活动,引导幼儿发现四周都有空气,并通过亲自动手实验来证实空气的存在与功能,同时激发幼儿对科学活动的探究兴趣和乐于操作、敢于创造的积极的情感体验。本活动设计强调为幼儿提供尽可能多的探究机会,使每个幼儿都能积极地参与活动,感受实验的乐趣,获得相关经验。

活动目标:

1. 萌发对科学小实验的兴趣,体验探究发现的乐趣。
2. 能运用多种感官感知空气,能动手操作实验。
3. 了解空气的特性和作用,知道空气无处不在。

活动准备:

1. 塑料袋、充气玩具小狗、气球。
2. 小玻璃瓶、透明度好的盛水的大玻璃缸、粉笔、海绵、土块等。
3. 蜡烛、打火机、玻璃杯、小玻璃缸、纸巾。

活动过程:

1. 运用各种感官观察,感知空气的特征

(1)出示装满空气并扎好口的塑料袋以及充气玩具小狗、气球等,请幼儿观察:里面有东西吗?有什么?

(2)把塑料袋里面的空气慢慢放出,请幼儿看一看、摸一摸、闻一闻,让幼儿初步感知空气的基本特征:无色、无味、无形。

2. 找空气,感知空气无所不在

(1) 给每个幼儿分发一个塑料袋,请幼儿玩"捉空气"游戏。

① 鼓励幼儿到活动室、卫生间、寝室等各个地方找空气,把袋子装满,抓紧。

② 幼儿相互交流:从哪里装来的空气。

③ 请幼儿将袋口对着自己的脸慢慢松开,让空气流出,感受空气的流动性。

(2) 实验验证粉笔、海绵、土块内也有空气。

① 一一出示粉笔、海绵、土块等,请幼儿猜猜里面是否有空气。

② 分小组进行实验验证。引导幼儿将上述物体放入水中观察。

提问:你发现了什么?为什么都会有气泡冒出?

小结:当发现有气泡冒出时,我们就可以说里面也有空气。

(3) 实验验证空瓶子里也有空气。

① 请幼儿猜想空的瓶子里有什么。

② 每人将一个小瓶子放入盆中或盛满水的玻璃缸中,让幼儿观察会出现什么。

提问:水往瓶中流的时候你发现了什么?瓶口为什么会冒泡泡?

小结:小玻璃瓶里原来是有空气的,把玻璃瓶放到水中,水往瓶里就会把瓶里的空气往外挤,这些冒出来的泡泡就是小玻璃瓶里的空气。

小结:空气是看不见、摸不着的,教室里有空气,卫生间里有空气,粉笔、海绵、土块、空的瓶子里也都有空气,所以,我们可以说空气到处都有。

3. 实验和讨论:空气的作用

(1) 感觉空气的作用。

幼儿和老师一起把嘴闭紧,捏住鼻子,暂不透气,体会有什么感觉。

讨论:动物们是否需要空气?

小结:人和动物都需要空气呼吸,如果没有空气就会闷死。

(2) 实验:蜡烛燃烧。

把蜡烛点燃,再用玻璃杯罩住燃烧的蜡烛,引导幼儿观察过会儿蜡烛会怎样。

小结:空气还有助燃的作用,没有空气,蜡烛就不会燃烧。

活动延伸:

1. 讨论:空气被污染后会怎么样?

2. 请幼儿和家长一起做调查,了解什么会污染空气、空气污染有什么危害以及怎样保护空气不被污染。倡议家长和幼儿一起做亲子海报,主题为"为了新鲜的空气"。

大班科学活动:蝙蝠是鸟类吗

设计意图:

蝙蝠是鸟类还是兽类,对大班的孩子来说是一个容易引起分歧的问题。有的孩子认为蝙蝠能飞,所以它是鸟类;有的孩子则会说蝙蝠长得像老鼠,所以它是兽类。有了认知冲突就会有探索真相的动力,在这个活动中,从孩子们争执不下的问题出发,引导他们通过给常见的几种动物分类总结出鸟类和兽类的不同特征,再根据这些特征给蝙蝠对号入座,从而得出"蝙蝠是兽类"的正确结论。

活动目标:

1. 感受探究蝙蝠的乐趣。

2. 能观察比较鸟类与兽类的不同,并讨论交流。

3. 了解蝙蝠的基本特征,知道蝙蝠是兽类动物。

活动准备:

1. PPT课件,内容包括:蝙蝠图片;兽类和鸟类的嘴巴对比图片;鸟类和兽类的特征对比图片;蝙蝠的"翅膀"——四肢之间的皮膜的图片;蝙蝠的牙齿图片;小蝙蝠吃奶的图片。

2. 鸟类与兽类特征的分类卡4张,大象、斑马、狗、兔子、鸽子、鸵鸟、鸡、鸭8种动物的小图片各4份。

活动过程:

1. 通过故事激发幼儿探究的兴趣

(1)讲述《蝙蝠的故事》,出示PPT1中蝙蝠的图片,提问:你们觉得蝙蝠到底是鸟类还是兽类?为什么?

(2)教师倾听幼儿的表述和争论,先不给予答案。

小结:刚才有的小朋友说因为蝙蝠能飞,所以它是鸟类;有的小朋友说蝙蝠像老鼠,所以它是兽类。蝙蝠到底是鸟类还是兽类呢?真的很难分辨。这里有一些大家经常见到的动物,我们先来分一分它们中哪个是鸟类哪个是兽类,再来判断蝙蝠是哪一类吧。

2. 幼儿根据自己的经验区分常见的几种动物是鸟类还是兽类

(1)教师介绍操作材料和操作方法。

把幼儿分成4组,每组的小篮子里面都有8种动物的图片和一张分类卡,请幼儿商量一下,把是鸟类的动物图片粘在"鸟类"这个词的下边,把是兽类的动物图片粘在"兽类"这个词的下边,并说出自己的理由。

(2)幼儿小组操作,教师巡回指导。

(3)幼儿完成后,请小组代表上来讲述哪些动物是鸟类,哪些动物是兽类,并说出自己的理由。

小结:鸽子、鸵鸟、鸡、鸭子等都是鸟类,因为大家认为它们都有翅膀、会飞;大象、斑马、狗、兔子大家认为它们都是兽类,因为它们不会飞。

3. 师幼一起探讨鸟类和兽类的特征

(1)教师提出问题,请幼儿观察并讨论鸟类和兽类不一样的地方。

① 提出问题引导幼儿思考。比如:鸟类身上有什么?兽类身上有什么?

小结:鸟类都有翅膀,大部分的鸟都会飞,而兽类大都没有翅膀,不会飞;鸟类身上都有羽毛,而兽类身上有皮毛。

② 出示PPT2,引导幼儿观察它们的嘴巴,比较其异同。

小结:鸟类没有牙齿,兽类有牙齿,这是它们的第三个不同。

③ 请幼儿关注它们的小宝宝的不同生育方式。

小结:鸟类的小宝宝是从蛋里孵出来的,是卵生;兽类的小宝宝是直接从妈妈肚子里生出来的,是胎生,小宝宝还要吃妈妈的奶,这是它们的第四个不同。

(2) 出示PPT3,总结鸟类和兽类的不同之处。

小结:鸟类与兽类有4个不同,表现为:鸟类有翅膀,兽类没有;鸟类有羽毛,兽类有皮毛;兽类有牙齿,鸟类没有牙齿;鸟类是卵生,兽类是胎生,小宝宝是吃奶长大的。

4. 出示蝙蝠图片,引导幼儿为蝙蝠正确归类

(1) 通过图片,分析蝙蝠的特征。

师:在了解了鸟类和兽类的不同之后,再看看蝙蝠到底是鸟类还是兽类。

① 观察PPT4,了解蝙蝠"翅膀"的真相。

引导语:刚才有的小朋友说蝙蝠是鸟类,因为它有翅膀、会飞。我们来看看,它真的有翅膀吗? 它身体上长的是羽毛还是皮毛?

小结:蝙蝠没有翅膀,我们认为的"翅膀"是蝙蝠四肢之间的皮膜;蝙蝠身体上长的是皮毛,不是羽毛。

② 观察PPT5,了解蝙蝠长有牙齿。

(2) 通过观察和分析,根据PPT3的特征对比,请幼儿判断蝙蝠是哪一类动物。总结:因为蝙蝠没有翅膀,长有皮毛,有牙齿,胎生,所以蝙蝠不是鸟类,而是兽类动物。

活动延伸:

在阅读区投放图书《米歇尔与小莱尼》(关于蝙蝠的知识类图画书),引导幼儿进一步了解蝙蝠的相关知识。

蝙蝠的故事

很久以前,鸟类和兽类因为发生了一点争执,就爆发了战争。并且,双方僵持,各不相让。有一次,双方交战,鸟类战胜了。蝙蝠突然出现在鸟类的堡垒:"各位,恭喜啊! 能将那些粗暴的一类打败,真是英雄啊! 我有翅膀又能飞,所以是鸟的伙伴! 请大家多多指教!"这时,鸟类非常需要新伙伴的加入,以增强实力,所以很欢迎蝙蝠的加入。可是蝙蝠是个胆小鬼,等到战争开始,便不露面,躲在一旁观战。后来,当兽类战胜鸟类时,兽类们高声地唱着胜利的歌,蝙蝠却又突然出现在兽类的营区,说:"恭喜各位! 把鸟类打败,实在太棒了! 我是老鼠的同类,也是兽类! 敬请大家多多指教!"兽类们也很乐意地将蝙蝠纳入自己的队伍中。战争在持续……每当兽类胜利了,蝙蝠就加入兽类;每当鸟类打赢,它又成为鸟类的伙伴。直到最后,战争结束了,兽类和鸟类言归于好,双方也都知道了蝙蝠的行为。当蝙蝠再度出现在鸟类的世界时,鸟类很不客气地对它说:"你不是鸟类。"被鸟类赶出来的蝙蝠只好来到兽类的世界,兽类则说,"你不是兽类!"然后,它们赶走了蝙蝠。最后,蝙蝠只能在黑夜偷偷地飞着。

(资料来源:董旭花主编:《幼儿园优秀科学活动设计88例》,中国轻工业出版社)

实训内容

1. 请根据给出的活动主题设计科学活动教案,包括活动目标、活动准备、活动过程、活动延伸。

（1）大班科学活动:有趣的指纹

（2）中班科学活动:可爱的企鹅

（3）中班科学活动:夏天的水果

（4）中班科学活动:吹泡泡

（5）中班科学活动:转动的物体

（6）中班科学活动:物体的弹性

（7）中班科学活动:小动物过冬

（8）中班科学活动:动物的尾巴

2. 根据设计的科学活动教案分小组进行模拟教学,要求准备相关教具和材料。

拓展延伸

浅析幼儿科学教育中的指导策略

个体一旦对某种活动产生了兴趣,就能提高这种活动的效率,对科学活动亦是如此。早在两千多年前,孔子就提出过"知之者不如好之者"。两千多年后,人民教育家陶行知先生从自己丰富的教育经验出发,认为"学生有了兴味,就肯用全副精神去做事,学与乐不可分"。可见,浓厚的兴趣会使个体产生积极的学习态度,推动他兴致勃勃地进行学习。科学现象五彩缤纷、神奇有趣,最能引起幼儿的好奇,激发幼儿的探究兴趣和探索求知的欲望。幼儿科学教育是科学的启蒙教育,我们应以科学素质早期培养为宗旨,保护幼儿的好奇心,激发幼儿的兴趣,鼓励和培养幼儿对科学的求知欲和探索欲望。

策略一:呵护幼儿奇思妙想,诱发幼儿探究兴趣

作为教师应充分放手,为孩子们提供宽松自由的心理环境,并适当地鼓励、引导他们,与孩子共同分享他们发现的快乐,以激发幼儿的探究兴趣及主动参与活动的愿望。例如在散步中,我发现孩子总会蹲下来、趴下来左看右看,有时不停地用树枝或其他东西挖泥,这时我没有制止他们,我意识到这不正是孩子的需要吗?在这个功能齐全的玩具时代,很大程度上抑制了孩子的想象力、创造力,给他们一些没有玩具的时间、空间,让他们亲近自然想办法自己玩,可能对他们更具有挑战性和创造性。于是我们开展了"土壤里的动物""人类的朋友——土壤"等探索活动,我发现越是这些平时不让玩的东西越能引起孩子强烈的探究兴趣和求知欲望。

随着幼儿自身的发展,对外界环境的接触日趋广泛。外界的事物与各种现象对幼

儿有很大的吸引力，他们对各种事物都感到很新奇，经常会向成年人提出各种各样的问题。这种"奇思妙想"，是幼儿好奇、求知的表现。因此，我们要重视孩子的"提问"，呵护孩子的奇思妙想，不要表现厌烦，应从孩子感兴趣的事着手，鼓励并引导幼儿提问和思考。

策略二：关注幼儿操作互动，维持幼儿探究兴趣

老师要及时为幼儿提供丰富的活动材料和感知活动机会，才能满足幼儿的好奇心，维持幼儿的探究兴趣，才能让幼儿的眼睛、嘴巴、手等多种感官"动"起来，为此，科学活动中特别注重材料投放和内容选择。选择的内容应是幼儿感兴趣的，符合幼儿认知发展水平的。任何一种材料都应与某一个主要的科学现象有关，使用这一材料应能揭示有关的科学原理。如提供各种积木，让幼儿搭不同倾斜度的斜坡，并提供不同质地斜坡面，幼儿通过操作，发现玩具汽车滑下斜坡的速度不仅与坡面的倾斜度有关，还与坡面的质地有关，从而揭示了倾斜度与速度、速度与摩擦力的关系。

再如，在"磁铁的奥秘"活动中，主要是通过自身的操作活动，发现并揭示磁铁的"同性相斥，异性相吸"的特性，建立有关磁性原理的粗浅概念。磁铁对幼儿来说并不陌生，平时磁性黑板上的磁铁幼儿总喜欢拿着玩，但"同性相斥，异性相吸"的磁性原理却是一个抽象的概念，所以活动的选择是来源于幼儿的生活又高于幼儿的生活。为了帮助孩子们理解这一抽象的概念，我精心设计了各个活动环节：第一、第二环节让幼儿通过动手操作先感知个别形状（环形）磁铁的特性，再感知所有形状磁铁的特性，然后归纳出"同性相斥，异性相吸"的磁性原理。第三、第四环节是要求幼儿根据已获得的知识去实践运用：找到另外一块环形磁铁的两极和探索如何利用塑料吸管使环形磁铁一个接着一个浮起来呢？进一步加深对磁性原理的理解，整个活动设计层层递进，环环相扣。

幼儿的发展是不平衡的，他们的探究能力也是有差异的。我们要细心观察，关注幼儿的问题和疑惑，同时鼓励他们继续去尝试和探索，期待幼儿建立自己的想法并做出解释。如"搬过来搬过去"活动中，让幼儿探索怎样迅速把12个大小不一的盒子搬走。第一位幼儿来回搬了三次，第二位幼儿来回搬了两次，当教师提出是否有幼儿一次就能把12个盒子搬走，乐乐自告奋勇上来了，可是他始终无法用一次的方法搬走，于是我就引导他反复尝试，观察盒子的大小，结果他用套娃和叠高的方式把12个盒子一下子运完。在交流时我请乐乐讲述了他的操作过程和体会，并表扬了他遇到困难不气馁，自己动脑战胜困难的勇气。

当幼儿在专注地操作时，教师不应做过多的干预，而要会观察分析幼儿的表现和情绪，耐心地倾听他们的自语和交流，了解每个幼儿的思维方法和过程，允许和支持他们运用不同的方法去操作、去发现，让幼儿始终保持探究的兴趣。同时在幼儿的探索活动中，教师应关注幼儿的探索过程和记录过程。只有这样，幼儿的探究兴趣才能持久。

策略三：鼓励幼儿交流提升，促进幼儿探究兴趣

在科学探索活动中，为了进一步促进幼儿的探究兴趣，教师应重视组织幼儿与同伴交流自己的操作过程和发现。如在"认识磁铁"这一活动中，教师首先让幼儿拿着磁铁

在室内外吸一吸,看一看磁铁有什么本领。第二个环节集体交流,鼓励幼儿大胆说出磁铁吸住了什么和吸不住什么。从而组织幼儿接着讨论:"为什么这些东西能被磁铁吸住,而那些东西不能被磁铁吸住呢?""它们究竟有什么不同呢?"通过相互交流讨论,幼儿发现原来被磁铁吸住的那些都是铁或铁制品。第三个环节更广泛的验证。幼儿到活动室内外去亲自验证一下,体现了科学探索的精神和科学的真实与严谨。通过以上几步的交流与操作,幼儿初步了解磁铁的性能。所以,科学活动离不开交流讨论,交流讨论是引导幼儿进行初步归纳概括的必不可少的环节。通过交流不仅让幼儿的嘴巴动起来,还培养了幼儿独立思考与独立发言的能力,在讨论中,儿童的认识水平与语言表达能力也得到提高,探究兴趣得到了很好的延伸。

交流中我根据幼儿不同的能力水平以及不同的探究内容,引导他们采取不同的交流方式:活动探究过程易于描述的,我鼓励胆小、表述能力一般的幼儿用语言讲述;有些探究过程不宜表述,且现象复杂多变,则引导能力较强的幼儿边操作演示边讲述;幼儿描述不甚明了的,我则根据其意再现操作的基本过程,让幼儿在观察的过程中自主发现、自由讲述,教师给予适当提示并加以小结,加深幼儿对整个操作过程的印象,激发幼儿再操作验证的欲望。

在交流过程中,我积极为幼儿创设轻松愉快的交流环境,鼓励幼儿各抒己见,大胆提出自己的想法、建议,以及探讨产生的疑惑,相互学习探索的经验,分享活动的乐趣,让幼儿尽情地享受自己探索成功时的那种乐趣,不断获取来自各方面的知识,而教师的支持、鼓励更增强了孩子的自信心。正是在这样的交流活动中,孩子们的探究兴趣得到了进一步的拓展升华。

(资料来源:http://www.youjiao.com/e/20180914/5b9b1e4a16d8f.shtml)

真题训练

1.(2015年上半年)某幼儿园的院子里有几种高大的树,也有一些比较低矮的灌木。请你结合院子里的这些资源,设计一个题为"幼儿园的树木"的中班主题活动方案(含3个子活动),要求写出总目标,每个子活动的名称、目的和主要环节。

2.(2016年上半年)请根据下列素材设计一个大班科学活动,要求写出活动名称、活动目标、活动准备、活动过程。

大班的胡老师为幼儿提供了各种吹泡泡的工具,有吹管、铁丝绕成的圈、塑料吹泡泡棒等(如图),让幼儿在户外活动时自己吹泡泡玩。幼儿在吹泡泡的时候,有的能吹出很大的泡泡,有的只能吹出小泡泡,有的能一次吹出好多个泡泡,有的一次只能吹出一个泡泡。结果有的幼儿得意,有的幼儿沮丧。针对上述现象,胡老师打算组织一个科学教育活动,以引发幼儿深入探究的兴趣,并使幼儿了解不同吹泡泡工具与吹出的泡泡之间的关系。

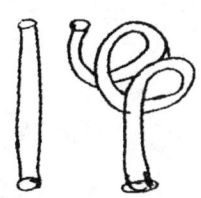  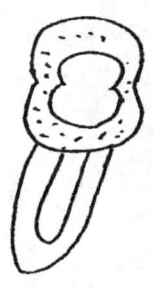

3.（2017年下半年）请围绕"有用的工具"为大班幼儿园设计主题活动,应包含三个子活动。

要求：

(1) 写出主题活动的总目标。

(2) 写出一个子活动的具体活动方案,包含活动的名称、目标、准备和主要环节。

(3) 写出另外两个子活动的名称、目标。

单元六 学前儿童科学教育的其他途径

1. 了解生活中科学教育的形式、家庭及社区中科学教育的形式。
2. 理解区域科学活动的概念、特点,掌握科学区域活动的设计与指导要点。
3. 能够结合不同的活动形式设计区域科学教育活动方案。

学前儿童科学教育是多种形式综合在一起的教育过程。无论是在幼儿的一日生活活动、区域活动,还是在家庭和社区生活中都蕴含着科学教育。本单元主要阐述幼儿园区域活动与生活活动以及家庭与社区中的科学教育。

第一节 区域活动中的科学教育

一、区域科学活动概述

当前幼儿园科学教育实践中,区域活动也是科学教育的一种主要形式,由于其特有的价值,已成为幼儿园科学教育中不可缺少的一部分。幼儿园区域活动为幼儿自发学习提供了主动探索的条件,幼儿在区域活动中探索,可以按照自己的兴趣及需要自由选择、主动学习。因此,区域科学活动在科学教育中的作用越来越受到重视。

(一)区域科学活动的含义及价值

所谓的区域科学活动,是指教师根据教育目标为幼儿提供一定的活动空间和活动材料,幼儿根据自己的意愿和兴趣选择活动内容和方式,通过与活动材料、同伴等积极互动,进行科学探究活动,从而获得个性化的学习和发展。在区域科学活动中,教师经过精心设计,把教育意图客体化,为儿童提供丰富多样的材料,供儿童自主进行探索,儿

单元六 学前儿童科学教育的其他途径

童在与材料的相互作用中,获得有关的科学经验。

区域科学活动是幼儿园科学教育的另一种教育途径,在科学教育中发挥了极其重要的作用,对幼儿的发展也具有独特的价值。主要表现在:

1. 有利于培养幼儿探究科学的兴趣

孩子们个个都是天生的小科学家,他们好奇、好探索,不时地探索周围的世界。对什么事物都要看一看、摸一摸、动一动。区域活动这一形式符合了幼儿的特点,在区域活动中,幼儿可以自由地选择老师为其提供的各种材料,按照自己的想法和看法进行探索活动,极大地激发了幼儿的探索欲望,满足了幼儿的好奇心。当幼儿为花草浇水、替小动物添加饲料时,他们会自然地亲近动植物,喜爱这些生命;当幼儿看到新奇的事物、现象时,会自然地去感受它的神奇,去关注事物的联系、发展与变化,进一步去思考原因,去大胆地探究事物变化的结果。他们在观看、倾听、触摸、感知、操作、尝试中了解世界,开阔了眼界,发展了观察、思维、操作和创造等能力,更激发了他们的求知欲和探索精神,培养了对科学的兴趣。

2. 有利于幼儿自主探究能力的发展

区域活动为幼儿提供了自主探究的条件,教师给幼儿很大的自由度,幼儿可以从自己的兴趣和需要出发,自己选择探究的内容,在自己的水平上,按照自己的方式来学习,实现幼儿对学习过程的自我控制,幼儿可以真正地成为探究的主人。在区域科学活动中,幼儿学习的主动性、积极性表现得非常充分,每个孩子都会情不自禁地投入,他们尽情地玩水、玩颜料、玩磁铁等。在操作中他们发现水会流动、颜色会变、磁铁能吸引铁做的东西等。他们在活动中还会提出许多问题,比如:豆子为什么会发芽呀?迎春花养在水里能活吗?孩子们在区域活动里能尽情地探索、讨论,提出自己的观点、看法,获得有关的经验,思考着自己的发现。科学区的活动有利于幼儿自主探究,培养幼儿自主学习的能力。

3. 有利于幼儿获得直接的科学经验

幼儿科学教育的目标之一是帮助幼儿获得广泛的科学经验。在区域活动中教师为幼儿准备了丰富的材料,提供合理的空间、充足的时间,这为幼儿的感知、操作、探究活动创造了条件。在区域活动中,幼儿表现非常活跃,他们看见什么都想去试一试、操作一下、摆弄一下,所以能获得一些直接经验。如为幼儿提供废旧物(雪碧瓶)做的一个玩具娃娃头型,用塑料包装绳做成的头发,插在雪碧瓶上。幼儿就用梳子去梳"头发",经过反复梳理后,用梳子吸引"头发",它会飞起来;用双手上下摩擦瓶子,头发会飞起来。通过操作,幼儿了解物品摩擦可以产生静电。区域活动中,幼儿运用多种感官,感知发现有趣的自然现象,通过操作探索获得直接的科学经验。

4. 有利于促进每个幼儿得到不同程度的发展

每个幼儿的能力水平、知识经验、学习方法,以及对事物的态度、情感各不相同,存在着个别差异,每个幼儿都有最适合自己的学习方式。在科学区域活动中,教师尊重幼儿的个别差异,提供层次性材料,这样能够满足幼儿不同的兴趣和需要,使每个幼儿采用自己喜欢的方式进行个性化的探究和学习,有利于促进幼儿个性的充分发展,使每个幼儿在原有基础上得到不同程度的发展。如在玩"称一称"的玩具时,可以投放天平称、电子秤、杆秤,以及用于称量的物体,如黄豆、玩具、珠子。刚开始让幼儿一一学会使用这些称量工具,当孩子会使用称量工具以后,让他们分别用不同的称量工具称相同的物体,或者用同一个称量工具称不同的物体,并加以比较,让每一位孩子有更大的发展空间,从而都能在原有水平上有所提高。

(二)区域科学活动和集体教学活动的关系

区域科学活动是在集体教学活动之外,不可忽视的一种科学教育活动形式。区域科学活动是以个别和小组的学习方式呈现,幼儿遵照操作要求,在自己的发展水平上通过个别操作进行学习,是较为兴趣性、生活化、游戏化的科学活动。作为幼儿园科学教育的重要途径之一,区域科学活动有其特有的教育价值。相反,在集体活动中,幼儿则是在教师的统一指导下开展活动,即使幼儿通过个别操作进行学习,也要遵照教师的操作要求,集体活动节奏紧凑,活动时间的长短有限制,幼儿需要在有限的时间内完成教师预先计划的活动,因此是一种统一化的学习。区域科学活动与集体教学活动,这两种活动类型是相辅相成、互为补充、互相促进的。

1. 活动形式互为补充

集体教学活动是以集体或分组的形式存在,幼儿在教师统一的指导下开展活动,是比较系统深入的科学探究活动。集体教学活动与区域科学活动互为补充,既为儿童提供社会性发展所需的集体环境,保证全体儿童得到科学启蒙教育,又为儿童不同的兴趣、爱好和个性发展提供科学知识自我建构所需的环境,从而实现儿童全面和谐的发展。如沙水、泥坑等区域活动,都是生活化的探究内容和形式,教师要关注幼儿在这些活动中的互动,挖掘其中的科学教育价值,并在此基础之上发现幼儿关注的、感兴趣的和值得深入探究的问题,引导他们开展系统的系列探究活动。幼儿的科学探究活动既有比较系统深入的集体教学活动,也有生活化、游戏化的区域探索活动。区域科学活动可以结合集体科学教育活动的主题进行,开展集体科学教育活动时可在自然角投放相应的材料,使幼儿的探究兴趣在自然角得到进一步延伸和扩展。如在科学活动"认识乌龟"结束后,幼儿可以继续在自然角进行细致的观察。如在"美丽的秋天"主题活动中,自然角可以相应地增添秋天的水果、花卉、孩子采集的树叶等,使自然角与集体科学教学活动互为补充、互相渗透与促进。

2. 活动内容互相承接

集体活动和区域活动之间还是积极互动的,主要体现在活动内容方面的互动。幼儿在区域活动中进行自由探索,当幼儿有了一些发现,遇到了一些困惑时,就可以组织幼儿开展集体活动。此外,通过儿童的区域科学活动操作,也可以为今后的集体科学教学活动积累经验,在教师的指导下,幼儿彼此分享自己的发现,在这种分享交流中,幼儿

单元六 学前儿童科学教育的其他途径

得到了一些解决问题的启发,有可能还形成了一些解决问题的想法,并且迫不及待地想再到区域活动去实现自己的想法。比如,在"滚动"这一科学教育活动中,教师事先在班级的科学区角投放一些相关实验材料,引导幼儿在科学区角中自由探索。待幼儿积累了一定的知识经验之后,再开展集体教学活动,如让幼儿分享自己在实验中的发现以及思考讨论探索过程中遇到的问题。随着讨论的不断深入,集体活动的内容不断丰富,原来可能只有实验探索,此后,幼儿可能不再满足于此,而萌发了根据有关"滚动"的探索经验进行科学设计制作的建构活动,如制作小汽车等,那么区域活动的材料和内容又可以相应进一步丰富与深化。

集体活动和区域活动各有优势,无论是集体教学活动,还是区域科学活动,都应体现以儿童自己感性经验的积累为主,以儿童主动探索和操作为主的活动特点。

【案例6-1】

在一个"滚动"的大班幼儿科学教育活动中,教师首先向幼儿介绍了实验材料、记录纸和将要做的小实验,出示了三个易拉罐,其中两个是空的,一个是没有开启的装有饮料的;然后结合记录纸介绍了接下来幼儿要做的四个小实验。第一个实验是让两个空的易拉罐分别同时从两块同样倾斜度和光滑度的木板的同一起点上滚下去,观察与记录哪个易拉罐首先滚落到木板底;第二个实验是让两个空的易拉罐分别同时从两块同样光滑度和起点的不同倾斜度木板上滚下去,观察与记录哪个易拉罐首先滚落到木板底;第三个实验是让空的易拉罐和装满饮料的易拉罐分别同时从两块同样倾斜度和光滑度的木板的同一起点上滚下去,观察与记录哪个易拉罐首先滚落到木板底;第四个实验是将其中一块木板翻过来(上面覆盖了一块毛巾),让两个空的易拉罐分别同时从两块同样倾斜度和起点的不同光滑度的木板上滚下去,观察与记录哪个易拉罐首先滚落到木板底。介绍完实验要求之后,让幼儿自由组合开始实验。在分组实验过程中,显然有些幼儿忘记了实验要求,对实验材料也比较陌生与好奇,在随意地滚动易拉罐、玩弄木板,一会儿将木板垫高,让易拉罐滚下去;一会儿将易拉罐放在木板上用力一推,让易拉罐滚下去……过了很长一段时间,教师又将幼儿召集起来进行总结。教师首先从第一个实验开始,如果各个小组实验的结果都相同,那么就直接过去;如果各个小组在某一个实验上的结果不统一,则教师当着幼儿的面亲自进行实验,证实其中的一种结论。就这样一直将四个实验总结完。然后,教师又引导幼儿总结了影响物体滚动速度的因素(更确切地是灌输或强加)。最后,教师又给幼儿创设了一个问题情境,启发幼儿结合这个活动中所学知识解决这个问题。

(资料来源:王春燕:《探究·体验·发现幼儿园科学教育理论与实践》,南京师范大学出版社)

我们可以看出,在这个活动中,幼儿对实验材料不是非常熟悉,不同幼儿的水平不同,做这些实验需要的时间、实验中的发现也不同,因此,能够开展的实验的难度也不同。在有限的集体活动时间里,幼儿不能充分地开展实验,更多是按照教师设计好的实验程序去开展验证。有限时间的集体活动承载了过多的任务,对于幼儿来说就成了"有操作无探究"。这时候教师就该意识到区域活动可以满足幼儿的探究需求,幼儿在区域活动中自由组合材料,自主探究,内化自己在探究材料中的小小发现,而集体科学活动更适用于通过实验解答幼儿普遍存在的问题。

(三)区域科学活动的特点

区域科学活动以其自由、自选、自主为特征吸引着幼儿,活动中教师并不直接告知幼儿学习的任务和内容,而是精心地将环境材料设置好,使教育目标蕴含在环境材料中,让环境材料去告诉幼儿该做什么,幼儿在这种环境材料中进行发现学习,在促进幼儿积极社会情感、建立良好同伴关系、主动学习等方面体现出多元价值。

1. 幼儿学习方式更为自主

科学区域活动也是一种科学活动的形式,但与集体科学探究活动所不同的是,它更注重幼儿的自主探究,每个幼儿都有自己独特的学习和探究的方式,区域活动中幼儿的学习是一种个别化的学习。因此在科学区域活动中教师更加尊重这种方式,通过关注幼儿探究的过程,观察幼儿在科学区域中的活动了解幼儿的科学探究能力,幼儿可以中途更换学习内容,也可以突破教师的要求和建议,按照自己的想法行动,甚至一次活动结束也不一定能得到一个清晰的答案,教师不干预幼儿的想法,鼓励幼儿按照自己的想法行动,儿童可以对感兴趣的材料在科学区域中继续进行更深入的探索。

2. 教师指导以间接为主

区域科学活动中,教师要为幼儿提供恰当的材料,创设支持性的环境,教师根据主题要求和幼儿的发展水平精心挑选处于幼儿最近发展区内的科学探究材料,提供环境和材料的支持,教师应成为材料的提供者、活动的观察者和间接的指导者。教师在观察幼儿的基础上给予幼儿一定的帮助,进行适度的提问、指导。教师的指导表现为隐性的指导,较少进行言语指导,基本不干预幼儿的操作,只有在幼儿遇到困难或问题时给予幼儿一定的启发与帮助。教师尽量不干预幼儿的想法,鼓励幼儿按照自己的想法行动,尽量在少干涉幼儿探究的前提下为幼儿提供相应的支持。教师要关注幼儿探究的过程,观察幼儿科学探究的能力,每个幼儿都有自己的特点,需要针对每个幼儿的情况,在必要的时候提供个别化的引导。如当教师发现幼儿无所事事的时候,教师最好用开放性的问题引起幼儿探究的兴趣,关键是引出幼儿的想法,而不是替幼儿做决定;当幼儿因完成探究活动而沾沾自喜时,教师需要促使幼儿反思自己的探究过程或者考虑下一步需要探究的问题。

二、区域科学活动的设计与指导

幼儿园的科学活动区域包括两种类型:一种是班级开设的活动区,一般为自然角、科学活动区;另一种是全园共享性的活动场所,如科学发现室、种植园地、饲养角,供幼儿开展各种科学活动。

（一）自然角的设计与活动指导

在科学教育中,环境发挥重要的作用,自然角是一种重要的环境教育资源。所谓自然角,就是指在幼儿园的室内、廊沿或活动室有阳光的一角,供饲养小动物,栽培植物,陈列幼儿收集的生物样本的场地或场所。在幼儿园中引导幼儿发现自然的美,对大自然感兴趣也是科学教育的内容。

1. **自然角对幼儿发展的作用**

自然角是幼儿开展非正规科学活动的场所,它为幼儿提供学习科学的物质条件,具有特殊的作用。

（1）自然角是幼儿认识自然界的一个窗口

自然角是大自然的缩影,是幼儿园活动室中的一道风景线,更是幼儿认识自然界的一个窗口。自然角成为孩子认识自然的最直接途径,让幼儿了解自然世界的奥秘。它为幼儿提供了天天接触、长期观察、亲自管理、动手操作的机会,开阔了幼儿的视野,能满足幼儿认识周围世界的需要。

（2）自然角能激发幼儿的求知欲和探究热情

班级自然角的创设和利用,大大激发了幼儿的求知欲和探究热情,帮助他们建立对自然科学的兴趣。幼儿开始关注生活中的事物,对周围生活环境中的动植物产生强烈的好奇心和探究欲,激发了他们的探索精神。幼儿在照顾、管理自然角的过程中,观察和了解各种植物和动物,培养幼儿的观察兴趣和探索能力。

（3）自然角能培养幼儿的责任感

在参与自然角的日常管理中,幼儿每天给植物浇水,关心植物的生长变化,学会照顾小动物,关注小蝌蚪变成青蛙的过程等。自然角的管理能激发幼儿对大自然、对小动物的热爱,同时也能增强幼儿的责任感、任务意识,培养良好的劳动习惯。使幼儿始终感到自然角是自己的园地,树立主人翁意识,同时在管理自然角的劳动中,培养幼儿的劳动习惯。

2. **自然角的设计**

自然角的设计要考虑内容的丰富性,符合幼儿的认知水平,激发幼儿的兴趣,特别要遵循季节变化的规律,同时还要与教育活动相配合。在创设自然角的时候,教师应征求和听取孩子们的意见和建议,充分考虑幼儿的兴趣爱好和意愿。

（1）自然角设置的内容

自然角应设置在室内阳光充足的地方,可以利用活动室的一角或廊沿、窗台,自然角设置的内容应丰富多样,一般可以设置以下一些内容：

① 小动物

自然角养的动物主要是作为幼儿观察的对象,通过活动培养幼儿观察的习惯,并使之学会简单的技能。因此,自然角的动物应选择形体较小、无危险、便于喂养、管理方便、幼儿感兴趣的种类,最好随季节经常更换种类,使幼儿能接触到更多的小动物。活动过程中鼓励幼儿参与饲养照料,同时观察小动物的外形特征、成长过程、生活习性,并做好观察记录。

比较适合自然角喂养的动物有:

金鱼。可选择色彩鲜艳的普通品种的金鱼,用方形或圆形缸饲养。操作简单,管理方便。可喂食干鱼虫,需经常换水。

家蚕。在饲养过程中可观察到家蚕变化的过程,是区域科学活动中极具价值的活动,饲养过程有趣、方法简单,幼儿易于掌握,但必须采集到桑叶,如能在幼儿园内种植桑树就更好了。

蝌蚪。春天,教师可带领幼儿到池塘边或湖边捞取小蝌蚪,置于自然角进行饲养,教师可指导幼儿在观察中做好记录。通过观察,幼儿会发现小蝌蚪发育成青蛙的一系列变化,并注意到它们先长后腿、后长前腿、尾巴萎缩等有趣的现象。

除此而外,自然角还可以饲养小乌龟、河蚌、泥鳅、蚯蚓、蜗牛等小动物,也可观察菜青虫到菜粉蝶的变化过程,如有条件可让幼儿观察鸡蛋孵出小鸡的过程。

② 植物

在自然角种植物,是自然科学角的主要活动内容,既可以美化环境、陶冶情操,也是幼儿十分喜爱的活动。植物品种繁多,一般可以分为两大类:盆栽植物和水养植物。盆栽植物是在泥盆或其他容器中放置泥土,栽种各种植物。可以利用废旧杯、罐、瓶子制作各种形状的花盆栽种植物。自然角放置的植物以适宜盆栽的品种为主,不宜过分高大,宜选择颜色鲜艳、生长快、易成活、具有较强观赏价值的常见植物;应该是无毒、无刺、不会对幼儿产生不良影响的品种。水养植物是把植物的一部分浸泡在水中,短时间内能生根长叶,有的还能开花。自然角设置植物可以让幼儿观察种子发芽、植物生长的过程,以满足幼儿的探究兴趣。植物最好摆放在阳光能照射到、便于幼儿观察的地方。

比较适合自然角种植的植物有:

水养植物。如白菜心、油菜心、芹菜、萝卜、土豆、大蒜、洋葱等。

盆栽植物。如观花植物:一串红、菊花、水仙、太阳花、矮牵牛等;观叶植物:吊兰、绿萝、文竹等;观果植物:金橘、五色椒、石榴(也可观花)等。

种子发芽。如蚕豆、绿豆、黄豆、玉米等种子。可以种在土里、水里,通过观察与记录,让幼儿了解种子发芽的过程。

③ 其他

自然角除了动植物外,还可以放置各种各样的石头、贝壳、各种植物种子、植物标本、工艺品。还可选取花枝进行艺术插花,装饰自然角。一个理想的自然角应是一个丰富而鲜活的微缩自然界,除以上所列有生命活动的动物、植物以外,还应该有以下内容:

第一,自然物品陈列(包括实物和标本)。

植物的种子、果实、根、茎、叶等标本;

各种动物标本,如蝌蚪、各种昆虫标本(最好由幼儿自制)、一些海洋生物标本等;

各种非生物标本,各种石头标本,如鹅卵石、雨花石、大理石、石灰石等;

各种土壤,如红土、黄土、黑土等。

第二,自然材料小制作。

如用秸秆、草梗插编的小动物及工艺品,用细沙粘的图画,用植物根茎、蔬菜(如萝卜、土豆、地瓜等)雕刻的工艺品等。

教师组织种植活动时,还要准备必需的材料和工具,如各种植物种子、喷壶、小铲、各种废旧小瓶、小盒等。

(2)自然角的管理

自然角的设置与季节的变化有着密切的关系,自然角的设计要与季节相匹配,反映季节的变化,不断更新的内容才能使自然角始终保持勃勃生机。教师应依据四季的变化制订自然角的活动计划,一般上学期以秋冬季节为主,冬天因天气寒冷,自然角的活动受到一定的限制,有些活动难以开展,因此,主要活动应抓紧前半学期的时间,在气温还比较适宜的阶段开展并完成,教师和幼儿共同承担管理工作。而下学期应以春季和夏季为主,春天万物复苏、生机盎然,是种植和饲养的大好时机,是一年中自然角活动内容最丰富的季节,因此教师应带领幼儿积极开展活动。由于在此阶段动植物生长旺盛,故自然角的管理工作十分繁忙,教师除了自己直接管理外,还可以发动幼儿与家长共同参与管理。让孩子与家长一起动手自制花瓶或树叶拼贴画等,装饰自然角。用家庭里废旧的铁罐头盒、小碗、小盘、塑料点心盒等种黄豆、蒜、芹菜根、萝卜头、花草等。教师可以组织幼儿一起为自然角采集物品,让他们轮流照料和看管自然角的物品。自然角

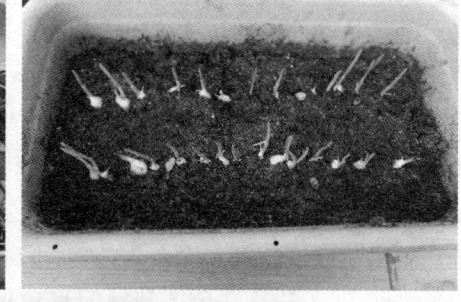

图6-1 自然角

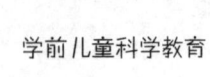

大多是有生命的动植物,需要周到细致的照料,可以放手让幼儿来照顾管理,对自然角中的动植物采用领养的方式分配到个人,让孩子们负责轮流做好照顾和管理工作,每天安排值日生轮流负责,管理自然角。如:给金鱼换水、喂食,给植物浇水,整理自然角,并负责记录等工作。孩子们主动自愿地参与自然角的管理,不仅可以减轻教师的工作负担,而且通过较长时间与动物、植物的近距离接触,使幼儿对动植物产生深厚感情,培养孩子热爱大自然的情感,在与老师、同伴共同管理中培养合作精神,养成做事持之以恒、有始有终的好习惯。

自然角物品的摆放要整洁、美观、安全,各类物品应分类摆放。自然角应该设置成对幼儿有极大吸引力的活动场所,但是材料也不是越多越好,太多了往往会造成幼儿注意力分散、无所适从,达不到预期的效果。

3. 自然角科学活动的指导

要充分发挥自然角对幼儿发展的作用,教师要在一日活动中加强对幼儿的指导。要促使幼儿在与自然角的互动中主动学习和发展,就要根据幼儿的兴趣、需要来进行启发、鼓励和引导。自然角科学活动的指导策略如下:

第一,引导幼儿参与布置与管理。

在布置自然角时,最大限度地调动幼儿的积极性,引导幼儿参与进来,和幼儿共同商量,讨论布置什么内容,给予孩子在创设活动中的决定权,以他们的兴趣和眼光去布置,让幼儿真正成为自然角的主人。这样布置出来的自然角能充分调动孩子们的参与积极性,也发挥了幼儿的创造性。如:秋天来了,教师征求孩子们的意见,让他们自己确立自然角的布局。孩子们在叽叽喳喳的讨论中布置了"秋天的果娃娃",每天都有幼儿来欣赏观察自己的作品。

第二,引导幼儿进行观察。

自然角主要是为幼儿提供观察、种植或饲养、记录动植物生长和变化的区域。教师应根据不同年龄段幼儿的理解水平和兴趣需要选择动植物,引导幼儿进行观察。如小班的幼儿喜欢具有明显特征的动植物,那么教师可以提供颜色鲜艳的植物,个头较大、特征比较明显的植物果实供幼儿观察;小班幼儿对乖巧可爱的动物有一定的偏爱,教师可以养一些小兔子、小乌龟等特征明显和易于辨认的动物,帮助幼儿感知和把握其特征。对于中班的幼儿则需要提供一些相似程度高和低的物种以发展幼儿的辨别能力,如丝瓜和黄瓜、青菜和白菜、白萝卜和胡萝卜、葱和蒜、橘子和橙子等。对于大班的幼儿,则主要是让幼儿观察动植物生长变化的过程,如开展种子发芽实验(某种豆子—长出小芽—完全发芽),一些在发育过程中有变化的动物,如小蝌蚪变青蛙的过程、蚕宝宝变蚕蛾的过程,这样可以让幼儿持续观察和进一步区分同一种事物在不同阶段的不同形态和特征。

第三,引导幼儿做观察记录。

教师应该充分利用自然角开展符合不同幼儿年龄特征的观察记录活动。对于小班的幼儿,教师可以为幼儿准备画笔和纸,让幼儿尝试着绘制出观察的对象,也许小班幼儿只关注了观察对象的某种典型特征,这也正反映他们对事物明显特征的把握;对于中班幼儿,教师可以提供中间对折的画纸,让幼儿选取自己喜欢的两种长得很相似的植物或动物作为绘画对象,通过这种方式促使幼儿细致观察相似物种之间的共同点与不同点;对于大班幼儿,则可以提供记录本,让幼儿每隔一段时间对动植物的形态进行观察,并用画面或者其他方式记录动植物的生长变化过程。例如,当幼儿有了一定的饲养经验后,教师可以让幼儿进行自主探索,如早上入园时、午饭后的时间比较充裕,幼儿的人数也是熙熙攘攘的,有较大的探索空间,幼儿可以去观看自然角,并将变化进行记录。教师在此时就成为一个引导者的身份,当幼儿在饲养困难时给予适当的引导。让幼儿有一个自主探索的习惯,并乐意去发现问题、探讨问题、解决问题。摆放植物种子标本,让幼儿认识了解它们的名称和用途。摆放的器皿可以用透明的玻璃小瓶,贴上标签,摆放在墙角或窗台上。每位小朋友在自己带来的植物盆栽里插上自己画的图像,把观察到的变化与老师一起用图文并茂的形式表现出来,让小朋友更加清楚地知道动植物的发展过程。

第四,支持和鼓励幼儿进行探究。

教师要创造条件让幼儿有机会参与自然角的探究活动。引导幼儿自己去观察自然角的事物,引起观察的兴趣。幼儿在自然角活动时,教师要关注幼儿的兴趣和需求,支持和鼓励幼儿进行探究和操作活动。如可引导幼儿讨论问题,让他们观察黄豆是怎么样发芽的,为了让幼儿验证自己的猜想,可以在两只一次性的塑料杯中放入十多粒黄豆,一只杯子中放少量的水,另一只杯子中放半杯水,请幼儿每天认真地观察,记录种子发芽的过程。几天后,由于水多只发小芽,没过多久就会泡烂,而放少量水的黄豆却能发芽长大。在活动中教师最大限度地调动幼儿的积极性,便于幼儿不断地与自然角进行互动。

第五,指导方式要符合幼儿的年龄特点。

在指导过程中,教师应该考虑到不同年龄阶段幼儿的特点,指导策略也应有所不同。小班幼儿的认识能力有限,所以组织幼儿充分运用自己的感官,感知自然角物体的外部特征。中班幼儿观察能力有所提高,教师可以设计一些问题问幼儿,引导幼儿有目的地观察。大班幼儿爱提问题,而且喜欢自己去探索各种现象,寻找答案。所以教师可提供丰富的材料和工具,让他们自己去探索和发现。

【案例6-2】

自然角边,一群孩子在讨论:"周末我已经和爸爸妈妈去采摘园摘过好几次草莓了,可是为什么我们幼儿园种的草莓还不长?""我也不知道,要不你们回家问问吧!"(老师把问题延伸到了家庭,充分利用家长资源)后来春春回来说:"我奶奶说草莓的花不能接触土壤。"怪不得棚里的草莓都种得高高的,为的就是不碰到泥土,孩子们也终于明白了。

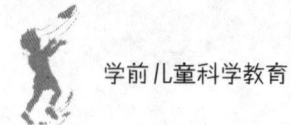

（二）科学区的设计与活动指导

科学区活动作为一种非正规性的、开放性的科学教育活动，为幼儿的感知、操作、学习提供了更广阔的天地，为幼儿园科学教育发挥重要的作用。科学区是供幼儿自由发现和自主支配的活动场所，教师应根据幼儿的兴趣和需要，投放丰富的活动材料，营造宽松适宜的环境，指导幼儿的自主探究和发现。

1. 科学区的含义

科学区是指幼儿园活动室内某一区域或角落，为幼儿提供多种材料，幼儿在区域中进行操作、实验和探索活动。它占地不大，内容丰富多样，幼儿接触最多，活动开展方便灵活，是最直接的科学教育活动场所。幼儿园科学角的设置简单方便，一般幼儿园都可以创设，可根据幼儿园的实际情况设定，区域可大可小，内容可简可繁，但应该最大限度地发挥其教育功能。在科学区中，教师应提供适合于幼儿进行探索操作活动的材料，幼儿按照自己的意愿探索、操作，通过观察、操作等与材料直接接触，获得丰富的经验科学，获得必要的技能并促进思维发展。

2. 科学区的设计

科学区是幼儿操作、实验、探索的场所，教师必须为幼儿提供丰富的物质材料。教师应根据幼儿发展需要，有目的、有计划地投放各种材料，进行活动环境的创设，幼儿通过与材料直接发生相互作用而获得学习。科学区域活动的创设，离不开材料的选择和材料的投放。

教师在科学角投放材料、创设与管理方面应注意以下几个方面。

（1）科学区材料的投放

① 投放材料的种类

科学区投放的材料以可操作的物质材料为主，包括操作材料、制作材料及制作工具等。一般可分为以下几类：

第一，观察阅读类材料。

观察阅读类材料主要包括模型、挂图、画册及音像资料等。

常见的物体和材料：动植物、机械模型、标本、悬挂物等。

动物认识类材料：常见的各种动物，如昆虫、兔子、鸡、鹅、鱼、蟹、龟等。

植物认识类材料：不同种类植物的根、茎、叶、花、果实、种子；不同生长条件（如土质、温度、水分、阳光等）下的植物。

观察工具：放大镜、望远镜、显微镜、听诊器等。

阅读类材料：科学类图书、挂图等。

第二，科学玩具类材料。

科学玩具类指可利用科学原理进行游戏操作的玩具成品，包括成品玩具，还有自制的玩具。

平衡原理材料：立体拼图、积木、天平设备等。

弹力原理材料：各种购买的或自制的弹簧玩具。

磁力原理材料：各式磁铁、磁力跷跷板、磁力小火车等。

光学原理材料：凸透镜、凹透镜、万花筒等。

第三，科学实验类材料。

科学实验类主要指可进行科学小实验的材料，如光学材料、磁性材料、力学材料、电学材料等。

物体的位置和运动类实验材料：小汽车、球、表面粗糙程度不同的可供物体滑动的斜坡和轨道、小推车、滑轮、轮子等。

光的实验类材料：三棱镜、多棱镜、平面镜、放大镜、凹凸透镜等。

热的实验类材料：蜡烛、酒精灯、小铁勺、小块铁板等。

电的实验类材料：电池、灯泡、电线、小电扇、纸片、铁片、木片等。

摩擦生电的材料：玻璃棒、碎纸屑、木棒、塑料梳子、皮毛、丝绸等。

磁的实验类材料：各种形状的磁铁、铁砂、非铁质的有光泽的材料（如扣子、金属或非金属丝等）。

浮力的实验类材料：水、容器、可沉浮的各种材料（如海绵、木块、塑料小鸭子等）。

重力的实验类材料：下落速度不同的各种材料（如木块、小石头、塑料袋、纸片、纸盒等）、斜坡、可滚动的各种物体（如车、球）。

摩擦力的实验材料：斜坡、可滚动的各种物体（如车、球）。

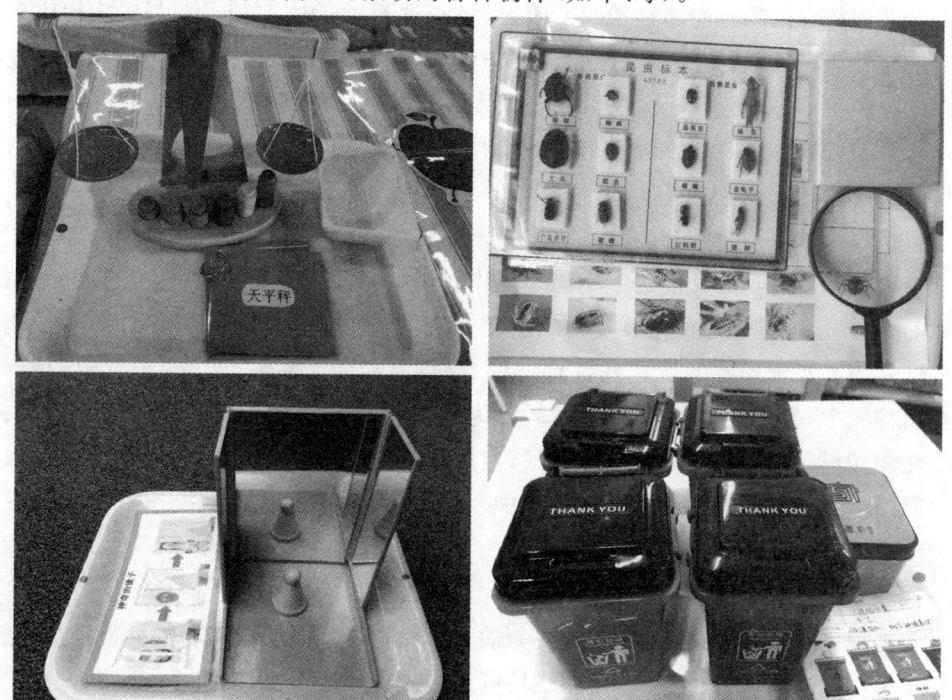

图 6-2　科学区材料

弹力的实验类材料：球、弹簧等。

第四，制作创造类材料。

制作创造类材料指常用的一些工具及科技小制作方面的材料。

木工材料：木板、木条、刨子、锤子、钉子等。

泥工材料：泥土、锹、铲子等。

纸工材料：废旧物品，如碎布、纸片、废旧纸盒、纸箱、剪刀等。

建构材料：造桥材料，如纸板、木块、木板、绳、线、铁丝、竹片等；造房子材料，如各种形状的木板、螺钉、塑料线绳等。

编织材料：编织机、配件、各种颜色的毛线、剪刀、穿引针等。

其他制作活动材料：做水车、风车、降落伞、小陀螺等用具和材料。

② 科学区投放材料的要求

皮亚杰提出"儿童的智慧源于操作"，儿童是在材料的操作、摆弄的过程中观察到科学现象中的某种关系，在与材料的相互作用中了解事物的特性，来建构知识经验。所以创设科学区时，材料的提供非常重要，投放的材料应符合以下几方面的要求：

第一，材料的多样性。

材料的设计要丰富多样，才能体现活动材料的可选择性，幼儿能根据自己的需要与兴趣选择材料，为幼儿的自主学习提供保证。多样性不仅指可供幼儿选择的材料具有多样性，而且体现在材料的数量要比较充足，能够满足幼儿自由选择的需要，能够让幼儿在操作中按自己的意愿添加或改变等。另外，对于同一内容的探究，教师应提供多种多样的材料，以丰富幼儿的相关经验。如"有趣的磁铁"中，幼儿探索磁铁的特性，教师提供的材料要丰富，有磁铁、大头针、别针、发夹、积木、硬币、钥匙、纽扣、木块等，才能让幼儿了解有的物体能被磁铁吸起来，如铁制品；而有的物体不能被磁铁吸起来，如纽扣、木块。

第二，材料的趣味性。

材料是否有趣与幼儿能否主动参与操作有很大关系。有趣的材料能激发幼儿主动探索的愿望，他们能在操作中感受材料的动感变化，才觉得有趣。科学区应该提供能反映科学知识的直观形象的玩具和各种材料，提供有趣的能激发幼儿探索欲望的材料。如在活动区中，为了让幼儿感知空气，教师为幼儿准备了塑料袋、充气玩具和水等材料，让幼儿用塑料袋或充气玩具到处抓空气，然后把有空气的塑料袋或充气玩具放入水盆中，打开袋口挤一挤，就能看见空气在水中变成了气泡，这些有趣的操作材料能激发幼儿主动探索的欲望。

第三，材料的层次性。

教师提供的材料要有层次性，指要为幼儿提供符合不同层次需要的材料，应考虑到不同水平幼儿的需求，使活动材料在难易度上体现出层次性，以满足不同幼儿操作一种材料时所表现出来的差异性。投放材料的层次性，是教师按材料的难易程度和幼儿的认知发展水平，将投入的材料从易到难分为不同的操作层次，投放在区域中，以满足不

单元六 学前儿童科学教育的其他途径

同幼儿按照自己的需要选择材料。如,大班探索"斜坡与球"的活动中,教师准备不同层次的材料。在幼儿操作之初,教师先提供平面、斜面和小球,鼓励幼儿发现球在平面和斜面上的不同运动方式;接着提供不同长度的斜面,让幼儿操作观察;再提供不同材料的斜面,各种材料与小球之间产生的摩擦力不同,导致小球滚动的速度有快有慢,引导幼儿发现比较其中的奥秘;最后提供不同弧度的轨道让幼儿操作,观察小球在不同弧度轨道上的滚动产生怎样的变化。

第四,材料的结构性。

区域活动中材料的投放要有结构性,也就是活动材料应该蕴含探索和发现的可能性,材料物化着一定的教育目标和内容,这些材料能揭示有关的科学现象和事物间的关系。幼儿在操作这些材料的过程中获得经验,与材料相互作用中发生学习、实现发展。材料的操作性取决于材料的结构性,高结构性材料相对于低结构性材料,其操作性要低。从材料本身来看,高结构性材料有自己固有的形状、结构,蕴含着相对丰富的科学原理,操作时有一定的规律可循。然而,高结构性材料的定性结构也在一定程度上限制着幼儿的操作方式,使幼儿的想象和创造力受限,所以往往无法满足幼儿探索想象的需求。低结构性材料是一些无规定玩法、无具体形象特征的材料。幼儿可以根据自己的兴趣和当时想法随意组合并一物多用,从而为幼儿的想象提供了广阔的空间。例如,类似于枯枝、绳子、盒子等原始的废旧的材料,其可塑性大,可让幼儿在活动的过程中,通过一次次的摆弄,不断探索、不断发现新问题,调整操作。在科学区域活动投放材料时,教师要考虑材料的结构性,使材料既能适合幼儿兴趣、经验和理解水平,又能满足幼儿的探索兴趣,使幼儿在探索过程中处于积极发现和思考的主动状态,有所收获。以"不倒娃娃"为例,有的教师为幼儿提供的是买来的、不可拆卸的"不倒娃娃",而有的教师提供的是用"套蛋"玩具自制的"不倒娃娃"。前者虽然更为精致,却无法让幼儿进一步探究其中的秘密,后者则给幼儿提供了一定的探索空间,能够让幼儿通过自己的探索、操作活动获得丰富的科学发现。

第五,材料的安全性。

科学区投放的材料应考虑安全性,应选择无毒、无味、对幼儿无伤害的制作原料。如科学区提供的各种镜子边缘要光滑,剪刀等工具应轻巧安全。还有收集来的瓶、盒、罐等废旧材料,在材料投放之前应进行清洁消毒,以保证幼儿安全使用。凡是投放到科学角的材料,教师都应该对材料进行严格的检查,不合格的进行更换或加工。比较坚硬、原始的易拉罐、包装盒可用彩纸、丝带等辅助材料进行装饰、改造。同时,对于科学探索材料和工具,在活动前要让幼儿明确使用的方法和程序步骤,合理的操作保证不伤害到幼儿,又能促进幼儿顺利进行科学探索活动。

(2)科学区的创设与管理

① 科学区的创设

教师在创设科学角时,应充分考虑到内容的广泛性和幼儿的兴趣,利用科学区的特点,拓展幼儿科学学习的内容,弥补集体科学教育内容的局限性。因此,科学区的设置

应注意几下几点。

第一，科学区的设置必须适合不同年龄幼儿。

小班科学区投放材料以玩具类及观察类为主，这些活动材料容易引发小班幼儿的兴趣，可以培养小班幼儿的观察能力。中班的材料以观察认知类、科学玩具类、制作创造类材料为多，可以丰富幼儿的科学经验，扩展幼儿的视野。大班科学角主要投放实验类材料，能在一定程度上促进幼儿科学探究能力的发展。

不同年龄段科学区域活动材料的投放，其新颖程度、数量、难易程度等，需适应幼儿年龄特点和发展水平。小班提供尽量逼真、色彩明快、品种少而数量多的成品材料；中班提供数量多、种类丰富和少量半成品材料；大班需要提供更开放、变化性的环境以及能反映物体细节的材料。例如，关于"水"的探究，可以让小班幼儿自由玩水，让中班幼儿探索材料的沉浮，为大班幼儿提供解决问题的更为丰富的材料，探索解决"怎样让水凉得快""怎样把冰从瓶子中取出来"等，从而提高幼儿解决问题的能力。

第二，科学角的设置应方便幼儿开展活动。

科学区材料是为幼儿开展活动所用，科学区的活动是非正规的科学活动，幼儿随时可到科学角开展活动，因此，教师应该敏锐地捕捉幼儿生活中的科学教育素材，并将其转化为科学区活动的内容。多样化的材料应分类放在开放的桌上或较矮木柜的格子里，或者用透明的容器分类摆放。摆放高度要适合幼儿，便于幼儿选择和操作，同时要用文字或图案来表示物品摆放的位置，这样可帮助幼儿轻松顺利地取放材料，也便于教师管理。

② 科学区的管理

第一，鼓励幼儿参与布置和管理工作。

教师在管理中应鼓励幼儿参与科学区的各项工作，发挥幼儿参与的积极性，每天由不同的幼儿负责摆放和整理，培养幼儿的责任感。在幼儿参与管理中，教师应随时倾听幼儿的要求，根据幼儿的需求及时调整活动内容，以满足幼儿的探究欲望。

第二，及时更新活动材料。

教师要根据幼儿活动的进程、兴趣、需要，持续、及时地在区域中投放、调整和更新材料，以保证材料的新颖性，引发幼儿的探索兴趣。如教师发现幼儿在玩水区玩水时总爱用手沾水在地面上画画，于是就在玩水区的材料中添放了一些旧毛笔、刷子、小棍、废布头等，鼓励幼儿用它们作笔，以持续激发和保持幼儿的活动需要和探索兴趣。所以，教师应注意观察幼儿在活动中的状态，根据幼儿的兴趣和需要及时调整和更新材料。

3. 科学区活动的组织指导

科学区活动的指导不同于集体科学教育活动，更多体现为个别指导。科学区活动的组织指导应注意以下几点要求：

（1）注重幼儿的探究过程，而不强求知识技能的目标

科学教育观强调要尊重幼儿的兴趣、需要，遵循幼儿的年龄发展特点，更注重科学情感态度的培养，科学探究方法的获得，而这些目标在探究过程中才能够得到体现。所

以科学活动区应注重幼儿的探究过程,在探究过程中幼儿体验各种科学现象,不断发现科学的奥秘。而不是刻意强求某一知识技能的掌握,忽略了儿童探索的过程。教师不能为实现某项知识或技能的获得而控制幼儿的思维,决定幼儿的活动方式,而应给予幼儿足够探索的空间和机会,让幼儿亲历探索的过程,真正获得丰富的学习体验。教师要放手让幼儿自主地选择材料,主动地探究,激励幼儿在活动中发现问题、解决问题。让幼儿在丰富的环境中,按照自己的想法和意愿,自我尝试、探索,形成幼儿对未知事物的积极态度,获得探求知识和解决问题的方法和能力。

(2) 注重幼儿的自主探究,进行适度的个别指导

科学区的指导与集体科学活动的指导有所不同。科学区应重视幼儿的自主探究和学习,但在探究过程中仍需要教师的隐性指导。这种指导更要关注不同幼儿的需要,根据幼儿的不同情况进行指导。教师要思考:给予不同幼儿哪些及时和必要的帮助?预设的材料是否引起幼儿的兴趣?难易是否合适?通过观察,判断幼儿的需要和已经达到的水平,进行适度的指导。适度就是适时地给予幼儿适当的启发、引导、暗示、激励,尽量让幼儿自己去发现探索。教师适度的指导行为如下:

第一,教师隐性示范。

当幼儿面对新材料无所适从,当幼儿活动有所停顿或有放弃,当幼儿对材料不感兴趣时,教师可以找时机介入,引导幼儿产生对操作的兴趣,并适当做出隐性示范,启发幼儿与材料互动、积极探索。

第二,适时、适度的提问引导。

实践中我们发现,提问引导过早,会让幼儿失去主动探索的机会,引导过迟则会让幼儿放弃探索。当幼儿的探究行为或结果希望得到成人的认可时要介入,当幼儿有求助需要时要介入,当幼儿发生困难,如发生纠纷或活动有停顿或放弃现象时教师应及时介入。在幼儿探索中,教师应避免不必要的询问和评论打断幼儿的思路和操作过程。

第三,选择恰当的时机参与幼儿的活动。

在活动中教师还是幼儿的合作者,以合适的身份参与活动。教师应事先观察,再决定是否加入或何时加入。在科学区活动中,教师应留意观察每个幼儿的操作情况和交往能力,针对出现的问题,选择恰当的时机参与到幼儿的活动去,与幼儿一起探索、操作、发现、讨论、解决问题,成为幼儿学习活动的支持者、合作者、引导者。

(3) 创设宽松自由的心理氛围,支持幼儿的自主探究

安全的心理环境是幼儿主动进行科学探究活动的重要前提,所以营造一个宽松和谐、支持性的心理氛围更为重要。宽松和谐的环境,有利于激发和维持幼儿的科学探究。教师要为幼儿的探索活动创造宽松的环境,让每个幼儿都主动参与尝试,鼓励他们大胆发表不同的想法。教师要学会倾听幼儿的想法和做法,接纳和听取幼儿的解释。

第一,支持和鼓励幼儿大胆探究。

作为教师,应以一种支持和鼓励的态度对待幼儿的探究行为。教师支持、鼓励他们大胆提出问题,肯定他们的发现和独特的想法。当幼儿在观察活动区的材料时提出疑

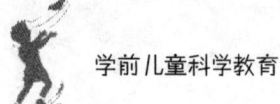

问,或者有一点发现时,教师要让幼儿真切地感受到老师对他们由衷的赞赏和鼓励。教师及时的鼓励会让幼儿体验到成功的喜悦,更有信心,更能促进幼儿的探究欲望。尤其是对那些胆小的幼儿更要给予鼓励,培养幼儿主动尝试和探究的精神。

第二,宽容和接纳幼儿的错误与过失。

幼儿正处在认识世界的初级阶段,所以出现错误是难免的。在成人看来是错误的认识对于幼儿的认知水平来说是合理的。幼儿用他们的认知经验对科学现象做出判断,所以会出现错误行为。所以教师要尊重幼儿,接纳幼儿的错误认识,对幼儿的错误行为给予一种宽容和理解的态度。教师不应该去指责幼儿,而是去了解孩子错误行为背后的动机,引导幼儿获得科学的经验。

第三,尽量少限制幼儿。

教师要给幼儿充分的自由,在不影响其他幼儿的情况下,尽量不要制定太多的行为规则。要让幼儿感觉处在宽松、自由、接纳的环境中,没有任何压力,才敢于大胆尝试和探索,而不是时刻处于紧张状态中,担心自己的行为是否违反老师提出的规则。只有在充分自由的环境中,才能发挥幼儿的自主性和创造性。

(三)科学发现室的创设与指导

班级科学活动区域由于场地受到限制,远远不能满足幼儿的求知、探索的欲望,无法使更多的幼儿同时参与到区角探索活动中。为了满足幼儿探索的需要,幼儿园可在室内建立科学发现室。科学发现室是幼儿园为全园幼儿提供各种科学探究材料用于科学探究活动的专门场所,是面向全体幼儿的共享式的开放性区域。有的幼儿园称为"科学活动室"或"科学探索室",虽然名称有所不同,但其发挥的功能是相同的。

1. 科学发现室的作用

幼儿园科学发现室是全园性的科学教育资源,是各班级共享的活动场所,供全园幼儿探索、操作的地方,它是班级探索区域活动与主题科学活动的延伸。幼儿园科学发现室的创设,实现了资源集中、资源共享、资源高效率的使用。

① 更能满足幼儿不同选择的需要

科学发现室是向全园幼儿开放的一个专门的活动室,一般空间较大,可以摆放更多的活动材料,所以可以同时容纳较多的幼儿进行科学探索活动。在科学发现室中,同时能摆放几十种大小不等的操作材料,可以划分多种探索区域,每个区域提供各种各样的操作材料。这样幼儿在科学发现室探究时,有充分的选择余地,能根据自己的兴趣选择自己喜欢的材料,能满足幼儿不同选择的需要。比起班级科学区,更能保证每个幼儿都有操作材料的机会。既满足了不同年龄层次幼儿的需要,同时也照顾到了不同能力差异的幼儿。如在一个区域投放不同的科学材料:有现成的科学玩具、自制的科学玩具以及幼儿可操作的或可制作的废旧材料。小班幼儿对现成的科学玩具比较感兴趣,而中大班的幼儿则对自制的科学玩具和可操作的或可制作的废旧材料更感兴趣。如中大班的幼儿更喜欢操作磁铁玩具,因为磁铁能给幼儿提供更广阔的操作探索空间,有的幼儿

发现磁铁隔着东西也能吸铁,而且发现了磁铁能磁化回形针,一块小小的磁铁能传递吸起了3~4个回形针等。

② 适于幼儿在自己的水平上进行探索

因为科学发现室是全园幼儿的科学探究场所,所以不同年龄阶段的幼儿都可以到科学发现室参加探究活动。在科学发现室中为幼儿提供的材料是混合的,不是按照年龄阶段来提供材料。这样,幼儿的选择性更大,完全可以选择适合自己发展水平的材料,选择不同难度的材料去进行操作。即使是同一种材料,每个幼儿也可以用不同的方式和不同的水平去操作,这样更适于幼儿在自己的水平上进行探索。如在玩空气的游戏"蜡烛灭了"时,对于小班的幼儿,他们就看一看蜡烛熄灭的现象,而对于中班、大班的幼儿,会想一想为什么玻璃瓶盖上,蜡烛就熄灭了。如果再进一步,能力较强的幼儿利用提供的大小不同的瓶子,从而发现瓶子大小不同,蜡烛燃烧的时间长短也不同。所以,科学发现室有利于幼儿选择适合自己的活动,按照自己的水平进行探索活动。

③ 幼儿能主动探索并经历探究的过程

科学发现室很大程度上满足幼儿自主学习的需要,幼儿能自主地探究,能自由地选择探索的内容、探索的方法,这能促进幼儿主动探索精神的发展。科学发现室活动中,教师的干预较少,幼儿能够按照自己的想法和方式去操作,通过看一看、听一听、动一动,亲身感受和经历了探究过程。在探究过程中,幼儿尝试用不同的方法去探究,不断有新的发现,满足了幼儿的探究欲望。同时科学发现室的探究活动给幼儿带来无穷的乐趣和丰富的感受,幼儿能感受到获得发现时的乐趣,体验到成功的喜悦,使幼儿获得自信和满足。

2. 科学发现室的创设

科学发现室是幼儿园专门为幼儿提供非正规性科学活动的探索、操作环境。幼儿在此通过与各种材料的相互作用中,不断获得经验,掌握科学方法,培养科学精神和探索兴趣等。因而,科学发现室材料的提供与投放非常重要。

(1) 科学发现室材料的投放

① 材料能引起幼儿探究的兴趣

幼儿天生好奇,对新鲜的、变化的事物容易产生兴趣。幼儿自发地对材料产生兴趣,能使幼儿探索处于积极主动的状态。因此,在活动中投放新颖、有趣的材料,容易引起幼儿的注意,会使幼儿在愉快的状态下,进行探索操作活动。因此教师在提供材料时,首先要考虑材料是否能引起幼儿探究的兴趣。材料应符合该年龄幼儿的特点,能引发幼儿想摸一摸、动一动,产生探索的愿望。如在活动"小轮子滚呀滚"中,小轮子是用"露露"罐做成的,幼儿玩起来没有兴趣,但老师在轮子上贴上卡通画,给"冷冰冰"的轮子赋予色彩,起一个有童趣的名字,这样幼儿就很感兴趣,都喜欢用轮子去打瓶子,看谁打倒的多。

② 提供不同层次的操作材料

幼儿的理解水平、动手能力均不尽相同,在投放操作材料时,要考虑到幼儿的个体差异,提供多样化的、层次不同的操作材料,由浅入深,由易到难,适合幼儿不同的发展水平。可提供成品、半成品或废旧材料,供幼儿自主选择,使每个幼儿都对活动材料产生兴趣,进行深入探究。材料有多种组合的可能性,能激发幼儿接近材料,能自由地用自己的方式操作、改变、组合它们,通过不同的方法探索,有不同的发现,促进幼儿进行持续不断的探索活动。

③ 材料结构简单、容易操作

幼儿对材料的操作方式是否理解,会影响他们对材料的探索。科学发现室提供的材料结构应比较简单,容易操作,幼儿能很快进入探索过程,这样才能引起幼儿探索的兴趣,如果结构太复杂,操作难度大,幼儿不知道怎样操作,这会影响幼儿探索的兴趣,容易放弃或者去做与探索活动无关的事情。应多设置幼儿可以直接参与、容易操作的材料,例如,在盛水的水桶里放置一些塑料制品、木块和一些金属,幼儿通过操作观察水的沉浮现象;能发出不同声音的东西;测量温度的温度计;会转的陀螺;奇妙的万花筒;弹力不同的弹簧等,这些材料操作简单,才更有利于激发幼儿主动探索的愿望。

④ 材料种类和数量充足

保证幼儿有丰富(种类和数量)的材料去探索、去发现,操作材料的多样化能确保幼儿探索过程的深入和持久。投放的材料种类应丰富多样,数量要充足,可以给幼儿提供更多的选择机会,保证每个幼儿都有足够的操作材料。同一种材料尽可能提供多个,可以有效地减少幼儿"无所事事"及相互争执等现象。科学发现室一般是全园性活动的场所,每班的孩子需轮流活动,所以它的内容应该更丰富。

在具体创设科学发现室环境时,以下材料可供参考:

供幼儿探索的材料可以有:光学材料,如各种透镜:凸面镜、凹面镜、平面镜、三棱镜,万花筒,颜料和调色盘,可以叠加颜色的彩色塑料片等。

磁性材料,如各种形状和大小的磁铁,圆形磁铁、环形磁铁、条形磁铁、马蹄形磁铁等,各种可以被磁化的物体和不能被磁化的物体,指南针等。

声学材料,如音叉、锣鼓等乐器,可以试验声音高低的各种响声盒、纸杯电话等。

电学材料,如连接简单电路所必备的材料,各种电池、电线、小灯泡、手电筒等。

力学材料,如斜面板、滑轮、小汽车、皮球、弹簧秤等弹性物体等。

玩水材料,如和沉浮现象有关的物体,玩水容器、吸管、泡泡水、盐和糖等。

供幼儿进行科技小制作等操作活动的材料可以有:

进行各种小制作所需要的材料,如不倒翁、传声筒、风车等各种小制作所需的材料。

可供幼儿摆弄、操作的各种工具,如已采取安全措施的剪子、锤子、钳子、钉子、螺丝等。

各种测量工具,如温度计、尺子等。

其他可能用到的工具,如纸、胶水等。

各种废旧物品,如纸盒、纸杯、饮料瓶等。

供幼儿进行感知的材料可以有:

触摸材料,如各种质地(粗糙和光滑)的物体,用不同质地纺织面料缝制的娃娃,让幼儿通过触摸分辨物体的"魔箱"。

训练嗅觉的材料,如各种气味瓶。

训练听觉的材料,可结合声学材料提供一些能发出不同声音的物体供幼儿听辨。

供幼儿用肉眼或放大镜观察的材料可以有:

各种生物和无生物的标本,如鸟类标本、昆虫标本、岩石标本、化石标本等。

幼儿自己收集的物品,如树叶、种子、贝壳、羽毛、动物骨骼等。

活的生物,如大型的水族箱(里面可以养殖水生生物)、昆虫世界(让幼儿可以看到蚂蚁生活的地下世界)、无土栽培的植物等。

还可以放置一些买来的科学玩具,如各种电动玩具等,也可以是教师自制的小玩具,或幼儿自己的小制作等。此外,还可辟一个科学图书角供幼儿阅读,尤其是要提供一些科学工具书供幼儿随时查阅。另外,科学发现室还需要一些辅助的设备,如桌椅、橱柜、水池等,以便存储暂时不用的材料,方便幼儿进行活动。

在科学发现室的具体设置中,教师可以根据本地区、本幼儿园的实际情况加以增减。在科学发现室建立以后,也可以根据情况随时改变所提供的材料。

【案例 6-3】

科学发现室的创设

表 6-1 科学发现室的材料配备

项目		配备标准
一、生命科学	动物	图片类:动物挂图、图书、图片 30 种 声像类:动物录像、VCD 30 种 标本类:各类动物标本 10 种 操作类:各类动物玩具 40 个
	植物	图片类:植物挂图、图书、图片 30 种 声像类:植物录像、VCD 30 种 标本类:植物标本 10 种 操作类:植物的果实或种子实物若干、仿真植物 40 个
	人类	图片类:人体骨骼肌图一张、人体拼图 10 套、人类进化、诞生图片一套 声像类:有关人类录像、VCD 5 盘 模型类:人体模型一个
二、环境科学	空气 作用 大	图片类:保护环境、空气污染的图片 10 张 声像类:空气作用、污染的录像、VCD 一盘 操作类:蜡烛 5 根、吹气玩具 10 个、广口瓶 5 个、塑料袋 10 个
	风	图片类:有关风及其作用的图片 10 张 声像类:有关风及其作用的录像、VCD 一盘 操作类:气球 10 个、风车、吸管各 30 个、纸条、纸屑若干

(续表)

项目		配备标准
三、科学现象	我们的地球	图片类：缤纷世界少儿地图一张、世界各地风光10张 声像类：有关地球、世界各地录像、VCD一盘 操作类：地球仪10个、中国地图拼图10套
	生态平衡	图片类：生态平衡（植树造林、保护鸟类、绿色食品等）图片10张 声像类：生态平衡（植树造林、绿色食品、生态污染）一盘
	桥	图片类：著名现代大桥图片5种、图书10本 声像类：有关现代大桥、桥的发展史录像、VCD两盘 操作类：桥的模型5种、木制大型结构玩具一套（100件）
	有趣的声音	声像类：录有各种声音的磁带一盘 操作类： 备有各种能产生乐音和噪音的物体20种 利用声音的各种特性制成的玩教具10件，如：传声筒、橡胶吉他等
	磁铁真奇妙	操作类： 大小不同的磁铁30个，铁屑若干 利用磁铁的特性制成的操作玩具5套 各种实验材料：纸屑、铁钉、塑料等10种 指南针10个
	弹性秘密	操作类： 可操作的弹性物品橡皮筋、弹簧等20件 各种弹簧10件 自制弹性玩具不少于5件
	沉与浮	操作类： 不同大小、轻重的物品：木块、纸、皮球等30件 大小、形状不同的盛水容器10个 沉浮原理制成的玩具5件
	火	图片类：关于火的图片15幅 声像类：关于火的录像带1盘
	力	有关惯性的实验材料：玩具汽车、斜坡等5套 有关张力的实验材料：雨伞等5套 有关压力的实验材料：图钉、针等5套 有关杠杆原理的实验材料：秤、剪刀等5套
	光和影子	操作类： 手电筒10个、幻灯机一台 平面镜30个、放大镜10个、哈哈镜5个 利用光的影子制成的玩教具5套
	电	操作类： 电池、小电珠、电线40套 摩擦生电实验材料：塑料棒、纸屑若干 导体（金属物）、绝缘（木块等）材料10种 电子积木5套

(续表)

项目		配备标准
四、科学技术及科技产品	物体的运动	操作类： 有关平行运动的实验材料：小纸箱等5套 有关转动的实验材料：钟表盘、玩具汽车等5件 有关机械运动的实验材料：自制小秋千、钟摆等5件
	四大发明	图片类：毕昇、蔡伦及四大发明的图片一套 声像类：四大发明的录像带或VCD一套
	火箭上天	图片类：火箭发射卫星图片一套 声像类：火箭发射卫星实况一组 操作类：火箭模型4个，简单实验材料气球50个
	活动的电影	声像类：儿童电影片段录像一盘。 操作类：通俗易懂的实验材料不少于三种，每种20件：小鸟进笼、扇子、喷壶、玻璃纸、小鼓等
	通信工具	图片类：现代通讯工具：可视电话、传真机、卫星电话等图片10幅 声像类：现代通讯录像或VCD一盘 操作类：通信工具实物或模型5件：电话机、BP机、移动电话、磁卡电话等
	塑料制品	图片类：有关高科技塑料制品图片5幅 声像类：有关高科技塑料制品录像一盘 操作类：塑料制品玩具、日常用品10种
	特种车	图片类：不同特种车图片10幅 声像类：特种车形状、执行任务录像一盘 操作类：特种车(消防车、救护车、警车等)模型10个

（资料来源：济南市幼儿园科学发现室配备标准，济南市教育局网）

（2）科学发现室的空间设置

教师在科学发现室的空间设置上应做到以下几点：

① 不同的区域合理布局

科学活动室的布置要注意科学规划，合理布局。科学发现室的空间一般设置几个不同的区域，每个区域分开设置，放置不同种类的材料。在分区时应该考虑动静分开，保证幼儿的阅读活动和安静的桌面活动不要受到其他区域的干扰。

② 幼儿有探索材料的空间

幼儿探索材料需要一定的空间，科学活动室应有足够的空间，除了摆放材料的橱柜，还应摆放桌椅，以供幼儿进行桌面操作。物品橱柜和幼儿的操作台设计要科学，其高度以适合幼儿为宜。桌子大小要适宜，避免幼儿互相干扰。室内的桌椅橱柜的摆放应尽可能节约空间，便于幼儿开展科学操作活动。

③ 分类摆放，整齐有序

各种材料分类摆放，同类材料摆放在一起，做到整齐有序，便于幼儿选择材料。如：放大镜和动植物标本放在一起；不同的石头样品和沙子放在一起，其中再放上种子，适时让幼儿亲自动手进行种植试验和观察。提供大量物质材料的同时，还应设置几个储

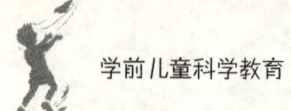

物箱,分类收集各种材料,以便随时供幼儿自己挑选使用。

3. 科学发现室的管理

由于科学发现室属于全园共享性的设施,通常需要一名专职教师负责活动的组织和科学发现室的日常管理。教师在管理科学活动室时,应注意以下几点:

(1) 材料合理布置和及时整理

为了保证科学发现室活动的正常进行,每天的材料布置和整理是必不可少的。活动结束后,教师应及时整理每个区域的材料,把移动过的材料放回原位,保证所有材料整齐有序。易被弄脏的材料应经常清洗和更换,保证干净清洁。另外,及时检查、修复或补充材料,以备后面参加活动的幼儿使用。

(2) 材料定期更新和变换

如果科学发现室的材料始终一成不变,就会使幼儿失去兴趣。要让幼儿始终保持兴趣,科学发现室的材料需要不断更新和变换,这样才会使幼儿有新鲜感,才能保持探究的热情。投放材料的种类应根据幼儿的兴趣和要求不断扩展和增加,才能不断支持和实现幼儿的想法和幼儿与材料的相互作用。

(3) 制定明确的活动规则

为了培养幼儿爱惜材料、正确使用材料,引导幼儿遵守活动规则是必要的。在活动前向幼儿宣布活动规则:可自由选择材料操作,选择其他材料时应将原材料归位放好;可以在不损坏材料的前提下,大胆尝试各种材料的操作方法,或寻找一种材料的多种操作方法;在活动中若出现物品损坏或丢失,应及时复原或找回,如果无法复原或找回,须在离开活动室前告诉教师。

4. 科学发现室活动的指导

科学发现室的活动中,教师主要进行间接指导,创设宽松自由的心理氛围,使幼儿最大限度地自由、自主地操作科学材料,探索科学现象。在组织活动方面,教师的作用最主要体现在对幼儿自主性的维护——既要激发幼儿的自主探究愿望和自主探究过程,又要维护科学发现室的良好秩序,以保证每个幼儿最大程度的自由。

在组织活动时教师应尽量做到:

(1) 创设宽松和谐、有安全感、幼儿能大胆尝试探索的心理环境

科学发现室的氛围应是自由、民主、平等、和谐的,要让幼儿有安全感,教师热情支持鼓励幼儿的科学探索活动,幼儿才敢于大胆尝试探索。活动中,给幼儿充分的自由活动与探索空间,不干扰和限制幼儿的行为,充分发挥幼儿的积极性、主动性。只有拥有心理安全和自由的环境,幼儿才没有压力,心情才能轻松愉快、无压抑感。幼儿在这样的环境里活动,才可能真正大胆尝试、探索、发现和创造。教师要创设"无拘无束"的气氛,让幼儿"自由地呼吸",只有这样才能发挥幼儿的"自由精神",使主体性得以充分发展。教师多给幼儿一些欣赏和赞许,让幼儿感受到自己探索的价值,从而激发出他们更大的探索热情。

(2) 允许幼儿自主选择材料和活动方式

在科学发现室活动中,教师应允许幼儿根据自己的意愿,自主选择活动内容、活动材料和合作伙伴,让幼儿自己决定玩什么、怎么玩等,真正体现幼儿自主地探究、自由地探究,这样才能真正实现科学发现室的价值。让幼儿自愿地、自主地操作各种材料,在动手动脑的活动中,对各种科学现象进行感知、观察,充分体现幼儿的自主探究。

(3) 教师尽量不干预幼儿的操作活动

科学发现室强调创设开放的学习空间,让幼儿在自主、开放的氛围中,主动地进行探索。在幼儿活动时,教师不过多干预,但也不是袖手旁观,而以观察幼儿的行为表现为主,维持活动室的秩序,保证每个幼儿自由地进行探究活动。对于个别游离于探究活动之外的幼儿,教师及时把他们的注意力吸引到活动中。

(四) 动植物园地的设计与指导

幼儿园也会在户外适宜的空地开辟出一块动植物园,植物园里会栽种一些农作物或其他花草树木,师幼可以共同参与到种植、除草、施肥和照料的过程中去,让幼儿在亲历种植活动中观察植物的多样性、生长变化,观察植物的外形特性、习性与生存环境的适应关系。

1. 动植物园地的设计

动植物园地的设计需要综合考虑幼儿年龄特征和认知水平、接受能力和兴趣需要,呈现真实与典型的自然物。对相应自然物的选取需要考虑其是否能真实而集中地反映大自然,是否具有典型性和代表性,还需要考虑这种自然物的可获得性。可选择幼儿生活中常见的动植物,同时还需要考虑根据季节和气候的变化适当地调整和更新自然物。在动物的选择上,最好选择个头不大、性情温顺、便于饲养、清扫方便、幼儿喜欢的动物,如小兔子、鸡、鸭等;在植物的选择上,可以选择常见的周期短、容易生长的蔬菜,如青菜、萝卜、黄瓜等。

动植物园地的植物和饲养的小动物也不是一成不变的,教师应该根据幼儿的学习进度和季节的更替及时调整动植物园地的动植物,让幼儿体验到四季的变化和不同季节动植物与动物生活习性之间的异同。如春天种植迎春花,饲养春蚕;夏天观察西瓜地,饲养蟋蟀和蝉;秋天种菊花,采集树叶和果实;冬天观赏蜡梅和松树,等等。

2. 动植物园地的指导

动植物园地是满足不同年龄阶段幼儿自由观察和探索动植物的区域,是科学主题教育相关内容的补充和进行随机教育的有效场所,让幼儿的劳动能够力所能及,熟悉的动植物才能激发兴趣点。例如开展"拔萝卜"的主题活动,可以带孩子们到种植园内观察各种各样的萝卜,可以引导幼儿将萝卜种在不同环境中观察其生长的不同。当开展"小兔子"的主题活动时,可以请幼儿到动物园并引导幼儿观察小兔子,学习如何饲养小兔子,幼儿既感受到探究小动物的乐趣,又体验到劳动的快乐。

自然角和动植物园地的调整、管理与维护可以邀请幼儿参与,让幼儿做一些力所能及的照管和清理工作,如给植物浇水、给动物喂食等。这样不仅可以让幼儿在照顾动植物的过程中得到锻炼,逐渐学会照管动植物的方法,同时也能让幼儿在这个过程中逐渐形成和加深对动植物的情感。比如主题变更时,不是教师直接将动植物替换下来,而是尊重幼儿的意愿,对前一个主题动植物如何安排,然后再换上与主题相关或幼儿感兴趣的动植物。

【案例 6-4】

种植园种了南瓜,孩子们每天都会去看看南瓜的变化,给南瓜浇浇水、除除草,过了一阵,开出了像喇叭一样的黄色大花,教师善于坚持带孩子去观察。有一位幼儿惊喜地发现,花的下端结出了小南瓜,这下可把孩子们乐坏了,很多孩子都拥过去找小南瓜。另一位幼儿发现了一个问题:这朵花下面怎么没有南瓜。有了疑惑,孩子们的观察兴趣更浓厚了,使得师幼互动更加激烈,一起找资料,解决问题:原来会结南瓜的是雌花,雄花不结瓜,其实很多的植物都这样。过几天再去观察时,一位孩子失望地发现长出的南瓜不但没大一些,反而死去,这又是为什么呢?原来南瓜也和草莓一样,不可以碰到泥土,不然就会烂皮而死。

【案例 6-5】 自然角设置实例

一、春季的自然角

1. 种子发芽:在盘子里放一层棉花,用水将其浸湿,保持湿润,然后撒上一些种子,如黄豆、绿豆、玉米等(也可以把种子在小盆里先浸泡一段时间)。引导幼儿观察种子发芽的过程并记录,比较不同的种子发出的嫩芽有什么不同。

2. 盆栽植物:用花盆种植有观赏性的植物,如报春花、太阳花、文竹、吊兰等适合春季种植的花卉,美化环境。

3. 瓶插植物:采集柳树、桃树、迎春花的枝条,插在盛水的瓶子里,既可观赏,也可让幼儿观察它们的变化。

4. 饲养小动物:让幼儿将金鱼、蚕、小蝌蚪、泥鳅、河蚌、螺蛳等小动物带到幼儿园,放在自然角饲养。鼓励幼儿观察小动物的变化并记录,如:

青蛙的生长过程:蝌蚪—长后腿—长前腿—尾巴萎缩—青蛙。

蚕的变化过程:卵—幼蚕(蜕皮四次)—蛹—蚕蛾。

二、秋季的自然角

1. 秋天的水果:苹果、梨、橘子、香蕉等。

2. 秋天的蔬菜:马铃薯、萝卜、白菜、青菜、菠菜、葱、蒜等。

3. 农作物:棉花、稻穗、玉米、山芋、芋头、南瓜等。

4. 种子盒:鼓励幼儿采集各种种子,放到盒子或瓶子里,并贴上标记。

5. 盆栽花卉:种植秋季常见的花,如菊花、金盏菊。还可以选择生长快、易成活、美观、形状不同的花或观赏植物,如五色椒、宝石花等。

6. 小制作和手工作品:幼儿在果实上粘贴五官,制成果实娃娃,如苹果娃娃、南瓜娃娃。幼儿用各种颜色、形状的落叶粘贴成树叶画,摆放到自然角,供幼儿欣赏。

7. 观赏小动物:喂养金鱼、乌龟等便于喂养、幼儿感兴趣的小动物,以及冬天不易冻死的小动物等。

活动评析

自然角的设置应充分考虑季节特点,以春季和秋季为主,一般上学期以适合秋季的动植物作为主要内容,下学期以适合春天开展的活动内容为宜。以上实例仅作参考,自然角设置的内容应结合各地的气候特点,根据当地的实际情况灵活设置。

【案例6-6】 科学区活动实例

一、空气

1. 找空气:提供塑料袋、气球、空瓶子等材料。让幼儿用塑料袋去装空气,捏紧袋口,摸一摸、压一压袋子,感觉空气的存在。对着脸放开吹满气的气球口,感知气流的冲击力。也可把充满气的塑料袋或气球放进水中挤一挤,观看水中的气泡,或让幼儿在水中自由摆弄空瓶子等物。找找看哪些东西里面有空气,如车轮、身体、肥皂泡等。

2. 空气流动:提供扇子、风车等,让幼儿扇一扇、吹一吹,感知空气流动形成风的现象。

3. 空气压力:提供无色透明玻璃杯、水、脸盆、玻璃片或平整的厚纸。将玻璃杯盛满水,盖上玻璃片或厚纸,使杯内无气泡,平按住玻璃片或厚纸,将杯子倒过来,水不会从杯中流出。通过这一操作让幼儿感知空气压力的物理现象。

4. 会吹气的瓶子:在瓶口小的瓶子上套上一个小气球,放进热水盆里,在水盆下加热或将开水倒入水盆,随着温度的升高,小气球会逐渐膨胀起来,待水温冷却、气球又瘪了,从而了解空气的热胀冷缩。

二、气象

1. 天气转盘:用硬纸板做成表盘,在表盘上画太阳、云、风、雪、雷电等图形挂在墙上,让幼儿自己拨动指针,表示观察结果,如晴天指向太阳、雷电指向闪电等。

2. 气象记录:气象记录的内容包括天气的阴晴雨雪和气温。气象记录要在幼儿学会绘制气象图示和认识温度计的基础上进行。此外,还可用人们的穿着、活动、动植物的变化图片来表示气象。记录时,可提供记录本或较大格子的月历,让幼儿将当天的气象情况记录下来。到月底分析天气变化情况,让幼儿说说伴随天气变化出现的趣事。

3. 月相记录:引导幼儿观察识别各种月相并提供记录表,让幼儿描绘所记录的月亮的圆缺变化。注意月亮的观察要从初一开始,才能给幼儿一个完整的印象。此活动可在晚上进行,请家长指导幼儿观察记录。

4. 天文观察:在天体运行中遇到日食、月食、星等现象时,进行观察记录。

三、磁

1. 磁铁：提供多块磁铁和一些不同材料制成的物品，如回形针、大头针、图钉、铅笔、橡皮、玻璃球、积木、牙膏皮等，让幼儿试试看哪些东西能被磁铁吸住。还可启发幼儿用磁铁隔着纤维板、塑料板吸铁，或两块磁铁做异极相吸、同极相斥的实验。

2. "龟兔赛跑"：提供给幼儿纸制龟、兔立体教具，在"龟""兔"的底部夹上回形针，放在玻璃或塑料板上，磁铁放在板下操纵教具，讲述故事。

3. 翻跟斗的胶囊：将自行车车轴中的小铁珠，放进药品空胶囊内，给幼儿提供磁铁、大垫板，让幼儿想办法使胶囊滚动起来。再试试不用磁铁能否让胶囊滚动（倾斜大垫板）。

4. "小兔荡秋千"：用铝制易拉罐剪成秋千架子，在罐顶穿上细绳制成"秋千"，用铝片或白纸板制作"小兔"固定在"秋千"上，在"秋千"的底版上粘一块磁铁，然后在易拉罐的底座上再粘上一块磁铁，注意两块磁铁应同极相对，距离要近一些（1cm左右），由于磁铁的同极排斥，会使"小兔"不停摆动，好像荡"秋千"。

5. 电磁铁"钓鱼竿"：在铁钉上缠绕铜丝（至少要15圈），并将铜丝的两头分别接在一节中号电池的两极，固定在一根竹竿上，做成磁性"钓鱼竿"。"小鱼"用吹塑纸绘制，再别上回形针，由于电磁场的吸引力，可以使铁钉尖吸起带回形针的"小鱼"。

四、光

1. 彩虹：在阳光明媚的日子，为幼儿提供水盆、压力喷水瓶，借助阳光做光学小实验，观察小水珠在阳光照射下，形成赤、橙、黄、绿、青、蓝、紫的彩虹现象。

2. 纸片燃烧：提供放大镜和纸片，将放大镜对准太阳，在镜下聚光的地方放一张纸，观察纸片随温度增加而烤焦甚至燃烧，感知光的能量。

3. 影子游戏：让幼儿在阳光下，找找自己的影子，画画别人的影子，还可以做手影游戏和踩影子的游戏。

4. 太阳钟：用纸板制成一个三角形支架，在三角形的侧面画上半圆，从顺时针方向标上时间（从早上6点至晚上6点），并在半圆直径的中点粘上一根垂直于钟面的纸棒。放到太阳下，将指针的影子调到当时时间的刻度，便可从影子的变化了解时间。

5. 多面镜：用厚纸板对折，安上两块镜子在镜前放置一物，可从镜中看见多个同样的物体。开启的角度不同，镜中的物体的数量也不同。如果在此两面镜的基础上加上一面镜，就成为三棱镜，放在彩图上，从镜内可以看到类似万花筒的效果。

活动评析

科学区（角）的活动内容丰富多彩，以操作性活动为主，教师需为幼儿提供各种物品及材料，让幼儿在动手摸一摸、摇一摇、转一转、敲一敲、试一试中增强好奇心，激发探究的愿望。各年龄班科学活动区的设置，应依据幼儿的年龄特点及认知能力，满足各年龄段幼儿的兴趣和需要。

【案例 6-7】 科学发现室活动实例

一、科学探究活动实例

（一）有孔纸片托水

思考：有孔的纸为什么能托住水？

材料：瓶子1个、大头针1个、纸片1张、有色水一满杯。

操作：

1. 在空瓶内盛满有色水。
2. 用大头针在白纸上扎许多孔。
3. 用有孔纸片盖住瓶口。
4. 用手压着纸片，将瓶倒转，使瓶口朝下。
5. 将手轻轻移开，纸片纹丝不动地盖住瓶口，而且水也未从孔中流出来。

原理：薄纸片能托起瓶中的水，是因为大气压强作用于纸片上，产生了向上的托力。小孔不会漏出水来，是因为水有表面张力，水在纸的表面形成水的薄膜，使水不会漏出来。这如同布做的雨伞，布虽然有很多小孔，仍然不会漏雨一样。

（二）带电的报纸

思考：不用胶水、胶布等黏合的东西，报纸就能贴在墙上掉不下来，你知道这是为什么吗？

材料：1支铅笔、1张报纸。

操作：

1. 展开报纸，把报纸平铺在墙上。
2. 用铅笔的侧面迅速地在报纸上摩擦几下后报纸就像粘在墙上一样掉不下来了。
3. 掀起报纸的一角，然后松手，被掀起的角会被墙壁吸回去。
4. 把报纸慢慢地从墙上揭下来，注意倾听静电的声音。

原理：

在报纸上摩擦铅笔，使报纸带电，带电的报纸被吸到了墙上。

（三）掉不下去的塑料垫板

思考：盛水的杯子上覆盖垫板，杯口朝下时，垫板会掉下来吗？

材料：玻璃杯2个、水、塑料板1块。

操作：

1. 将玻璃杯里装满水。
2. 用垫板盖好杯口。
3. 一只手扶杯子，另一只手按住垫板。
4. 将杯口翻转过来，使杯口朝下。
5. 按着垫板的手轻轻放开，垫板不会掉下来。

原理：将垫板覆盖在盛水的杯子口上，因为杯外空气压力比较大，垫板就不会掉下来。

延伸:如果杯子里的水不满或没有水,塑料板会怎样,请你试一试。

(四)光与彩虹

思考:你用什么办法能制作出与空中彩虹颜色一样的彩虹?

材料:清水1盆、平面镜1个。

操作:把镜子斜插入水盆中,将镜面对着阳光,在水盆对面的墙上就能看到美丽的彩虹。

原理:将镜子插入水中时,在对面的墙上就能看到美丽的彩虹,这是光的折射作用。

延伸:小朋友,想一想,还有什么办法可以制造出美丽的彩虹?

(五)自动旋转的奥秘

思考:装满水的纸盒为什么会转动?

材料:空的牛奶纸盒、钉子、60 cm长的绳子、水槽、水。

操作:

1. 用钉子在空牛奶纸盒上扎五个孔,一个孔在纸盒顶部的中间,另外四个孔在纸盒四个侧面的左下角。

2. 将一根大约60 cm长的绳子系在纸盒顶部的孔上。

3. 将纸盒放在盘子上,打开纸盒口,快速地将纸盒灌满水。

4. 用手提起纸盒顶部的绳子,纸盒顺时针旋转。

原理:水流产生大小相等而方向相反的力,盒的四个角均受到这个推力。由于这个力作用在每个侧面的左下角,所以纸盒按顺时针方向旋转。

延伸:

1. 如果在纸盒每个侧面的中心扎孔,纸盒会怎样旋转?

2. 如果孔位于纸盒每个侧面的右下角的话,纸盒将向哪个方向旋转?

(六)水的压力

思考:你们知道水压的大小是由什么决定的吗?

材料:1个空的大雪碧瓶、1卷胶带、1个钉子、水、平盘。

操作:

1. 用钉子在空雪碧瓶上任意一个侧面戳三个孔。三个孔的位置分别是底部、中部和上部。

2. 用胶带把三个孔封住。

3. 将瓶中加满水。

4. 将平盘放在有孔的侧面的下方,将胶布撕开。观察从三个孔中喷出的水有什么不同。

原理:

1. 实验发现,从底部流出的水喷射得最远,其次是中部的水,射得最近的是从顶部喷出的水。

2. 水的压力由深度决定，水越深，压力就越大；水越浅，压力就越小。

延伸：如果你会游泳，你可以在水中感受水的压力。使头位于水深不同的位置，你会感受到耳朵受到的压力是不同的。

（七）水制放大镜

思考：水也能当放大镜，你知道吗？

材料：水、保鲜膜、大碗1个、彩色珠子。

操作：

1. 把彩色珠子放入碗中，用保鲜膜封住碗。

2. 用手轻轻把碗口上面的保鲜膜向下按一些，使保鲜膜成倒锥形。

3. 将水倒在保鲜膜上，通过水看碗中的物体，观察彩色珠子与平时有什么不同。

原理：碗里的物品看起来大了不少，这是因为保鲜膜上的水形似凸透镜，而通过凸透镜看到的物体往往会大于原有形态。

（八）会跳远的乒乓球

思考：将乒乓球放在高脚杯中，你怎样吹气，球才会跳出杯子呢？

材料：高脚杯2个、乒乓球1个。

操作：

1. 把两个高脚杯并排放置。

2. 将乒乓球放在第一个高脚杯中。

3. 从不同角度吹气（对着球的侧面吹气；对着球的上方吹气），看看乒乓球有什么状况。

原理：

1. 向球的侧面吹气，乒乓球不容易跳到第二个高脚杯里去（或跳出来）。

2. 向球的上方吹气，上方压力变小，乒乓球会浮起来，继续吹，就跳入第二个高脚杯里去了。

延伸：换个新方法也能让乒乓球跳到下一个高脚杯里。

（九）瓶子赛跑

思考：装有沙子和装有水的两个同等重量的瓶子从同一个高度滚下来，谁先到达终点？材料：同等大小、重量相等的瓶子2个，沙子、水、长方形木板1块，两本厚书。

操作：

1. 用长方形木板和两本书搭成一个斜坡。

2. 将沙子倒入瓶子中，将水倒入另一个瓶子中。

3. 把两只瓶子放在木板上，在同一起始高度让两只瓶子同时向下滚动。

4. 装水的瓶子比装沙子的瓶子提前到达终点。

原理：沙子对瓶子内壁的摩擦比水对瓶子内壁的摩擦要大得多，而且沙子之间还会有摩擦，因此它的下滑速度比装水的瓶子要慢。

延伸：将瓶子里的物质换一换，再让它们比赛吧！

（十）筷子的神力

思考：把一根筷子插入装着米的杯子中，后将筷子上提，筷子会把米和杯子提起来吗？

材料：塑料杯1个、米1杯、竹筷子1根。

操作：

1. 将米倒满塑料杯。

2. 用手将杯子里的米按紧。

3. 用手按住米，从手指缝间插入筷子。

4. 用手轻轻提起筷子，杯子和米一起被提起来了。

原理：由于杯内米粒之间的挤压，使杯内的空气被挤出来，杯子外面的压力大于杯内的压力，使筷子和米粒之间紧紧地结合在一起，所以筷子就能将盛米的杯子提起来。

二、科学游戏实例

（一）听话的罐子

目标：感知并体验科学小游戏的有趣。

材料：铁罐子1只、橡皮筋1根、重物1件、细铁丝2段。

玩法：

1. 用铁丝钩住橡皮筋两头，将重物挂在橡皮筋中间，将铁丝两头穿过罐子，拉紧固定。

2. 将铁罐子横放在地面，推动后向前滚动，由于罐内有一重物，所以滚动一段距离后又往回滚，直至停止。

3. 玩时可边滚边说："小罐子出去玩吧。"罐子滚出去后喊："回来、回来。"小罐子就听话地回来了。

（二）拼五角星

目标：感受科学小实验的乐趣。

准备：火柴棒5根、玻璃1块（或玻璃台板）、眼药水瓶1个。

玩法：

1. 将五根火柴分别对折，排放在玻璃板上。

2. 用眼药水瓶装满水，在火柴的中心处滴几滴水，折的火柴受湿后就慢慢张开，拼成了一个五角星。

（三）多米诺骨牌

目标：感受力的传递。

材料：长方形积木（或烟盒等长方形物体）。

玩法：

1. 将积木排列成不同的图形，如直线形、圆形、S形或更复杂的图形。

2. 推动第一块积木，从第二块开始依次倒下。

提示：积木摆放恰当是活动成功的关键，两块积木之间的距离约为积木长度的一半。

（四）音乐瓶

目标：知道声音高低与瓶中水多少的关系。

材料：用同样大小的瓶子装不同颜色的水，水量按音的高低进行调试后排列成音符1234567，小棍1根。

玩法：幼儿边敲击瓶子边唱歌，感受音乐的高低，发现音的高低和瓶中水的多少有关系。

（五）多变的物体

目标：知道镜子成像的现象，并发现其中的变化。

材料：长方形小镜子两面、镜与镜之间用胶带连接、小物件、小棍。

玩法：

1. 把两面镜子竖起，中间放小物件，不断调整镜子之间的角度，观察探索角度的大小与镜中物体之间的关系。

2. 把两面镜子竖起来，将小棍放在镜子前面（指导语：你能让镜中的小棍连成三角形吗？还可以连成什么形状？你是怎么做到的？）

（六）会旋转的小白船

目标：体验参加科技活动的乐趣。

材料：塑料垫板、湿布、小船（用坏乒乓球剪成半球形，也可以剪成花瓣形状，并涂上颜色）。

玩法：

1. 用湿布在塑料板上擦一遍，把小船放在上面，倾斜垫板，让小船在上面旋转，不断调整，别让小船掉下来。

2. 垫板倾斜方向是用以调节小船走向的，还可以几只小船同时旋转，以增加难度。

（资料来源：龚平《幼儿科技活动设计与指导》，上海科技教育出版社）

活动评析

科学发现室是深受幼儿喜爱的场所，科学发现室的活动内容极为丰富，活动方式灵活多样，有小实验、小制作、游戏等。科学发现室的活动可以作为集体科学教育活动的延伸，也可以让幼儿按自己的兴趣自由选择进行活动，或者由大班的幼儿带领小班幼儿进行活动。尽管科学发现室没有太多的约束和禁令，但为了让幼儿能积极探究，充分发挥创造性，仍然需要教师尽心准备和认真组织，为幼儿创设一个材料丰富、宽松自由的环境，使幼儿在愉悦的氛围中得到满足。

第二节 生活中的科学教育

一、生活中的科学教育概述

科学就在儿童丰富多彩的生活中,儿童生活中到处都有科学教育。从狭义上来看,生活中的科学教育,特指教师在专门组织的教学活动、区域活动以外,引导幼儿开展的科学活动,是发生在幼儿园日常生活中的科学教育。从时间的跨度上来看,它涵盖了幼儿在幼儿园一日生活的全部时间,包括早晨来园后的时间、自由游戏和自由活动的时间,甚至一日活动的转换环节。生活中的科学教育活动不同于专门的教学和区域活动,组织形式灵活多样,既可以是全班共同参与,如郊游、远足、采摘活动,也可以是部分儿童进行,而更多的则是三三两两自由结伴。它发生在幼儿日常的生活所有事件之中,如喝水、小便、洗手、就餐、饭后散步、午睡前后等。

生活中的科学教育活动对于幼儿学科学具有重要的意义,是必不可少的重要途径。科学是幼儿生活经验的一部分,幼儿生活中的随机经验对幼儿而言是最自然、最有意义、最容易理解和最难以忘怀的。例如,春天来了,幼儿看着满园飘飞的柳絮会去思考:"柳絮是什么?柳絮是从哪里来的?柳絮有什么好或不好?"生活中每天都会产生许多垃圾,幼儿会问:"我们把它丢进了垃圾桶,那么垃圾最终又去了哪里?"……儿童对周围事物的探索每时每刻都在发生,因此能获得丰富的科学经验,如洗手时感知了水的特性,散步时发现柳枝的发芽,进餐时认识了各种蔬菜。儿童对真实情境中的科学表现出强烈的学习兴趣,这样的科学教育活动随时随地有可能进行。儿童在生活中、游戏中或学习中经常会对突然发生的某一自然现象、自然物或有趣、奇特的情景,产生强烈的好奇心,从而自发投入科学探索活动。教师要注意保持对周围生活中科学现象和问题的敏感性,关注幼儿的偶发性科学活动,在生活中丰富幼儿的科学经验,在一日生活中利用和创设科学情境进行科学教育。

二、生活中的科学教育的主要形式

幼儿园一日生活中,天气预报、不同季节的散步与采集活动、偶发的科学教育等,都是生活中幼儿园科学教育的主要形式。

1. 天气预报栏

天气预报是幼儿园生活中的常规性活动,每个年龄班都应设置天气预报栏记录和报告每天的天气状况、适宜的衣着和户外活动。所占的空间不必太大,可以利用门、柜门或适宜大小的墙面,高矮要便于幼儿操作,适宜与幼儿的互动。幼儿学习通过观察、测量、记录等方法多渠道获得关于天气的信息,了解天气特点,感受天气变化,获得有关自然现象和气象等方面的科学经验,切实地体验到科学与日常生活的关系,自己学着并提示同伴根据天气的变化选择适当的衣着和进行适宜的户外活动。不同年龄班的天气预报栏可以采用不同的墙饰表征形式,从小班到大班,幼儿有关天气的知识经验在逐步扩展,他们获得信息的渠道逐渐丰富。

小班幼儿的天气预报栏上可以让幼儿利用他们喜欢操作的、生动形象的玩具和材料进行布置,报告他们看到和感受到的天气情况:阴晴雨雪,是否有风;他们可以通过给娃娃穿与天气相适宜的衣服的方式来表达他们对温度变化的感受,从而培养幼儿观察天气的兴趣,引导幼儿关注和了解天气变化和常见天气现象。通过对天气的关注和天气预报栏的布置发展幼儿的小肌肉动作,提高他们的能力。到了中大班,幼儿可以比小班关注更多的信息,了解多种获取天气信息的渠道尝试着获取较为准确的天气信息。此时,学着将天气情况、风力风向、温度情况等较为准确地记录和在墙饰中报告出来。每天的天气预报员清楚地向同伴介绍自己获得的天气信息和当天适宜的服装、适宜的户外活动。幼儿可以观察与记录早晨、中午、晚上的温度与天气变化,可以在每个月份、季节结束时将获得的信息统计、绘制成图表,依据已有的经验和获得的数据,回顾和讨论这个月、季天气变化的趋势,了解温度变化与周围环境、日常生活之间的关系。此时幼儿对天气特点的把握更加精确,对环境变化规律也有了发现。在天气预报的过程中,发展了幼儿多渠道获取准确天气信息的能力,他们通过自己的经历懂得,天气情况不仅可以通过电视、报纸、电话等多种渠道间接获得,还可以通过自己的观察、观测得到。教师可以用排值日和自愿报名等多种天气预报的方式,来培养幼儿的责任意识。幼儿学习表征和记录天气状况的活动,有利于发展他们的表达能力,同时可以培养幼儿的责任感和对同伴的关爱。

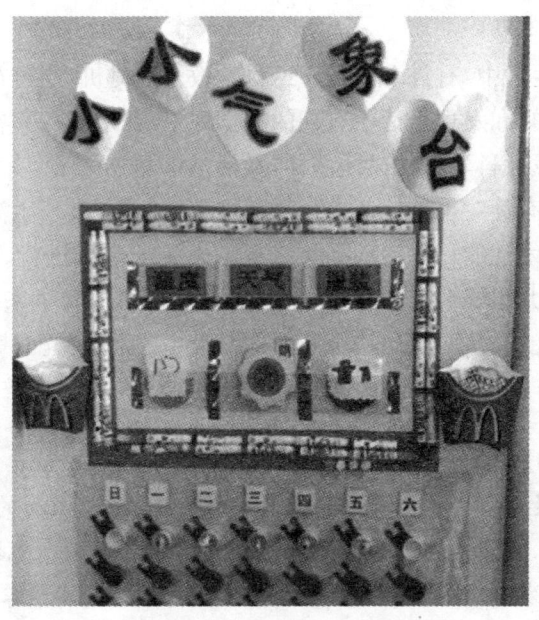

图 6-2　天气预报栏

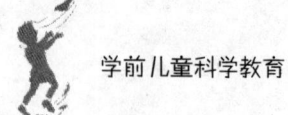

2. 散步、采集

散步和采集是幼儿远足的主要方式,这些活动更加贴近自然的区域,所以对幼儿来说极具吸引力和挑战性。与一般的郊游和玩耍不同,为保证活动富有成效,幼儿的散步与采集活动需要教师进行精心的准备与设计。活动前组织的讨论,探索过程中的引导,活动后的整理、分析和归纳,对幼儿都有着十分重要的意义。

在散步和采集活动中,幼儿可以进行以下学习:

运用感官和各种简单的工具进行观察和探索,发现自然界中各种各样的物质和材料。

收集、比较、分类与交流。幼儿从自然界中收集到的各种各样有趣的物质和材料进行比较和分类,描述和交流它们的特征。

时间的概念。幼儿会在一年不同时间的多次观察中发现自然界的变化,发现动植物在一年四季中有规律的周期变化。

【案例6-8】

散步时,幼儿发现"为什么幼儿园后面的那棵杨梅树不长杨梅"似乎也给了老师一个难题,教师建议幼儿去问问幼儿园里的其他老师。孩子们反馈说,他们问了方园长,原来杨梅树也分雄和雌,雄的树不长果子,只有雌的才长。由此既丰富了幼儿的知识,增强了幼儿观察植物的兴趣,又锻炼了他们主动解决问题的能力,从而提高幼儿观察活动的自主性。

3. 偶发性科学活动

在幼儿的一日生活中,有许多可以渗透科学教育的时机,通过在生活中渗透科学教育,能够帮助幼儿感知和发现生活中有趣的科学现象,并乐于探究各种现象发生的原因与结果。生活中偶发性科学活动灵活多样,从活动的场所来看,有室内的也有室外的。从活动的形式来看,有针对个别幼儿进行的随机教育,也有某一生活事件所引发的小组或集体科学探究,偶发性的科学活动尽量在现象发生的现场进行。如某天幼儿发现教室内有一个光环,幼儿很好奇,教师和幼儿一起寻找光环是哪里来的,最终发现原来是教师的手表反射的光线,从而引出一个系列的科学主题活动"光与影"。

【案例6-9】

一个秋天的早晨,晨间活动时小朋友们来到操场,看到操场的草坪上白茫茫的一片,大家惊呼了起来,有几个跑得快的小朋友率先来到了草地上,他们激动地喊着:"你们快来看呀,小草头发都白啦!下雪啦!"小朋友们看到这一番景象高兴坏了,纷纷玩了起来,有的把"雪花"捧在手心,有的用脚踩来踩去……这时有一个小朋友说道:"这不是雪花,这是霜。"这是霜?什么是霜?霜是从哪里来的?……大家对这些问题展开了热烈的讨论。旁边的教师看到了这一幕,于是在晨间活动结束回到教室之后组织了"霜是怎么形成"这一科学活动。

第三节 家庭与社区中的科学教育

随着现代化社会向信息化社会发展,现代教育的构成愈来愈趋向于家庭、社区、学校三者之间的结合,幼儿园需要家庭和社区的共同支持为儿童科学学习创造条件。《纲要》中指出:"幼儿园应与家庭、社区密切合作,与小学相互衔接,综合利用各种教育资源,共同为幼儿的发展创造良好的条件。"在对学前儿童进行科学教育时,幼儿园与家庭、社会密切配合才能更好地实现科学教育的目标。

一、家庭中的科学教育

家庭是学前儿童接受科学教育最便利的地方,父母是儿童最好的科学启蒙老师,家庭科学教育是学前儿童科学教育的一个不可替代的重要组成部分,所有家长都有一些关于外部世界的知识可以传递给儿童,儿童在入园前的两三年内,已经从家庭里获得了大量的科学经验。入园以后,还会不断地从家长这里接受科学教育。家庭成员是唯一有机会维持引导幼儿一生认知发展的人,在教育中的角色独一无二且至关重要,例如,有的幼儿在养蚕的祖母那里见证了飞蛾破茧而出的过程;有的幼儿能够与同伴分享许多关于船的种类和作用的具体信息,因为她和父母几乎观察了自家房前海湾里的所有船只。这些家庭成员丰富了儿童的科学学习内容,并且增强了孩子了解世界的兴趣,因为他们认识到了这种知识的价值。

最基本的家庭关系影响着幼儿对自然和人类社会的态度,幼儿对世界的态度是欣赏还是漠视,都源自于最基本的家庭关系的影响。许多研究显示,家庭成员对儿童兴趣的支持将会成为幼儿成长的动力,影响着幼儿的发展。《纲要》在"组织与实施"部分中指出:"家庭是幼儿园重要的合作伙伴。应本着尊重、平等、合作的原则,争取家长的理解、支持和主动参与,并积极支持、帮助家长提高教育能力。"这就要求在学前儿童科学教育中,不仅要重视家庭中的科学教育,且还要注意提高家长的科学教育能力。幼儿园应努力与家庭建立教学伙伴关系,美国科学教师协会(National Science Teachers Association)(1994)也认为科学教育需要父母的参与,应优先鼓励父母引导幼儿观察随处可见的科学现象,一起开展科学活动,以及利用各种社区资源。全美幼教协会提出的五项教师职业标准中,第二个标准就是建立"尊重、互惠的关系,支持赋予家庭"。

【案例6-9】 家庭探究活动案例

人体。你的孩子正在获得关于人体系统和结构的新知识,这些知识十分复杂并令他们感到惊异。鼓励孩子尊重和关爱大自然赋予我们的力量。尝试和孩子开展一些简单而有意义的科学活动。

量一量。孩子渴望成长。孩子的身高主要由长骨的生长来决定。请孩子把自己的腿骨与你发育完全的腿骨相比较,评估自己的生长状况。他(她)的腿骨还需要多久才能与你的腿骨一样长？用同样的方法对手掌、手指和脚掌进行测量和评估。请孩子们试穿你的T恤或是夹克。他(她)是否仍然需要成长才能适合你的尺码？和孩子讨论喝牛奶有助于骨骼生长的问题,告诉他们,在我们安静睡觉的时候,骨骼生长得最快,所以必须要保证充足的休息时间。

生长记录。当发育成熟后,某些身体部位会继续生长。提醒孩子注意,虽然你已经不再长高,但是头发和指甲仍然在不断生长,并且每年都要剪许多次。尝试和孩子一起观察指甲缓慢生长的过程,用圆珠笔在指甲与手指表皮的交接处做个记号,如果你有透明的指甲油,可以涂在上面作为保护膜。观察指甲上的记号需要多长时间才能远离指尖的表皮。比较你和孩子指甲生长的速度,引导他们了解,皮肤的生长会伴随我们的一生。

空气。你的孩子已经对空气的某些特性展开了探究——空气是无形的,空气是所有生物赖以生存的物质。听一听孩子在科学实验中的发现,然后可以和他(她)在厨房中开展一些简单的实验。

神奇的气压。和孩子一起体验奇妙的气压实验。你需要准备一个轻便、透明、带盖的塑料罐(一个准备丢进垃圾回收箱的空花生油罐正好合适)。首先,在罐子的底部凿一个大约直径1厘米的小洞(洞的大小可插入一根吸管)。在水槽边,请孩子给罐子装满水,问一问他:"发生了什么事情？"(一股水从洞中涌出)快速拧紧罐子的盖子,继续询问:"现在发生了什么变化？"(水流不再涌出)"是什么在压住罐子的边缘让水不再往外流呢？"给孩子留一点时间寻找答案。让孩子继续在水槽边玩水,时而打开罐子的盖子,时而盖上盖子。在第二天、下一周或者下个月,继续和孩子讨论并分享实验的发现。通过这种方式,气压将会成为孩子信息储备中一个永久组成部分。

天气。太阳温暖了大地。空气在被地面暖热时上升,在冷却时下沉,这样就产生了我们称之为"风"的空气运动。它和空气携带的湿气一起构成了"天气"的各种条件。你的孩子已经初步探究了太阳、空气和水相互作用并产生"天气"的奇妙现象。现在,在家与孩子一起分享一些与天气有关的研究吧！空气上升和下沉:与孩子一起寻找家里或公寓里是否有流动的空气。在绳子的一端粘贴一张长纸带,再把绳子的另一端粘在门框上,让纸片自然垂落。和孩子一起静静地观察纸带随气流飘动的现象。接下来,和孩子一起探索气流上升和下沉的现象。请孩子小心地把手放在100瓦灯泡的上方,感受温暖的空气。然后,拿住一张约1.5厘米长的薄纸条一端,水平地放在灯泡上,观察纸条在温暖空气的推动下向上飘动的现象。然后,把冰柜或电冰箱的门打开一条小缝,让孩子拿着纸片放在它下面。冰冷的空气会推动纸片的一端往下弯。和孩子一起探讨风的形成过程:在地球的各个地方,有些空气被太阳照暖了,有些空气还是冰冷的。冷空气会向暖空气的下方移动,而暖空气则会上升,所有那些不断移动和奔涌的空气就是我们所说的风。

风干现象。和孩子一起观察和讨论生活中常见的空气带走湿气的现象：一个从冰箱里拿出来的干瘪的萝卜或苹果、一块干脆的面包、曾经潮湿但现在变干了的手套、厨房柜台上被风干的剩菜。这些例子都说明了空气会把它所接触到的物体中的湿气带走。

凝结现象。引导孩子观察暖空气中的湿气遇到冰凉的表面后是怎样凝结成小水滴的,例如观察外卖热饮的杯盖底部和洗浴后浴室的镜子等。

在一个宽大的塑料碗里倒满水,把它冷冻成冰。每隔一个小时检查一次冷冻的过程,观察碗边的水比碗中间的水更早结冰的过程。提醒孩子,户外的池塘或小河结冰时也是这样。对于生活在寒冷气候中的孩子来说,这是必须了解的安全常识。即使河边的冰层已经很厚并且能供人安全行走,但是河中间的冰可能仍然很薄,在上面行走并不安全。

声音。你的孩子已经对声音有所了解：声音是一种能通过空气、水和固体的振动得以传播的能量形式。听听孩子关于声音的新见闻,然后尝试一起在家里做一些非正式的实验。

摸一摸,看一看。和孩子一起探索家庭里的声音。现在,他(她)已经知道声音是由振动的物体产生的。首先做一个触摸实验,看某些物体是不是正在发出声音：用手指捂住耳朵,分别在洗衣机或干衣机运转和停止的时候用手肘触摸它们的表面。你能在耳朵被捂住的情况下说出哪个物体正在发出声音吗？请孩子谈一谈他们对振动的物体发出声音的理解。

现在放一小瓶水在洗衣机或干衣机上,再次捂住耳朵。观察在打开和关闭机器时,瓶子里的水的情况。你会看见水在玻璃瓶里振动,这是机器振动并发出声音的结果。松开耳朵,你就能听到机器的声音并看到机器振动所产生的影响。

大声一点！一些物体可以让声音变得更大。和孩子一起玩一玩悄悄话的游戏：先对自己轻轻地说"你好",然后用手捂住耳朵再说一次。这次的声音听起来会更大,因为嘴巴和鼻子里振动的空气会带动头部其他部位的振动,从而使声音放大。体验一下聆听自己声音的乐趣吧！

光。你的孩子已经发现了一些关于光的有趣概念：光是一种能使植物生长并能让世界可见的能量形式。听一听他们对于光的作用的想法,然后一起分享影子的乐趣。

分享影子的乐趣。夜晚的家里是孩子学习影子的好地方。他已经知道影子的产生是因为光线不能穿透某些物体。所以,你可以找一个强光手电筒或可以调节光线的聚光台灯,和孩子一起在黑暗的房间里探索影子的秘密。

1. 让孩子站在灯的前面,面向墙壁站立,用灯光照向孩子的背部。请孩子观察墙壁上自己的影子。然后,请他慢慢向前走,观察墙壁上影子的变化。

2. 操作同上,但这次把灯贴近地面。然后试一试让灯光从孩子的头顶照过去。请孩子观察灯光的变化怎样影响影子大小和位置的变化。

3. 让另一束光源从不同的角度照向孩子,现在墙上会有几个影子呢?(假如你打算在夜灯下玩球类游戏,记住向儿童指出有多少个游戏者的影子)

4. 将两张蜡纸放在灯光前面,请孩子观察当一些灯光被纸挡住后自己影子的变化。告诉他(她),这时影子的变化就像太阳被云遮住时我们的影子会产生的变化一样。

5. 体验用一些熟悉的物体制造影子的乐趣:餐具、刀叉、梳子以及任何你能想到的东西。给孩子做一些你在童年时学过的手影。

6. 试着发现孩子的影子在黑暗的房间里发生了什么变化。

在晴朗的天气与孩子一起外出时,你可能想穿戴一些能产生影子的衣物来保护自己免受阳光的照射,例如太阳镜和遮阳帽。

和孩子一起走在霓虹闪烁的街道上时,留意你们的影子怎样一会儿在前面,一会儿在后面,或者在前、后、旁边同时出现。告诉孩子,不同方向的光线会产生不同的影子,你的身体挡住了光线的照射。当灯光从各个方向照射过来时,你的影子可能会不止一个。留意家里在一天中的不同时段所出现的影子,看看你和孩子能否发现是哪些物体挡住了光线形成了这些影子。

(资料来源:[美]吉恩·D.哈兰,玛丽·S.瑞维金:《儿童早期的科学活动——一种认知与情感相整合的学习模式,江苏教育出版社》)

二、社区中的科学教育

同时,随着社会经济、文化、科技的发展,社会系统对教育的影响越来越大,也使教育与社会的关系越来越密切,突出表现在社会信息源的多渠道化。媒介成为一个主要的学习促进者,大众传播媒介的普及,增加了儿童接触科学的途径,使儿童从幼儿园以外获得的科学信息越来越多,所受到的影响也越来越强烈。社会科学教育成为学前儿童科学教育不可缺少的一个重要组成部分。

全国各地的社区都有着丰富的科学教育资源,这些资源可以用来巩固和丰富幼儿园科学教育的效果。社区中既有动植物也有很多的房舍、设备及其他基础设施,还有人们的活动,让孩子有目的地去观察小区的环境,将大大促进幼儿观察能力的发展。如,进入社区时,教师或家长的引导语可以这么说:

小区里哪些树木跟幼儿园的树不一样?

找一找,小区里有没有幼儿园没有的草?

小区里,湖的两岸的房子有什么不一样?

看看小区里有动物吗?有哪几种?

找找比我们的手掌还要大的树叶。

找找比我们的指甲还要小的树叶。

小区里的小路是否都一样,不同在哪里?看看树叶有没有变化?

幼儿在观察过程中获得的往往是零散、片面的信息,所以教师与家长应善于发现日

单元六　学前儿童科学教育的其他途径

常生活中所拥有的观察资源和教育契机,引导幼儿关注身边的事物和现象,通过谈话的方式帮助幼儿进行回忆,及时帮助幼儿进行总结,还可以利用这种方式循序渐进,更好地发展幼儿的观察力。

此外,儿童科学博物馆、动物园、水族馆、青少年科技活动中心、天文馆等都为儿童及其家庭提供了多样的科学学习项目,幼儿园与家庭的科学教育活动可以与之建立联系,通过组织一些动手操作式的科学休闲活动、夏令营、家庭科学节等为幼儿提供一些有价值的学习机会,激发幼儿探究世界的好奇心。例如,可以带领幼儿参观当地的植物园、动物园,参加环保展览等;年龄较大的儿童往往对太空具有浓厚的兴趣,可以带领他们去参观天文馆,在那里幼儿可以发现巨大的星球,认识到自己只不过是更大系统的一小部分。

【案例6-10】

美国芝加哥植物园的科学教育实践(节选)

主题项目	分项目名称	活动内容和目的
幼年(Green Sprouts-Ages) 年龄:4岁至5岁	昆虫世界 (Bug Brigade)	近距离观察蝴蝶和蜜蜂,学会制作吸盘收集和研究昆虫
	趣味物理 (Fun with Physics)	教师演示基本的物理实验并解释自然界的一些规律,儿童研究沉浮的原因、磁铁的作用和静电
	植物园之旅 (Garden Expedition)	调查树木、叶子和大草原植物等,探索伊利诺伊州必须提供的自然条件,学习如何为后代保留大自然的奇观
	植物园食品店 (Garden Groceries)	收获植物园的一些作物;在学习使用厨具的同时制作一份美味的点心;自己种植一个香草园
	栖息地探险家 (Habitat Hunters)	探索植物园提供的不同的动物生存环境;学习如何跟踪动物以及为这里的一种动物制造一个栖息地
	寻宝 (Hidden Treasures)	使用地图寻找路线,制作一个藏宝箱,并挖出一个宝物收藏,并带回
	狂热科学家 (Mad Scientists)	探索萤火虫为什么会发光,叶子为什么会变色,鱼是不是需要睡觉
	自然的艺术 (Nature Art)	探索各种来自于自然的艺术创作形式;利用太阳的能量打印和染色;利用泥土做雕塑;从花朵中找到水彩画的灵感
	发芽的奥秘 (Sprouting Wizards)	通过基本的化学实验,探索土壤、液体和气体的成分、关系与作用;在植物园中挖掘、种植、浇水、除草和播种
	超级幼苗 (Super Seedlings)	通过一起合作,创造自己的园子;练习种子的解剖,成为真正的园丁

三、家园、社区协作开展科学教育

社区教育是运用本社区教育、文化等资源,面向本社区全体公民,以促进本社区人的发展与社区发展为目标的各类教育活动。教育部等七部门关于推进学习型城市建设的意见中提出要广泛开展社区教育。教育部《2003—2007年教育振兴行动计划》也提出积极推进社区教育。充分利用社区内现有各类教育资源,实现教育资源共享,使现有教育资源发挥更大的作用。各类学校、教育培训机构和各种文化体育设施都要有组织、有计划地向社区开放,积极开展多种形式的社区教育培训活动。

当前,幼儿的发展已不再是幼儿园单一环境的事情,因为他们生活在一张"意义之网"中。在尊重幼儿园教育专业性的基础上,充分发挥幼儿园的主导作用,同时充分发挥社区的引导功能,注重家庭与社区教育资源的有效开发和利用是学习型社会发展的趋势。社区是幼儿园宣传的重要平台,蕴含着丰富的教育资源。社区参与到协同教育中,既可以帮助幼儿园了解该区域家庭的需求,还可以客观的视角看幼儿园的发展,帮助家庭以及社会有效监管与评价幼儿园的发展,逐步形成以本社区为核心的辐射拓展,最终实现家庭、幼儿园、社区的协调统一,促进教育资源的优化共享。

首先,社区应定期组织家长育儿指导活动。幼儿园教育对象主要是3~6岁幼儿,由于社区缺少专业的师资队伍,故而可与幼儿园联手,组织志愿者教师走进家庭,指导父母进行育儿工作,帮助家庭解决教育困惑,如可以定期开展送教入社区、社区走进家庭等活动,实现家、园、社区携手促进幼儿发展。同时,社区的多种环境都是幼儿园主题活动的重要来源。结合幼儿园的周边环境,幼儿园可通过"请进来,走出去"的方式,开阔幼儿的视野,弥补幼儿园教育与家庭教育资源的不足,拓展幼儿园科学教育内容,让生活走进课堂,让幼儿融入自然。

其次,应充分发挥社区的评价、监督与反馈的作用。社会对幼儿园的评价是幼儿园成长的航标,幼儿园对社会的接纳与引入是其社会性功能发挥的重要表现。开门办园,让社区人员走入幼儿园参观、了解幼儿园文化,能够帮助幼儿园挖掘潜在的教育资源,还可以建立部门的友谊,实现教育资源共享,为家、园、社区协同教育提供有效的监管,促进幼儿园提高教育质量。

实训内容

1. 请选择一个年龄班级,为所选班级的科学区设置所需要的材料。时间是上学期,材料种类与数量不限。

2. 请选择一个年龄班级,为所选班级的自然角设置所需要的材料。时间是下学期,材料种类与数量不限。

3. 到幼儿园观摩幼儿园科学区活动,记录幼儿园小班、中班、大班的科学区材料设置,观察记录科学区的活动。

4. 调查某个幼儿园所在社区的科学教育资源,并分析这些科学教育资源对幼儿园科学教育的价值。

拓展延伸

幼儿园 STS 教育的研究

STS 即科学、技术和社会,是英文 science,technology 和 society 的缩写。作为一个专门的研究领域,STS 在西方兴起于 21 世纪的 60 年代。

一、提出幼儿园 STS 教育研究的理论背景

当今是一个技术革命的时代——有人统计,全世界在 60 年代的技术发明,超过了过去 2000 年的总和。STS 的产生和兴起,正是起因于科学技术的迅猛发展,以及这种发展给人类生活带来的深刻变化。这些变化使人们不仅看到了科学、技术和社会之间的紧密关系,还看到了技术的巨大力量。人们开始意识到技术不仅仅是作为科学的附庸而存在,而且是一种相对独立的、不同于科学的力量,是联系科学和社会的纽带。同时,人们也在反思科学技术的发展给人类带来的正反两方面的影响,最终认识到,不能再把科学看成是"科学家自己的事情"而独立于社会之外,而应强调科学知识的应用和科学的价值取向,即科学要为促进人类的进步和幸福服务,进而形成一种全新的科学观,即从科学、技术和社会三者的紧密联系来看待科学,以整体的、社会的、人文的价值观来看待科学。

这些观点很快反映在西方的教育变革中,形成了 STS 教育。STS 教育的大致主张是:

(1) 重视技术教育,主张向儿童介绍一些技术知识,让儿童了解技术的中介作用。

(2) 强调知识的运用,主张让儿童通过参与社会生活和解决实际问题获得对科学知识的理解。

(3) 主张让儿童了解科学技术与社会之间的关系,以形成儿童对科学的价值的认识。

STS 教育在西方的产生,实际上就是对现实社会中存在问题的应答。它是对因人们滥用科学技术而导致的各种社会问题的反思,也是对过去崇尚理性探究、而忽视其社会价值的科学教育的反思。STS 教育的最终目的,就是培养一代具有科学素养和社会责任感的公民,以解决当前和未来人类面临的问题。STS 教育在实践中形成了不同的模式:大多是立足于科学课程的改革,在其中渗透 STS 精神;也有将现有的社会课程和科学课再加以综合,形成一个专门的 STS 课程。我国在 80 年代中期引进 STS 教育理论,并进行了大、中、小学理科教学的改革,以体现 STS 精神。例如,以最新科学、技术知识和社会生活内容充实理科课程,开设 STS 选修课程和专题讲座,开展科技活动等。

二、我国幼儿园STS教育实践及研究的现状

从实践方面看，开展幼儿园STS教育的研究也是当前我国幼儿教育进一步改革和完善的需要，尤其是幼儿科学教育深化改革的需要。

自80年代起，我们陆续引进了西方儿童科学教育理论和有益经验，对原有的幼儿自然常识课程从教育观念、教育目标、内容和方法、手段等进行了全面改革，提出了以科学素质早期培养为宗旨，以幼儿为主体、教师为指导，促进幼儿全面发展的幼儿科学教育当时就曾提出科学教育应该"帮助儿童理解科学技术和整个社会的相互影响"（王志明：《幼儿科学教育》，江苏教育出版社1990年版，第25页），但由于对STS教育缺乏系统的研究，因而在实践中也没有引起必要的重视。

90年代以后，STS教育的精神开始在幼儿科学教育的改革实践中逐步得到体现。如在教育内容上，增添了认识人工自然的内容，向幼儿介绍科技产品及其用途，科学教育的范围也涉及社会问题，环境教育得到重视，还有的幼儿园开展了科技小制作活动。但总的说来，当前幼儿科学教育的现状仍然是：比较强调幼儿在活动中感知、探索发现、认识客观自然界、自然物、自然现象的联系和关系，而忽视技术、科学发现和技术制作的联系，科学的应用和技术的作用，以及科学、技术和社会三者的关系；比较重视使用感官、观察、分类、测量、表达、思考、解决问题等学科学的方法的学习，发展感知、观察、思维、交往等能力的发展，而忽视技能的学习，动手操作能力的培养；比较重视幼儿对自然界的关注、好奇心和探索科学的兴趣的培养，而忽视培养儿童对技术的关心和兴趣，对科学、技术对社会影响的关注。

三、明确幼儿园STS教育的内涵

经过理论学习和研讨，我们理解STS教育的实质就是在一种全新的科学观指导下的科学教育，即从科学、技术和社会相互联系、相互渗透、相互结合的观点来理解科学和科学教育。STS理论对于科学、技术、社会以及三者之间的关系都做了明确的回答，这些是STS教育的逻辑起点。我们对幼儿园STS教育的理论思考也是从这个问题开始，即对于幼儿来说，科学、技术、社会以及幼儿园STS教育的实际含义应该是什么。

首先是"科学"的含义。从STS理论的观点看，科学是探索和发现，是获取知识的过程。科学和我们每个人的生活乃至整个社会都是密切相关的。科学不仅存在于实验室中，生活中处处都有科学。科学还关系到整个社会，关系到人类的未来。

以上观点对于我们揭示"幼儿的科学"的独特内涵大有启示。幼儿也有其科学世界，他们的科学正是生活中的科学。幼儿科学教育也应立足于幼儿的生活，把获取知识和应用知识联系起来。过去有些教师精心设计许多实验材料让幼儿做科学实验，但是这些实验和幼儿的生活经验距离甚远，结果只能是为知识而知识，而不能使之得到实际的应用。这一问题正是STS教育需要避免的。我们认为，获取知识是为了应用知识，而且，对于幼儿来说，他们的科学知识也不是一种抽象的、学科性的科学知识，而是和生活实际的具体现象和具体事物联系在一起的科学知识，即具体的、应用性的知识，换言之，幼儿科学知识的获取应该和知识的实际应用紧密地结合在一起。

其次是"技术"的含义。技术是过去的幼儿科学教育中所没有的概念。我们或是将它和科学混为一谈,统称为"科技",或是加以回避,而没有考虑到幼儿不仅有一个科学的世界,也有一个技术的世界。事实上,技术并不神秘,它就是一种方法、技能,即"怎样做"的学问。技术也是一种知识,而且不同于科学知识,它是关于如何应用科学知识的知识。

幼儿可能获得的技术知识有两种,一是他们在生活中接触和了解的技术及其应用,二是他们自身所掌握的一些操作技巧。相应地,幼儿的技术教育也包含两个方面:一是向幼儿简单介绍生活中常用或常见的技术,以使其了解技术的转化和中介作用,如无籽西瓜的培育就是一种技术,我们可以让幼儿知道,正因为这一技术才使我们吃到无籽西瓜。二是让幼儿掌握一些简单的技术,包括使用工具的技术、科技小制作的技术等。工具是技术的物化,幼儿对工具使用技术的掌握首先要建立在对工具的结构原理的认识基础上,幼儿完成一个科技小制作也要了解它的科学原理。在这些过程中,幼儿能够获得不同于前者的对技术的直接的体验,在发展操作技能的同时加深对于技术的理解。

至于"社会",对幼儿而言,其含义应是非常狭窄的,仅限于他的生活范围,也就是他所能具体接触的事物。但即使是幼儿所接触的具体事物中,也有很多是和科学、技术有关的。幼儿在认识社会生活的同时,也能受到科学技术的教育。比如幼儿一日生活中的进餐活动,就涉及营养的均衡、进餐的技能等问题。

根据以上分析,我们所理解的幼儿园STS教育的内涵是:

(1) 生活化的科学教育,即以幼儿生活中熟悉的事物和现象为探索内容,让幼儿在生活中学习科学;

(2) 以操作技能的培养为核心的技术教育;

(3) 向幼儿介绍科学技术在生活中的应用,通过具体的事物让他们在感性经验的水平上获得对科学、技术和社会关系的了解;

(4) 科学价值观的启蒙,激发幼儿科学创造的欲望和运用科学为人类造福的愿望。

四、探索幼儿园STS教育的实践模式

根据以上的理解,我们从目标、内容、方法等方面对幼儿园STS教育的实践模式进行了探索。在实践过程中,我们并没有摒弃原有的幼儿科学教育,而是在过去进行的科学教育基础上加以丰富和补充,即在过去强调探索发现自然界的科学现象的基础上,引导幼儿更多地关注技术,重视科学、技术在幼儿生活中的应用(作用),重视科学与技术的联系,科学探索、发现与技术操作、制作技能的联系,以及科学、技术对社会的影响等。

1. 教育目标的探索

在原有的科学教育目标体系的基础上,我们重点强调了以下的一些目标:

(1) 知识方面。注重让幼儿初步了解科学技术在现代社会生活中的运用,引导其注意到科学、技术和社会的相互关系。

(2) 技能方法方面。注重幼儿操作技能的培养,包括引导幼儿学习正确使用常见科技产品的方法,以及运用各种工具和多种材料进行科技小制作的技能。

(3)情感态度方面。注重培养幼儿对社会生活中的科技产品的关注和兴趣,萌发其正确的科学价值观。

2. 教育内容的探索

我们在过去科学教育的内容基础上,根据幼儿园 STS 教育的观点,修改或重新设计了一些教育内容,主要包括以下几个方面:

(1)认识生活中常见的科技产品,了解科技产品的发展与进步。如"交通工具的进步""房子的变化""电动豆浆机"等活动。

(2)学习使用生活中常用的工具,了解工具的用处,发展操作技能。如"使用榨汁器""用刷子""试试小锤子"等活动。

(3)了解或学习生活中简单的技术。如"吃西瓜""做菜团""会变的面粉""面包的制作"等活动。

(4)在探索科学现象的基础上,学习制作简单的科技玩具。如"做风车""做不倒翁""自制喷水壶""有趣的弹力玩具"等活动。

3. 教育方法的探索

我们认为,尽管幼儿对于技术知识的掌握有不同于科学知识的地方,即需要通过练习达到熟练化,但也要建立在自己发现的基础上。如果舍弃儿童的探索过程,完全变成教师教技术,那么幼儿将变成"手工匠",幼儿的学习就会变成机械的训练,这是非常危险的。幼儿园 STS 教育中确实有不少内容需要通过教师的介绍,但这种介绍也应联系幼儿的实际生活经验,否则就会变成简单的说教或道德灌输,而违背了科学教育的精神。因此,幼儿园 STS 教育在方法上仍坚持立足于儿童的科学探索,立足于儿童的动手操作,立足于儿童的直接生活经验。

4. 教育实践的效果

幼儿园 STS 教育的实践取得了较好的效果。它证明了在幼儿园开展 STS 教育是完全可行的;同时,幼儿园 STS 教育活动的开展,使幼儿科学教育活动的内容更加丰富,形式更加生动活泼。实践证明,STS 教育的内容完全能够为幼儿所接受。实际上,科学技术离幼儿并不遥远,幼儿完全有可能了解科学技术。当代科学技术已经渗透到社会生活的方方面面,包括幼儿的生活中,这些都为幼儿的 STS 教育提供了可能的教育内容。当代幼儿所生活的世界,不单是一个自然的世界,更是一个技术的世界。幼儿在接触自然物的同时,也接触到很多科学技术的应用。而且这些科技产品由于其外形或功能上的新奇性,往往特别容易吸引幼儿的兴趣。比如,我们设计了认识电话机的活动。幼儿对此表现出浓厚的兴趣。他们不仅知道电话机,还会打电话,甚至还知道寻呼机、移动电话等现代的通信工具。尽管幼儿还不能深入理解这些技术内部的细节,而只是从外部形态或简单的功能上加以了解,但这正是对技术的初步认识。只要我们在幼儿所熟悉的周围事物中,选择他们能够理解和愿意了解的内容进行教育,就能为幼儿所接受。

STS 教育也符合幼儿学习科学的特点,深受幼儿的喜爱。幼儿的科学不是实验室里的科学,而是和生活紧密联系的科学:他们探索的内容是身边常见的科学事物、科学现象,他们喜欢动手操作和制作,对生活中的新鲜事物充满了兴趣。而STS教育让儿童通过实际的操作和制作活动学习,不单是在实验室中研究科学,还要关注周围生活中的实际问题,在解决问题的过程中应用知识。幼儿既能亲身参与活动,感知、探索、发现自然的奥秘,又能动手操作、"制造"……科技产品,看到自己的成果,体验成功,感受喜悦。它不仅有利于幼儿的科技兴趣的萌发、技能的习得、动手操作能力的培养,而且促进了幼儿的自信心、自尊心、独立性、创造性的发展。总之,STS教育使得幼儿园科学活动的内容更加丰富和生动了。

(资料来源:王志明,张俊:《幼儿园STS教育的研究》,《幼儿教育》)

单元七

学前儿童科学教育的评价

1. 了解学前儿童科学教育评价的含义、内容与意义。
2. 掌握学前儿童科学教育评价的方法。
3. 学会运用评价方法进行学前儿童科学教育评价。

评价是幼儿园教育工作的一个重要组成部分,幼儿园教育评价工作涉及不同的对象、目的和内容,渗透于幼儿园教学活动的各个环节。作为一名幼儿园教师,在进行科学教育时,需要对幼儿的科学学习进行评价,评估幼儿的发展状况,科学教育行为本身也需要评价,了解科学教育活动的实施情况。本单元具体介绍科学教育活动的评价、幼儿科学学习与发展的评价及科学教育评价常用的一些方法。

第一节 学前儿童科学教育评价概述

一、学前儿童科学教育评价的含义

评价能够帮助我们更好地了解幼儿和改进教学,教师对幼儿科学学习状况的了解,并非一定要通过严格、精确的定量分析方法,而更应在真实、具体的教育情境中,通过多样化的方式来收集信息,做出评判。对教师来说,在进行学前儿童科学教育时,判断是否把握了科学教育的原则、方法,以及科学教育活动的设计和实施是否适当等;对学前儿童来说,在科学教育活动中,科学探究能力和科学态度是否得到了应有的发展等,需要及时做出正确的判断。因此,学前儿童科学教育评价是以学前儿童科学教育为对象,根据一定的标准,采用一切可行的评价技术和方法,对学前儿童科学教育的现象及其效果进行测定,分析目标实现的程度,做出价值判断的过程。

学前儿童科学教育评价包括两个方面的内容,分别是幼儿科学学习的评价和教师的科学教学组织评价两个方面。幼儿的科学学习包括三个维度,分别是科学情感态度的养成、科学探究能力的获得、科学知识经验的学习。因此,幼儿科学学习的评估,从内容上来说,同样包括三个方面,即对科学情感态度的评估、对科学探究能力的评估、对科学知识的评估。幼儿科学教学活动的设计与实施主要包括四个方面:科学活动目标的制定、科学活动内容的选择、科学活动方法的选择、科学活动过程的组织。因此,幼儿科学教学的评价也相应可以分为这几个方面:科学活动目标的评价、科学活动内容的评价、科学活动方法的评价、科学活动过程的评价。科学教育评价还可以从动态和静态的维度,划分为学习过程评估和学习结果评估。学习过程评估与教育过程密切联系,注重从动态的维度,追踪、呈现幼儿的学习和变化过程。而学习结果评估则是从静态的维度,鉴别、检测幼儿在接受科学教育之后的学习成果。

在当代教育评价的实践中,越来越强调教学与评价相结合的观念。也就是说,科学教学评价和幼儿科学学习与发展的评价并不是两个相互独立的活动,而是你中有我、我中有你的关系。科学教学本身就具有评价的作用,评价也不必独立于教学活动之外专门进行,可以结合教学进行,做"嵌入式评估"。

二、学前儿童科学教育评价的意义

学前儿童科学教育评价工作,对幼儿的科学学习与发展、对教师的科学教学进行评价具有多方面的意义。检验幼儿科学素养的发展水平与幼儿园科学教育活动的开展效果的同时也可以保证教育目标的实现,促进教育质量的提升,从而实现幼儿的全面发展。概括来说,学前儿童科学教育评价的意义包括以下几个方面:

(一)诊断功能

教师在教学活动开始之前或之初,为了了解幼儿已有的学习经验和认识,可对幼儿进行诊断性的评估。例如,教师在开展有关"影子"的教学活动之前,想了解幼儿对于影子的已有经验是什么,就可以通过和幼儿谈话,让他们说说影子是什么,影子是怎么来的。通过这样的评估所获取的信息具有"诊断"的意义,也就是说,教师可以通过评估了解幼儿有关影子已经有了哪些认识,并对这些认识进行"诊断":哪些是正确的认知?哪些是错误的认知?对于错误的认知,如何通过教学引导幼儿修正?由此可见,具有诊断功能的评估是有效教学的开始。

(二)反馈功能

学前儿童科学教育是在一定的教育目标指引下进行的活动,它最终是否实现了预定的目标,需要通过评价加以检查和反馈。因此,学前儿童科学教育的评价是实现教育目标的基本保证。在具体评价时,可以对一个幼儿园的科学教育课程进行评价,通过对照该课程的目标体系,对课程设计和实施的整个过程进行系统的评价,从中了解该课程的实施是否实现了原定的教育目标;也可以对某一次科学教育活动的过程和结果进行

评价,了解和评价科学教育活动的效果等。在教学活动过程中的评估则具有反馈学习状况的功能。教师为了了解教学的效果,可在教学过程中对幼儿的学习结果进行即时的评估。例如,教师开展了"寻找影子"的活动,让幼儿在操场上寻找各种影子并且画下来。教师逐一了解幼儿的发现和记录,通过这些信息来评估他们是否掌握了影子的特征(颜色、大小、形状等)。这一评估性活动可以向教师及时反馈幼儿的科学学习状况:幼儿是否知道什么是影子?他们对于影子的观察和表征能力如何?教师可以借助这些反馈信息来决定是否需要在教学过程中引导幼儿进一步观察影子的特征,或和幼儿讨论如何更好地表征影子的特征。

评估的反馈功能不仅指向教师,也指向幼儿。在上述例子中,教师和幼儿讨论其发现和记录,同时也是在向幼儿反馈其学习状况。幼儿通过这些反馈,可以明确自己对于影子特征的观察是否正确,对于影子的表征是否合适,还有哪些可以改进的地方,等等。通过科学教育评价,可以敏锐地发现新问题、新情况,并不断地加以修正,使科学教育的薄弱环节加强,改进科学教育工作,判断科学教育过程中的每一个步骤是否真正有效。

(三)鉴别功能

评价结果有利于教师对幼儿学习与发展的支持,有利于了解幼儿的兴趣和需要,对个别幼儿制定计划和进行指导。幼儿学习与发展具有个体差异,教师需要了解幼儿的个别差异才能做到因材施教。通过对某个群体(如全班)幼儿科学学习的评估,可以帮助教师了解幼儿的个别差异。需要指出的是,评估可以鉴别幼儿的个别差异,并不是说我们要通过评估给幼儿贴上"好"和"差"的标签。教师应该了解并欣赏幼儿的个别差异,并将幼儿丰富多样的学习表现作为教学的资源,以促进幼儿的相互了解和交流,丰富其对科学现象的理解。

(四)激励功能

评估具有激励教学的功能。评估的结果激发教师改进教学的强烈动机。无论是正面的还是负面的评估结果,都能构成对教师的激励。此外,评估还具有对幼儿的激励功能。尤其是正面的评估结果,会激发幼儿持续深入的学习。往往教师对幼儿的一句不经意的赞许或表扬,都会给予幼儿自信和学习的动力。例如,在引入一个主题后,教师给了每位儿童一个评论或提问的机会,而她则迅速记下孩子们说的话。第二天,她把这些记录打印下来贴在教室的门上,供所有儿童查看,这些活动又会促使儿童更加积极地进行小组讨论、写日记以及绘画。

评价是一种价值判断,也是影响一个人学习能力的重要因素。传统的幼儿科学活动所关注更多的是科学知识的获得,导致评价的内容只重幼儿是否掌握科学知识,评价的方式也一般是在活动后把孩子们集中起来进行简单的总结。《纲要》指出,要"淡化评价的选拔和甄别能力,发挥评价的激励与促进发展功能"。在教育实践中,评估的各项功能的实现不是单一的,教师应综合考虑各方面的需要,尽量发挥评估的多方面功能,改变以往只重诊断性评价、终结性评价的倾向,采用多维度评价以促进每个幼儿科学素养的发展。

三、学前儿童科学教育评价的原则

学前儿童科学教育是一种启蒙性教育和综合性教育活动,评价要从评价主体、标准、方法、内容等多元化入手,着眼于幼儿的学习过程和发展状态,促进幼儿对科学活动的积极参与以及科学教育活动质量的提高。学前儿童科学教育评价应遵循以下基本原则:

(一)多主体评价原则

《纲要》强调幼儿的主体地位,教师在科学活动中要改变以往单一的教师评价幼儿的模式,在活动中采用教师评价幼儿的同时引导幼儿开展同伴评价和自我评价,实现评价主体的多元性。例如在"撒下水的是什么"这一教学环节中,教师在幼儿以两人一组合作实验结束后,用"你们实验成功了吗?那说说你们在实验中发现了什么?"这样引导每组幼儿大胆介绍自己组的操作过程和结果,不仅可以帮助幼儿思考自己的行为,还有助于其他组幼儿了解同伴在操作过程中的想法和思路,通过参与评价综合比较自己的操作和探索。通过自评、他评、互评等多种方式相结合的方法,更好地实现幼儿园科学教育对于幼儿的多重发展价值。

(二)多角度评价原则

多角度评价原则,即对幼儿科学学习的评价不能只关注其科学知识、科学技能的习得水平,还要关注幼儿的科学情感态度、学习品质等的发展。

(三)发展性原则

发展性原则是指教师要将科学学习视为幼儿的学习与发展过程,要关注幼儿在科学学习过程中发生的变化和获得的发展,不以固定的评价标准来框围幼儿的科学学习。对幼儿在科学探究活动过程中存在的错误抱以宽容的态度,以表扬和鼓励为主,要通过给予幼儿成功的体验来激发他们的学习兴趣和自信心。

【案例 7-1】

在"土豆兄弟历险记"这一科学活动中,教师通过创设情境引导幼儿思考"故事中土豆弟弟遇难后土豆弟弟为什么会浮上来?魔术师用什么样的东西救了它?"教师抛出问题,积极调动幼儿思考"生活中有哪些东西是白色的、细细的小颗粒"。在幼儿积极回应时出现"盐""纸片""糖"等多种答案时,教师不是单一的评价结果"对"或"不对",而用"这是你的想法""你是怎样想的呢"让幼儿进行有效的自我评价,反思评价自己回答的答案是否符合教师先前设定的"生活中白色的、细细的小颗粒"的条件,经过思考就有幼儿否定了"纸片",理由是"不是细细的小颗粒"。

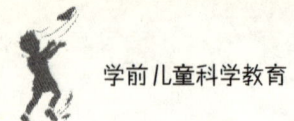

幼儿在自我评价中主动反思，激发幼儿研究学习的兴趣，形成反思精神。

第二节 学前儿童科学教育评价的内容

学前儿童科学教育评价的内容可以从幼儿的科学学习评价和教师的科学教学评价入手，其中对幼儿科学学习的评价可以反映出教师的科学教育活动实施的质量，对教师的科学教学评价则可检视科学教育实施过程的目的性。

一、幼儿发展的评价

幼儿发展的评价是对幼儿发展状况的评价，作为一名幼儿园教师，在对幼儿进行科学教育时，需要通过了解与反馈幼儿的学习情况对幼儿的科学学习进行评价。幼儿的科学学习活动蕴含着丰富的教育目标，除了获得相关的科学信息，还包括儿童的情感体验以及学习能力的发展。比如，观察物质和自然世界中各种和谐的关系有助于儿童获得安全感和自信心，而儿童对未知事物的恐惧减少后，他们的胜任感和力量感也会得到增强。支持儿童的好奇心，不仅有助于他们问题解决能力的发展，也为他们学会如何学习提供了一条途径。此外，随着科学对社会的重要性逐渐为人们所认识，以正式手段评估儿童在科学中获得的发展也越来越有必要。由此看来，在科学教育活动中，幼儿发展评价的内容是多元的，既关注幼儿在科学领域知识技能的获得，也关注幼儿的学习兴趣、情感体验、沟通能力的发展，了解幼儿的兴趣、个性特点、学习方式等。

（一）科学情感态度的评价

科学情感态度主要包括儿童与材料的关系、儿童与同伴的关系、儿童活动的倾向三个方面，主要表现为儿童对周围世界的好奇心探索周围世界和学习科学的兴趣，以及儿童合作、关心、爱护自然和环境的情感态度。科学态度还包括了好奇心、探究意识、执着的精神，还有敢于与众不同的勇气。科学态度是推动幼儿乃至成人追求与向往科学的原动力。只有当一个人形成了科学态度以后，他才会主动地探索和创造，并可能把科学作为自己一生的追求。例如，是否对周围环境中的新异刺激产生惊奇，做出积极的反应，并能集中注意，感知、观察、操作物体，提出问题，寻求有关信息和答案；是否对自然界和科学活动感兴趣，是否喜欢观察、探索自然界；是否积极参与科学活动，谈论自然界和科学活动，并在活动中表现愉悦的情绪；是否关心自然界，爱护保护动植物和周围环境；这些都是科学情感态度的体现。儿童科学情感、态度的评价应从儿童与材料的关系、儿童与同伴的关系、儿童活动的倾向三方面进行。

表7-1 幼儿科学活动情感、态度等级表

维度	表现	等级
儿童和同伴的关系	只会独自无约束的操作	A
	能在别人的带领下活动	B
	能与别人合作活动	C
	能提出可为别人接受的活动建议	D
	会支配或告诉别人干什么	E
儿童与材料的关系	探究材料时犹豫不决	A
	探究材料的方法有限	B
	能做到教师所期望的	C
	能寻找独特的方法	D
	能寻求教师没有提供的材料	E
儿童活动的倾向	草草完成或根本就没有完成	A
	探究一会儿又去做别的	B
	能保持平稳的状态	C
	能专心致志地、热切地探究材料	D
	能提出下次活动的建议	E

(二) 科学探究能力的评价

科学探究能力指的是应用科学方法来解决问题的能力,它包括了观察、比较、分类、实验、归纳、推论、应用,还有表达交流等,都是科学活动过程中所不可缺少的,具体表现在儿童的言语和具体的活动之中。

在评价学前儿童科学探究能力时应特别关注两个方面:一是他们的表达方式和内容,在他们的表达中包含着他们观察和思维的能力;二是他们的具体科学活动,在他们的具体活动中包含着儿童运用各种感官获取信息的能力。例如,评价他们是否能使用各种感官有顺序地观察,是否能用非正式量具测量物体,是否能尝试用正式量具测量物体,能否对一些物体进行比较、分析抽象和概括,是否有遇事思考的习惯,是否能以语言体态、绘画、塑造等手段,表达交流科学探索活动中的发现、获得的经验和问题,以及探索的过程和方法等。

对不同的能力发展,可以分为不同的等级标准进行测定和判断。例如,学前儿童分类能力发展的评价,可分不同的标准来判断,见表7-2。

表 7-2 学前儿童分类能力发展评价

	小班	中班	大班
目标标准	(1) 能对 4~6 个刺激物按其外部鲜明具体直观的特征(如颜色、形状、大小、长短等)分成两个不同的类别。 (2) 能按其基本概念类别将物品分成两类。	(1) 能对 6~9 个刺激物按其外部直观特征(如颜色、形状、大小等)分成三个不同类别。 (2) 能对 6~9 个基本概念类别刺激物分成 3 类,如将不同种类的鞋子、不同形状的桌子、不同种类的汽车各归成一类等。 (3) 能对 6~8 个包含两种上级类别概念的刺激物分成两类(如将"动物"和"家具"各分成一类)。	(1) 能依据外部直观特征将 10 个以上的刺激物分成 3~4 个类别。 (2) 能依据生活经验熟悉的上级类别概念将 9 个刺激物分成 3 类。 (3) 经成人提示能解决简单的类概念。
数量	4~6 个	6~9 个	10 个以上
分出类别	2 类	3 类	4 类以上
活动列举	在 4 个刺激图片中有 3 个是不同种类的汽车,1 个是鸭子,幼儿把不同种类的一个挑出来(或者 4 个刺激物包括 2 个不同基本类别,让幼儿归成两堆)。	出示六件实物:儿童短裙、衬衣、裤子、肥皂、洗衣粉、洗发水,先请幼儿说说这些物品的名称,再将物品分成两类,哪几样可以放在一起,然后说说为什么这样分(引导幼儿说出短裙、衬衣、裤子是服装,肥皂、洗衣粉、洗发水是洗涤用品)。	请 3 个男孩子、3 个女孩子站在大家面前,他们分别穿着红衣服和黄衣服,幼儿可以先按性别把这 6 个小朋友分成男孩和女孩两类,再按穿红衣服和黄衣服把男孩分成两类,把女孩也分成两类。

(三) 科学知识经验的评价

幼儿阶段科学知识经验主要指那些可以感知和观察到的自然事物与现象以及事物之间、不同现象之间、事物与现象之间的关系,都是幼儿在日常生活中所经历的。具体来说,科学知识包括了比如物理现象(如水的不同形态)、化学现象(如醋与苏打的中和)、生物现象(如动植物的生长周期)以及宇宙气象(如季节变换、昼夜交替)、地理现象(如土壤、沙、石的不同形态)等方面丰富的内容。教师可以将活动计划和活动的设置相结合,持续考察这些内容的达成程度。评价活动中最有效的方法是持续对幼儿进行观察,在幼儿操作科学材料的过程中,倾听他们的讨论并适当提问将有助于教师发现很多的细节。例如,相关的问题可以包括"你发现了什么?""你可以给我演示下当……时会怎么样吗?"如果幼儿对植物、动物或天气进行了长时间的观察,那么在结束时间询问"关于……你发现了什么?"的问题,有助于教师对幼儿的概念学习进行较为自然的评估。

教师可以把幼儿的回答记录在简单的检核表上。如果情况理想,检核指标应当着重体现对基本经验的获得、活动的完成情况以及幼儿兴趣和满足感的具体表现。教师也可以利用这些数据进行自我评估,评价学习活动的有效性与价值。除了制作检核表,教师也可以引导幼儿把所获得的知识经验展现出来。"怎样把你对……的了解向大家展示出来?"幼儿的答案可以是一张日记索引、一幅图画、一个故事、一个舞蹈或一次口头语言描述。教师可以用一个作品夹或文件夹把幼儿的表现及相关文字描述收集起来。同时,询问"关于……你还想到了什么?"的问题能够进一步评估幼儿思维的广度。正如幼儿可以在小组工作中获得知识,他们也可以合作展现他们的学习成果。年龄稍大的幼儿可以用绘画或戏剧表演的方式来展现获得的认知经验,而幼儿也可以通过创造性运动的方式参与其中。这时,教师可以记录下这些活动的细节,也可以用拍照或速绘的方式记录当时的情形。

评价者在进行幼儿科学学习与发展评价时要有正确的评价价值取向,采用动态评价的方式,持续评估幼儿的发展潜能,调整环境和材料的适宜性,并给予适宜的支持,引导幼儿发展。我们不应将个体评估作为考察幼儿学习情况的唯一方式。

二、科学教育活动的评价

科学教育活动的评价具体是指通过科学教育活动,对学前儿童身心发展水平以及活动所达到的目标和效果进行的评价。

(一)科学教育活动目标的评价

幼儿园科学探究活动目标蕴含着不同阶段和不同性质的科学探究的价值,为幼儿园科学教育内容和教学策略的选择以及实际的组织、实施和评价提供必要的依据。目标的制定应体现不同年龄阶段幼儿的生理心理发展特点,将长期目标分解成与幼儿年龄相适应的适合幼儿学习与接受的短期目标。目标实施的难度与要求适当,充分考虑幼儿的年龄发展特点。涵盖科学情感态度、科学探究技能与科学知识经验三个方面内容。因此,在对科学活动的目标进行评价的时候,应当明确:第一,所制定的目标是否适宜幼儿在情绪情感、探究技能与知识经验三方面的全面发展。第二,该目标是否与《3—6岁儿童学习与发展指南》与《纲要》的要求相吻合。第三,为不同年龄阶段、不同层次的幼儿所制定的目标是否具有一定的连续性与层次性。第四,探究活动目标的难度是否符合幼儿的已有知识经验和能力。第五,探究活动的目标是否具有一定的动态性,是否可以有效协调预设与生成的关系。例如,"有趣的弹性"教学活动中,教师将目标制定为:科学情感目标方面,幼儿感受弹性的有趣及形成探究弹性的好奇心和求知欲;科学方法技能方面,幼儿学会观察、实验、操作、信息交流等方法;科学知识经验方面,幼儿了解弹性的特性及在生活中的用途。

(二)科学教育活动内容的评价

幼儿园科学探究活动的内容的设计与组织实施是为目标而服务的,它是幼儿园科

学探究活动目标实现的载体。幼儿园科学探究活动的内容源自于幼儿的生活经验,要满足幼儿的能力、兴趣和需要。科学教学活动内容与科学活动的目标要保持一致,在活动内容的实施过程中,要依据活动主体即幼儿的知识水平和年龄特点的实际情况进行。在对科学探究活动内容进行评价的过程中应当注意以下几个方面。

第一,活动内容是否与活动目标一致。活动内容应该为目标服务,内容应该围绕目标而展开,不能游离于目标之外。第二,活动内容是否具有科学性。活动内容一定要准确,符合科学原理。第三,活动内容是否贴近幼儿的生活。科学教育内容要考虑来源于幼儿的实际生活,贴近幼儿的生活经验。第四,活动内容的难度是否适合幼儿。应依据不同的年龄阶段来选择难度适宜的内容,才会更适合不同年龄阶段幼儿的发展水平。

【案例7-2】

《幼儿教育指导纲要(试行)》中
有关幼儿园课程内容的评价指标(科学)条目

- 幼儿自身的生活经历、身边的各种带有科普性质的小故事、生活或媒体中幼儿熟悉的科技成果等均是幼儿进行科学学习的有效资源。
- 结合儿童的生活经验,创设有利于激发儿童探索欲的问题和情境。
- 营造宽松的环境,探究性问题的提出应适合儿童的差异性。
- 提供丰富的可操作性材料,为每个幼儿都能运用多种感官、多种方式进行探索提供活动的条件。

(三)科学教育活动方法的评价

科学教育活动的方法是指教师和儿童在科学探索活动中,为完成教育目标所采用的具体方式和手段。科学教育活动的方法要考虑幼儿的年龄特点与兴趣爱好以及教学内容的具体要求,活动中多种教学方法可以相结合。确定某种方法作为科学活动的主要方法应考虑以下三个方面的因素:一是科学教育活动的目标和内容;二是不同年龄儿童的认知水平和能力;三是幼儿园的客观环境条件。在对幼儿园科学探究的方法选择进行评价时,有必要注意活动过程中的方法和组织形式是否灵活多样。活动在开展的过程中是否尽量让每个幼儿都动手动脑探究问题,是否通过集体、小组、个别活动相结合的方式来设计和组织科学活动。例如,"有趣的弹性"科学活动中,教师采用了自主探究法、讨论法、游戏法等,幼儿不仅了解了弹性,同时也提高他们对科学探究的兴趣。在活动开始教师先给幼儿教学材料让幼儿自主探究,发现材料的共性,从而学会对材料观察、整理、分类,在教师引导性的提问中使幼儿明白生活中处处有弹性,进一步加大幼儿对弹性学习的兴趣。游戏环节玩弹弓的游戏再一次让幼儿感受并体验弹性,使幼儿对弹性的理解更加深入。该活动不仅利用了教室的物品引导幼儿观察,同时也启发幼儿回忆生活中的物品,学会发现生活中的科学,利用科学解决问题。在"小蚯蚓找家"的科学活动中,通过让幼儿观察蚯蚓遇到障碍物或绕道或从有孔隙的地方钻过;在有明有暗的地方会向黑暗的地方爬行;在有干土和湿土的地方蚯蚓会向湿土爬行等激发幼儿观察蚯蚓的兴趣,了解蚯蚓与生存环境的关系。教师根据实际合理、灵活地选用实验法与观察法,从而促使幼儿积极主动地去探索,去发现,去学习。

(四)科学教育活动过程的评价

科学教育活动的实施过程把幼儿园科学探究活动设计方案付诸实践。在实际的教育活动过程中,教师应根据班级幼儿特点和探究过程对活动设计进行调整,设计只是提供一个框架,而实施则更多是灵活地进行生成。科学活动实施的过程中,教师应很好地把握活动的节奏,让所有的幼儿在活动中获得发展,在游戏环节小组的合作使幼儿有更多的交流机会,同时也成为学习的主体。在对幼儿园科学探究活动实施过程进行评价时,应关注以下几个方面。

第一,活动过程是否紧凑、流畅、有层次。评价过程的几个环节和层次的顺序是否能体现层层递进、环环相扣、相互衔接。例如"有趣的弹性",幼儿感受弹性—讲解弹性—弹性分类—发现弹性(再次深入感受弹性)—使用弹性,五个步骤在加深幼儿理解的同时也扩展了幼儿的知识,使幼儿学会观察生活,发现生活中的科学知识。该活动环节科学合理,通过一步步的教学设计使各环节紧凑开展、层层深入,幼儿在由浅及深的学习中减少了学习压力,在玩中学,轻松而愉快。

第二,活动过程中的重点、难点环节的把握和分析是否得当。评价活动过程中哪个环节是活动的重点,哪个环节是活动的难点,并能在时间安排、教师指导等方面围绕着重点难点的突破来分析活动的重难点在哪个环节,如何突破。

第三,活动材料的选择和呈现是否紧紧围绕每个环节的实际需要。评价活动过程中材料种类应尽可能地做到多样化,并保证材料的充足性,以满足幼儿的探究需要。此外,材料的投放应当采用分层分次的方式。

第四,活动过程中师幼互动关系是否积极融洽。评价过程中教师能否给幼儿创设宽松的探究环境和氛围,能否鼓励每个幼儿积极参与探究活动并大胆表达;能否尊重幼儿的意愿、重视幼儿之间的个体差异;能否不断调整自己在活动过程中的作用,如有时是材料的提供者,有时是活动的参与者,有时是指导者,有时是旁观者,有时又是幼儿活动的合作者。切实保证幼儿是科学探究活动的主体,是积极主动参与活动而不是被动参与,在整个过程中是愉快而富有创造性的。

第三节　学前儿童科学教育评价的方法

学前儿童科学教育评价的方法是指收集评价信息的方法,本节将介绍学前儿童科学教育评价的主要方法。在学前儿童科学教育评价中,无论是收集评估资料,还是对评估资料做出解释,都要坚持科学性,即不是通过主观臆测对对象做出判断,而是依照第

一手的客观材料来描述对象。下面所介绍的观察法、谈话法、作品分析等,它们各具特点,分别适用于收集不同类型的评估资料。

一、观察法

1990年,美国早期教育协会和美国教育部早期教育专家协会在《3~8岁儿童适宜课程和评价指导》中就提出:对幼儿的评价应依赖于教师对幼儿长期定时和固定的观察,通过记录幼儿的行为,收集他们的作品,这样才能反应幼儿的一贯行为。观察法就是在自然状态或准自然状态下,对评估对象的行为进行现场观察,并根据观察结果进行分析、做出评定的过程。观察法在评价中的应用非常广泛,具体的方法也比较多。常用的有行为检核、情境观察和事件详录等。

1. 行为检核法

行为检核的方法就是在观察之前,依据评估的内容确定观察的目标,并制成一份观察行为检核表,将要观察的行为列在表中。实际观察时,观察者对照行为检核表中的各个项目进行逐条检核,并在符合的条目上做记号。

行为检核的观察方法对观察者的要求不高,实施起来比较方便。但在观察之前需要制定一份观察行为检核表。检核表中的行为必须反映想要评估的内容,而且具有一定的代表性。

表7-3 幼儿对小鸡、小鸭的行为检核表

	从远处看	走近	在近处看	用手抚摸	用手抓、捏	用语言逗引	模仿动物叫声	喂食	主动和同伴谈论	说出小动物的特征	发现鸡和鸭的不同	显露高兴的表情	其他行为表现	备注
甲														
乙														

2. 情境观察法

情境观察法较适合对幼儿进行。由于它是在有控制的情境中进行,能排除一些无关因素的干扰,观察的效率也较高,因而得到越来越多的应用。

【案例7-3】

运用情境观察的方法,评估幼儿好奇心的发展

我们根据好奇心的概念"好奇心是对新异刺激的积极反应倾向",确定了好奇心的操作定义,即以一系列行为表现作为好奇心的指标。如:接近新异刺激、观察刺激物、摆弄刺激物、自我发问、提出问题、长时间不愿离开,等等。

在评估过程中,我们设计了一个情境,让幼儿置身于新异刺激的环境中,观察幼儿在其中的行为反应,并做出评估。具体的方法如下:

向幼儿演示一种新奇的玩具——惯性车(根据教师报告,幼儿平时没有见过这种玩具)。当幼儿明确了所见到的现象以后,主试就问他:"你想不想玩?如果你想玩,那你就玩吧。你想怎样玩就怎样玩。"在幼儿玩过5分钟以后,主试令其停止,并询问其有什么问题要问。

幼儿在此情境中可能会有不同的表现。如果幼儿明确表示不想玩,则说明他对新异的刺激没有好奇心,计0分。如果幼儿想玩,我们则观察其在规定时间(5分钟)内的探索行为并予以评分。如果幼儿在5分钟之内提出不想玩了,我们也可根据其在这一段时间中的表现予以评分。

二、谈话法

谈话法或称访谈法,是指评估者通过直接和访谈对象进行交谈来获取有关信息的一种收集评估资料的方法。相比于观察法,访谈法获得的资料更为真实可信,也更为生动具体,富有个性。由于访谈获得的资料比较难以标准化,而且访谈的进行费时费力,难以取得大样本的资料,过去一般很少用它作为收集资料的主要方法,只是用来验证采用其他方法收集的资料的真实性,或者补充其他方法收集到的资料的不足。近年以来,由于教育研究中的定性研究越来越受到推崇,访谈方法的应用也越来越普遍。

但是访谈方法对访谈者的素质要求非常高。它不仅要求访谈者对访谈的内容非常熟悉,还要求访谈者本人具有较强的语言能力和敏锐的洞察力,善于倾听和理解对方。

访谈的形式多种多样。可以进行小组访谈,即和几个访谈对象同时进行,也可以个别访谈。可以进行封闭式的访谈(即限定问题的访谈),也可以进行开放式的访谈。不管采用何种形式的访谈,访谈者事先都需要准备详细的访谈提纲,包括访谈的程序、中心问题、附加问题等。要注意访谈中的问题不能太多,尽量避免提出和主题无关的问题。提问题时,要先从一般性的问题开始,逐渐深入到具体的问题。值得一提的是,对于幼儿来说,访谈是最让幼儿感到轻松的方法。因为幼儿可以表露出他的真实想法。应让幼儿在一种平等的气氛中进行访谈,获取评估资料。

谈话法也可应用于教师、家长等对象。它比问卷调查更直接、更富人情味,因而也更便于评估者从中获取真实的信息。比如,我们想要全面地评估幼儿对自然界的情感和态度,固然可以通过观察的方法,但是通过观察得到的信息有很大的局限性,特别是不能看出幼儿在日常生活中表现出的自然典型的情感和态度,我们就可以通过对教师和家长的访谈。

三、作品分析法

作品分析法是根据幼儿的各种作品分析幼儿科学素养的发展水平。作品分析法的优点在于资料比较容易收集,缺点是不能完整、系统地了解幼儿科学素养的发展水平。

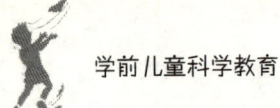

作品分析法的实施主要有两个步骤：

1. 向幼儿布置任务，规定完成作品的时间

向幼儿布置所要完成的作品及正确完成作品的时间期限。幼儿在了解任务的基础上充分发挥个体主体性，形成不同风格的作品。不确定的范围越大，幼儿自由发挥的空间越大，作品分析的内容就越具体，以利于全面、深入了解幼儿的发展状况。作品的完成时限一般不宜过长，应根据制作任务的内容、性质与难度科学设定。如果规定的时限过长，在作品制作的前期，学前儿童会因认为时间充裕而放松情绪，在上交作品之前又匆忙完成，这种前松后紧的情况不利于充分发挥他们的主动性、积极性和创造性，研究者也难以据此准确地分析作品的制作水平以及学前幼儿的相应特征。

2. 收集幼儿作品并进行分析

对幼儿的作品进行分析时，对比事先确立的指标内容，这样做可以保证不同作品之间具有横向可比性；其次应分析作品所具有的特色。所有的作品统计与分析完毕后，再将所有作品分析结果进行综合和具体化，之后便可得出科学的结论。父母最欣赏的评价方式往往并不是标有检核符号的量表，而是教师放在幼儿作品文件夹中或者随机写在便利贴上的笔记。教师可以运用数码相机记录幼儿建构的作品、主题方案以及图画，为班级或每位幼儿制作电子文件夹，或者把照片打印出来放进传统的文件夹里。这些作品记录了教师和幼儿共同学习的主题，所有这些记录都是一种有形的证据，记录了幼儿通过科学知识对自己所了解和对世界的认识。

拓展延伸

课程方案有效性评价指标

结合我国幼儿园课程方案实施的具体情况，参照美国教育评价标准联合委员会制订的方案评价标准（The Program Evaluation Standards），现拟定课程方案的指标，具体见下表。

课程方案有效性评价指标

维度	评价内容
效用性	实现不同人的教育需求 协调不同教育群体或个人的教育利益 得到了多方面的关注，在实施中得到社会、社区、教育部门等有力的支持 评价者值得信赖，有能力胜任评价工作 在后续的课程实施中有拓展的能力
可行性	提供可操作的程序，并将不相关因素控制在最小范围内 设计与实施考虑到不同的利益小组，并获得多方的合作 对于资源的运用成本做出预期判断，并能证明资源的花费是物有所值的

(续表)

维度	评价内容
适切性	为教师、幼儿及相关教育部门提供不同服务 以书面方式记录正式机构对评价所行使的不同职责 考虑不同年龄、不同性别、不同性格的幼儿需求,促进每一位幼儿的发展 关注课程的综合性与灵活性 评价机构确保向被评价者及相关人士公开所有的评价结果 公开阐明在实施过程中可能遇到的困难及自身的不足
精确性	清晰表达了所处的课程改革背景及其所依赖的理念 在目标、内容、组织、评价等指导方面描述准确、简洁 方案中的信息可靠、有效并得以复查 合理、系统地分析定量、定性资料 呈现的结果清晰、合理,避免个人情感和偏见 评价是形成性的、多维度的

(资料来源:胡惠敏,郭良菁:《幼儿园教育评价》华东师范大学出版社)

真题训练

1.(2019年下半年)在教学过程中,王老师随时观察和评价幼儿的行为表现,并以此为依据调整指导策略,该老师采用的评价方式是(　　)。

  A. 诊断性评价 B. 标准化评价 C. 终结性评价 D. 形成性评价

2.(2018年下半年)教育过程中,教师评价幼儿适宜的做法是(　　)。

  A. 用统一的标准评价幼儿

  B. 根据一次测评结果评价幼儿

  C. 用标准化工具测评评价幼儿

  D. 根据日常观察所获信息评价幼儿

参考文献

1. 张俊.幼儿园科学教育[M].北京:人民教育出版社,2016.
2. 张俊.幼儿园科学领域精要[M].北京:教育科学出版社,2015.
3. 张俊.幼儿园科学教育[M].北京:人民教育出版社,2004.
4. 刘占兰.幼儿科学教育[M].北京:北京师范大学出版社,2002.
5. 郦燕君.学前儿童科学教育[M].北京:高等教育出版社,2014.
6. 施燕.学前儿童科学教育与活动指导[M].上海:华东师范大学出版社.2014.
7. 邱淑慧.学前儿童科学教育与活动指导[M].北京:教育科学出版社,2012.
8. 王冬兰.学前儿童科学教育[M].上海:华东师范大学出版社.2009.
9. 陆兰.幼儿科学教育与活动指导[M].北京:北京师范大学出版社,2014.
10. 董旭花.幼儿园优秀科学活动设计88例[M].北京:中国轻工业出版社,2013.
11. 李槐青.幼儿科学教育·科学[M].北京:北京师范大学出版社,2013.
12. 王春燕.探究·体验·发现幼儿园科学教育理论与实践[M].南京:南京师范大学出版社,2010.
13. 龚平.幼儿科技活动设计与指导[M].上海:上海科技教育出版社,2003.
14. 吉恩·D.哈兰,玛丽·S.瑞维金.儿童早期的科学活动——一种认知与情感相整合的学习模式[M].南京:江苏教育出版社,2012.
15. 王志明,张俊.幼儿园STS教育的研究[J].幼儿教育,1999(03):10-11.
16. 胡慧闵,郭良菁.幼儿园教育评价[M].上海:华东师范大学出版社,2011.
17. 玛拉克瑞克维斯基.多彩光谱中的科学领域评价[M].北京:北京师范大学出版社,2002.
18. 莎莉·穆莫著.李正清译.早期STEM教育[M].南京:南京师范大学出版社,2017.
19. 幼教网 http://www.youjiao.com/

图书在版编目(CIP)数据

学前儿童科学教育/赵红霞主编. — 南京：南京大学出版社，2020.8
　　ISBN 978-7-305-23623-5

Ⅰ. ①学… Ⅱ. ①赵… Ⅲ. ①学前儿童—科学教育学—高等学校—教材 Ⅳ. ①G613

中国版本图书馆 CIP 数据核字(2020)第 130509 号

出版发行	南京大学出版社
社　　址	南京市汉口路 22 号　　邮　编　210093
出 版 人	金鑫荣

书　　名	学前儿童科学教育		
主　　编	赵红霞		
责任编辑	丁　群	编辑热线	025-83596923
照　　排	南京南琳图文制作有限公司		
印　　刷	常州市武进第三印刷有限公司		
开　　本	787×1092　1/16　印张 11.25　字数 264 千		
版　　次	2020 年 8 月第 1 版　2020 年 8 月第 1 次印刷		
ISBN　978-7-305-23623-5			
定　　价	34.80 元		

网　址：http://www.njupco.com
官方微博：http://weibo.com/njupco
微信服务号：NJUyuexue
销售咨询热线：(025) 83594756

＊版权所有，侵权必究
＊凡购买南大版图书，如有印装质量问题，请与所购
　图书销售部门联系调换